Erläuterungen und Dokumente

Theodor Fontane
Der Stechlin

HERAUSGEGEBEN VON
HUGO AUST

PHILIPP RECLAM JUN. STUTTGART

Fontanes »Stechlin« mit einem ausführlichen, die Forschungsgeschichte referierenden Nachwort von Hugo Aust liegt unter Nr. 9910 [5] in Reclams Universal-Bibliothek vor. Auf diese Ausgabe beziehen sich die Seiten- und Zeilenangaben und die Verweise.

Universal-Bibliothek Nr. 8144 [2]

Schrift: Linotype Garamond-Antiqua. Printed in Germany 1978
Herstellung: Reclam Stuttgart
ISBN 3-15-008144-0

Inhalt

I. Wort- und Sacherklärungen

Schloß Stechlin. Erstes Kapitel

3,3 *Grafschaft Ruppin:* Vgl. das Kapitel »Die Menzer Forst und der Große Stechlin« aus dem ersten Band (»Die Grafschaft Ruppin«) der »Wanderungen durch die Mark Brandenburg«:

»So ging das Geplauder, als plötzlich, zwischen den Stämmen hin, eine weite Wasserfläche sichtbar wurde, darauf hell und blendend fast die späte Nachmittagssonne flimmerte. ›Das ist der Stechlin‹, hieß es. Und im nächsten Augenblicke sprangen wir ab und schritten auf ihn zu.

Da lag er vor uns, der buchtenreiche See, geheimnisvoll, einem Stummen gleich, den es zu sprechen drängt. Aber die ungelöste Zunge weigert ihm den Dienst, und was er sagen will, bleibt ungesagt.

Und nun setzten wir uns an den Rand eines Vorsprungs und horchten auf die Stille. Die blieb, wie sie war; kein Boot, kein Vogel; auch kein Gewölk. Nur Grün und Blau und Sonne.

›Wie still er daliegt, der Stechlin‹, hob unser Führer und Gastfreund an, ›aber die Leute hier herum wissen von ihm zu erzählen. Er ist einer von den Vornehmen, die große Beziehungen unterhalten. Als das Lissaboner Erdbeben war, waren hier Strudel und Trichter, und stäubende Wasserhosen tanzten zwischen den Ufern hin. Er geht 400 Fuß tief, und an mehr als einer Stelle findet das Senkblei keinen Grund. Und Launen hat er, und man muß ihn ausstudieren wie eine Frau. Dies kann er leiden und jenes nicht, und mitunter liegt das, was ihm schmeichelt, und das, was ihn ärgert, keine Handbreit auseinander. Die Fischer, selbstverständlich, kennen ihn am besten. Hier dürfen sie das Netz ziehen, und an seiner Oberfläche bleibt alles klar und heiter, aber zehn Schritte weiter will er's nicht haben, aus bloßem Eigensinn, und sein Antlitz runzelt und verdunkelt sich, und ein Murren klingt herauf. Dann ist es Zeit, ihn zu meiden und das Ufer aufzusuchen. Ist aber ein Waghals im Boot, der's ertrotzen will, so gibt's ein Unglück, und der

Hahn steigt herauf, rot und zornig, der Hahn, der unten auf dem Grunde des Stechlin sitzt, und schlägt den See mit seinen Flügeln, bis er schäumt und wogt, und greift das Boot an und kreischt und kräht, daß es die ganze Menzer Forst durchhallt von Dagow bis Roofen und bis Altglobsow hin.‹ [. . .]

Die Rede ging von alter und neuer Zeit. Märchenhaft verschwamm uns Jüngsterlebtes mit Längstvergangenem, und während wir eben noch über den Rheinsberger See hinglitten und das Gekicher schöner Frauen zu hören glaubten, weitete sich plötzlich das stille Wasserbecken und bildete Strudel und Trichter, und der Hahn, der unten auf dem Grunde des Großen Stechlin sitzt, stieg herauf und krähte, seinen roten Kamm schüttelnd, über den See hin.

Mitternacht war heran, die Scheite verglimmten, und nur ein Flackerschein spielte noch um die Bilder. Es war, als lächelten sie.«

Fontanes Quellen für die Stechlin-Sage waren Friedrich Wilhelm August Bratring: Die Grafschaft Ruppin, Berlin 1799 und Karl Eduard Haase: Sagen aus der Grafschaft Ruppin und Umgegend, Neuruppin 1887. Aufschlußreich sind in diesem Zusammenhang die Ergebnisse der Untersuchung von Heinz-Dieter Krausch: Die natürliche Umwelt in Fontanes ›Stechlin‹. Dichtung und Wirklichkeit. In: Fontane-Blätter 1,7 (1968) S. 342–353: »Der Stechlin ist wegen seiner großen Fläche und wegen seiner sich in die Hauptwindrichtungen öffnenden Arme ein hochgradig windexponierter See. Schon bei mäßigem Wind zeigt er einen beachtlichen Wellengang, der sich bei Sturm und Gewitterböen so steigern kann, daß das Befahren des Sees mit einfachen Booten nicht nur unmöglich, sondern geradezu lebensgefährlich wird. Diese Eigenheit des Sees war bereits den slawischen Fischern bekannt, von denen er seinen Namen erhalten hat. Nach den Forschungen des Slawisten Julius Bilek liegt dem Seenamen Stechlin (1530 Steckelin) das slawische Wort -tek ›fließen, sich bewegen‹ zugrunde. Der Name Stechlin wäre zu übersetzen als ›wildes, unruhiges Wasser‹, ein zweifellos außerordentlich zutreffender Name. Auch für den roten Hahn läßt sich eine natürliche Erklärung finden. Auf dem Seeboden bildet sich durch die Verwesung der abgesunkenen organischen Stoffe vielfach das brennbare Sumpfgas (Methan). In alten Zeiten fischte man vielfach in der Nacht beim Schein brennender Kienfackeln. Aufsteigende Blasen von Methan, durch das Netz in der Tiefe freigelegt, dürften sich explosionsartig an den Fackeln entzündet und somit Veranlassung zur Sage vom roten Hahn gegeben haben.«

3,30 *vor hundert Jahren in Lissabon:* Lissabon wurde am 1. 11. 1755 durch ein furchtbares Erdbeben zerstört. Die Auswirkungen des Erdbebens erstreckten sich über ganz Europa.

4,2 *Aber nicht nur der See führt diesen Namen:* Rost (Örtlichkeit und Schauplatz, S. 139) vermutet, daß diese fiktive Namensgleichheit von der tatsächlichen Situation am Werbellin übertragen sei; vgl. die entspr. Kapitel im Oderland-Band der »Wanderungen«: Stadt, Dorf, Schloß, Forst Werbellin.

4,12 *Schulzenamt:* Sitz des Gemeindevorstehers.
Krug: Gasthof.

4,13 *Kramladen:* Kram = Kleinhandel.

4,13 f. *mit einem kleinen Mohren:* beliebte Dekorationsfigur.

4,14 *Schwefelfäden:* Fäden mit Schwefelkruste zum Ausräuchern der (Wein-)Fässer.

4,17 *lehnan:* sanft aufwärts.

4,18 *Feldsteinkirche:* aus gebrochenen rohen Steinen gebaute Kirche.

4,19 *Dachreiter:* Glocken- oder Uhrtürmchen auf dem Dachfirst.

4,30 f. *Schloß Stechlin:* Der Grundriß des Schlosses kann als »Musterkarte märkischer Schloßreminiszenzen« Fontanes angesehen werden (Rost, S. 141).

5,2 *Schwedenzeit:* Im Holländischen Krieg (1672–79) wurden Teile Brandenburgs im Auftrag Ludwigs XIV. von Frankreich durch schwed. Truppen besetzt.

5,5 f. *Regierungsantritt Friedrich Wilhelms I.:* Am 25. 2. 1713 trat der »Soldatenkönig« (1688–1740) die Regierung in Preußen an.

5,7 *beliebt wurde:* hier nach älterem Gebrauch im Sinne von ›gutheißen, billigen‹.

5,7 f. *Dieser Neubau war das Haus, das jetzt noch stand:* der für Erzähltexte typische Gebrauch des Imperfekts mit präsentischem Zeitadverb; vgl. auch S. 11,34 f. *Heute aber war.*

5,11 *Corps de logis:* frz., Hauptgebäude.

5,15 *Glaskugel:* Eine frühere Romanfassung sah statt der Glaskugel eine Pyramide aus Findlingsblöcken vor, deren größter die Jahreszahl 1864 trug (Petersen, S. 21).

5,22 *zwei Aloes:* dickblättrige Liliengewächse.

5,31 *Wasserliesch:* Doldige Schwanenblume, mit rosa, dunkelgeäderten Blütenblättern.

6,5 *Observanz:* lat., urspr. die Befolgung der strengen Regeln eines Mönchsordens, hier svw. Herkunft, Gattung.

6,9 f. *schon vor den Hohenzollern:* 1415 wurde der Hohenzoller Burggraf Friedrich VI. von Nürnberg Markgraf von Brandenburg (1417 Kurfürst); er verdrängte damit den alteingesessenen märkischen Adel, dessen Stolz und unerschütterliches Überlegenheitsbewußtsein seitdem immer wieder im Ausspruch der zeitlichen Priorität zum Ausdruck kommt. Das Schauspiel »Die Quitzows« (Erstaufführung 1888) von Ernst von Wildenbruch (1845 bis 1909) brachte die ehemaligen Machtkämpfe wieder auf breiter Ebene zu Bewußtsein und sorgte nicht zuletzt mit der Anspielung auf Bismarck für nachhaltige Wirkung; Fontane, der dem Autor im übrigen höchst kritisch begegnete, lobte dieses Stück; vgl. seinen Brief an Georg Friedlaender, 20. 11. 1892, und seine Theaterbesprechung, Hanser, 3. Abt. II,779 ff.

6,31 f. *nach zweimaliger ... Fähnrichsexamen:* Vgl. Anm. zu 241,21 f.

6,33 f. *brandenburgischen Kürassieren:* schwere Reitertruppe mit Paradepanzer.

6,36 f. *Regierungsantritt Friedrich Wilhelms IV.:* 7. 6. 1840.

7,4 f. *Anno vierundsechzig:* preuß.-österr. Krieg gegen Dänemark 1864.

8,4 f. *Bleib im Lande ... redlich:* nach der in den ›Büchmann‹ ([20]1900) aufgenommenen Formulierung des Alten Testaments, Psalm 37,3, »bleibe im Lande und nähre dich redlich« umgebildet.

8,9 *comme philosophe:* frz., als Philosoph.

8,10 *des großen Königs:* Friedrich II. (1712–86), er nannte die erste Sammlung seiner Werke »Œuvres du Philosophe de Sanssouci«.
8,24 *Friedrichsruh:* Nach seiner Entlassung (20. 3. 1890) lebte Bismarck in Friedrichsruh bei Hamburg.
8,25 *Kate:* dürftiges Bauernhaus.
9,2 *Luginsland:* Aussichtsturm.
9,8 *mit den Boitzenburgern und den Bassewitzens:* alte Adelsfamilien.
9,25 *Gerson:* von der vornehmen Gesellschaft bevorzugtes Berliner Modehaus; Fontane gebraucht den Namen zuweilen als Indiz für »das Hohle, Phrasenhafte, Lügnerische, Hochmütige, Hartherzige des Bourgeoisstandpunkts [. . .], der von Schiller spricht und Gerson meint« (Brief an Sohn Theo, 9. 3. 1888, Briefe [Aufbau] II,191).
10,1 f. *in der großen Schlacht bei Prag:* Am 6. 5. 1757 besiegte Friedrich II. die Österreicher.
10,10 *Mittelboden:* Erdboden, der aus einer entsprechenden Mischung von festen und lockeren Erdarten mit der Dammerde (die die Oberfläche bedeckende fruchtbare Erde) besteht.
10,22 *Domina:* Vorsteherin eines Stifts.
11,7 *Feldjäger:* zum Wehrdienst herangezogene Forstleute; das reitende Feldjägerkorps stand in Kurierdiensten; eine solche Stellung ebnete den Weg zur höheren Forstlaufbahn.
11,26 *Heinrich:* Prinz Heinrich von Preußen (1726–1802), ein Bruder Friedrichs II.
12,11 *Joppe:* Überkleid für den Oberkörper mit Ärmeln, aber ohne Schöße.
12,13 *Meerschaum:* Pfeife aus Meerschaum, einem weißen, erdigen Mineral.
12,16 *Poetensteig:* langgestreckter Laubgang.
12,21 f. *einen roten Streifen annähen:* Die schwarzweiße Flagge Preußens verwandelte sich in die schwarzweißrote Fahne des 1871 gegründeten dt. Kaiserreichs. Viell. denkt Dubslav auch an das Rot der Sozialdemokratie.
12,35 *griente:* umgspr., grinste.
13,14 *Pace:* Schritt, Gangart; hier: in einem Zug.
13,20 *Mamsell:* aus frz. mademoiselle, im 17. Jh. allgem. Bezeichnung für junges Mädchen bürgerlichen Standes;

schon im 18. Jh. ›Dienstmädchen‹, auch Leiterin des Hauswesens.

13,27 *Gundermanns:* Börsenmakler Gundermann heißt eine Figur in Emile Zolas Roman »Geld« (L'argent, 1891). Der Name wird schon in einem frühen Entwurf (etwa 1864) zu Fontanes erstem Roman »Vor dem Sturm« erwähnt. Siehe auch Anm. zu 50,28.

13,28 *kluckt:* glucken in der Art der Bruthenne.

14,3 *Klutentreter:* verächtliche Bezeichnung für einen Bauern (Klute = Scholle).

14,7 *proper:* ordentlich.

14,13 *Kornus:* spaßhaft latinisiert aus ›Korn‹, das so verkürzt seit dem 19. Jh. für ›Kornbranntwein‹ gebräuchlich.

Zweites Kapitel

16,6 *Cherubim:* hebr., Sing. ›Cherub‹, Lichtengel, Wächter des Paradieses.

17,14 f. *Plaidrollen:* Plaid = Umschlagdecke für die Reise; enthält auch Toilettengegenstände.

17,20 *Rokokouhr:* Die Welt des Rokoko (um 1720 bis um 1780) behält nicht nur bei Fontane (s. bes. »Vor dem Sturm«), sondern auch bei Keller (»Der Landvogt von Greifensee«, 1878) und Raabe (»Hastenbeck«, 1898) ihre Faszination.

17,33 *Frundsbergzeit:* nach Georg von Frundsberg (1473 bis 1528) benannte Zeit der Landsknechte.

18,22 *Etagere:* frz., Gestell für Bücher oder Geschirr.

19,8 *hat eine Geschichte:* Gegenstände als Requisiten einer Geschichte zu betrachten ist eine für Fontane kennzeichnende Haltung.

20,11 f. *Anno sechs:* 1806 unterlag die preuß. Armee den napoleonischen Truppen.

20,12 f. *Regiment Garde du Corps ... Regiment Gensdarmes:* preuß. Elitetruppen, die maßgeblich auf das politische und gesellschaftliche Leben Einfluß nahmen.

20,14 f. *Marwitz ... Rochow:* Namen bedeutender preuß. Junker.

20,24 *pik:* besonders vornehm.

20,25 *pour combler le bonheur:* frz., um das Glück vollzumachen.

20,29 f. *manche ... sagen:* Anspielung auf Söhne aus nicht standesgemäßen Ehen.

20,32 *à la suite:* frz., beim Gefolge; d. h. in den Ranglisten aufgeführte, aber keinen regulären Dienst versehende Offiziere.

20,34 f. *Parkett von Königen:* Formulierung des frz. Schauspielers François-Joseph Talma, der 1808 auf dem Fürstentag zu Erfurt als Cäsar in Voltaires »Mort de César« auftrat.

20,35 *Zirkus von Prinzen:* Die Kritik an den Prinzen sollte – gemäß einer Vorstudie – einen besonderen Charakterzug Dubslavs bezeichnen: »Dies bedingungslose Sichdrangeben mit dem König all und ein allgemeines devotestes Ersterben vor sogenannten ›Höchststehenden‹ war ihm gänzlich fremd, s o fremd, daß er sich umgekehrt, vor allem im Gespräch über Prinzlichkeiten, zu wahren Ungeheuerlichkeiten fortreißen ließ« (Petersen, S. 34).

21,5 *verbebeln:* Wortspiel mit dem Namen von August Bebel (1840–1913), dem Führer der Sozialdemokratischen Partei.

21,10 f. *eines schickt sich nicht für alle:* in den ›Büchmann‹ eingegangene Formulierung aus Goethes Gedicht »Beherzigung«.

21,13 *so darf er Mensch sein:* Anklang an Fausts »Hier bin ich Mensch, hier darf ich's sein«, V. 940.

21,15 *Vom alten Adam:* aus dem Lutherschen Katechismus, 4. Hauptstück; Büchmann-Zitat.

22,1 f. *von Alexander:* das nach Zar Alexander I. (1777 bis 1825) benannte Kaiser-Alexander-Gardegrenadierregiment Nr. 1, Berlin.

22,3 f. *sollen wir ... unterscheiden:* Die sozialdarwinistische Theorie formulierte die Vergleichbarkeit des menschlichen und des tierischen Verhaltens; das gibt der Äußerung den konkreten kulturhistorischen Bezug. Während die idealistische Sprachphilosophie schon immer den Unterschied deutlich hervorhob, ermöglichte der kommunikationswissenschaftlich-zeichentheoretische Ansatz eine gewisse Vergleichbarkeit der beiden Kommunikationsformen. Die moderne Sprachwissenschaft nennt als wesentliche Unterscheidungsmerkmale der menschlichen Sprache (nach Th. Lewandowski: Linguistisches Wörterbuch, Heidelberg [2]1976, III,931): Sie ist ein Produkt der Kultur über der Natur, sie ist ein gesellschaftliches Gebilde, sie ermöglicht, in Sprache über Sprache zu reden, sie dient als Instrument des Denkens, der Abstraktion und der Verallgemeinerung.

22,20 f. *Solingen oder Suhl:* Die Städte sind für ihre Waffen- und Klingenfabrikation bekannt.

22,27–29 *und bei 'niedergefahren ... Zeug rede:* Eine ähnliche Einstellung formuliert Fontane in einem Brief an Friedlaender (29. 11. 1893, S. 243): »›Geboren von der Jungfrau Maria ... niedergefahren zur Hölle, sitzet zur Rechten Gottes‹ daraus ist nichts mehr zu machen. Nicht 'mal mehr die Maler wagen sich dran heran.« Es handelt sich hier um die zentralen Stellen des Bibeltextes, um deren mythische bzw. historisch-realistische Auslegungsweise seit der kritischen Theologie (D. F. Strauß) ein heftiger Streit entbrannt ist.

22,28 f. *nolens volens:* lat., ›nicht wollend wollend‹, wohl oder übel.

23,11 *schraubt:* neckt.

23,23 *Höflichkeit der Könige:* Ausspruch Ludwigs XVIII. von Frankreich, »Pünktlichkeit ist die Höflichkeit der Könige«; Büchmann-Zitat.

Drittes Kapitel

24,3 *Tamtam:* asiatisches, mit einem Klöppel geschlagenes Becken; Gong.

24,9 *Portikus:* lat., Säulengang.

24,23 f. *des preußischen wie des wendischen Kronenordens:* Verdienstorden, die Fontane selbst trug.

24,35 *Adlatus:* lat., Beistand.

25,7 *Marabufächer:* Fächer aus den Schwanzfedern des Marabu, einer ind. und afrikan. Storchenart.

25,8 *Parvenü:* frz., Emporkömmling.

26,5 f. *Der häßlichste Mops sei der schönste:* So auch Fontane in einem Brief an seine Tochter Mete, 8. 6. 1889; es ist wohl Fontanes eigene Variation des Ausspruchs »Le laid c'est le beau« (Victor Hugo: Préface de Cromwell, 1827), was seinerseits auf Shakespeares »Fair is foul, and foul is fair« (Macbeth I,1) zurückgeht.

26,13 f. *Zeichen der Zeit:* Matth. 16,3; Büchmann-Zitat.

26,19 *Alle diese Neuerungen:* die Sozialversicherungsgesetzgebung der achtziger und neunziger Jahre.

27,4–10 *Septemberrevolution ... Juni ... Juli:* 4. September 1870 (Ausruf der Dritten Republik), 23. bis 26. Juni 1848 (Aufstand der Pariser Arbeiter), Juli 1830 (Sturz der Bourbonenmonarchie), 14. Juli 1789 (Sturm auf die Bastille).

27,15 *Gourmandise:* frz., Schlemmerei, Feinschmeckerei.

27,19 f. *Fischnahrung jetzt obenan:* Ein weitverzweigter Eisenbahnverkehr (Waggons mit Eisbehältern) ermöglichte seit Mitte der achtziger Jahre eine ausgedehnte Frischfischversorgung.

27,20 f. *Phosphor ... macht ›helle‹:* Von Jakob Moleschott (1822–93), dem Hauptvertreter des physiologischen Materialismus, stammt der Leitsatz: »Der Phosphor im Gehirn des Menschen denkt; ohne Phosphor kein Gedanke.«

27,24 *die Schwedischen:* Zündhölzer.

27,35 *Mooskarpfen:* alter Karpfen, der zuweilen auch mit Moos bewachsen ist.

28,3 *Ausbruch des Krakatowa:* 1883 wurde die Insel Krakatau (Sundastraße) durch einen gewaltigen Vulkanausbruch, begleitet von Erdbeben, zerstört.

28,21 f. *Ins Innere ... Geist:* In den ›Büchmann‹ aufgenommenes Zitat aus Albrecht von Hallers (1708–77) Gedicht »Die Falschheit menschlicher Tugenden« (V. 289); seine Bekanntheit verdankt die Zeile dem Widerspruch, den Goethe in seinen Gedichten »Allerdings« und »Ultimatum« formulierte.

29,37 *›im engen Kreis ... Sinn‹:* Schiller, Prolog zum »Wallenstein«, V. 59; Büchmann-Zitat.

30,8 f. *Auch-draußen-zu-Hause-Sein:* Variation eines für Fontane zentralen Themas, das als persönliche und epische Erfahrung in den Kernsatz mündet, *daß hinterm Berge auch noch Leute wohnen* (S. 133,35 f.).

30,23 *in der christlich-sozialen Bewegung:* Der Hofprediger und Politiker Adolf Stoecker (1835–1909) gründete 1878 eine christlich-soziale Gegenpartei zur Sozialdemokratie und propagierte den Antisemitismus; vgl. das Parteiprogramm im Kap. V. Siehe auch Fontanes

Brief an Friedlaender (13. 3. 1896, S. 294): »Persönlich bin ich ganz unchristlich, aber doch ist dies herrnhutische Christenthum, das in neuer Form jetzt auch wieder bei den jüngeren Christlichsozialen zum Ausdruck kommt, das Einzige, was mich noch interessirt, das Einzige, dem ich eine Berechtigung und eine Zukunft zuspreche.«

31,2 *Berliner Bewegung:* gegen die Fortschrittspartei (s. Anm. zu 188,23) gerichtete Parteibildung 1880–90.

31,8–10 *mildtätig die Schuhe ... nimmt:* Anspielung auf die hl. Crispinus und Crispinianus, die den Armen umsonst Schuhe machten; aus einem Mißverständnis (stalt = stellte) entstand der Spruch: »Crispinus macht den Armen Schuh', stahl das Leder auch dazu.«

31,17 *kleines Bauerngut:* Einzelheiten über die genaue Lage des Gutes: Fontane-Blätter 3,3 (1974) S. 235 f., 3,5 (1975) S. 396 f.

31,21 *Gehet hin ... Heiden:* Matth. 28,19, eigtl. »alle Völker«.

31,25 *Wörishofener Pfarrer:* Sebastian Kneipp (1821–97) begründete in seinem Heimatort Wörishofen die seitdem berühmt gewordene Wasserkuranstalt.

31,35–37 *Nicht so ganz ... soweit es muß:* Im Manuskript Fontanes hieß es zuerst: »Wenn es sein kann, ja.« Danach auch: »Nicht so ganz und nicht so unbedingt. Mit dem Alten, so weit es geht und mit dem Neuen nur, so weit es muß.« Im Vorabdruck (»Über Land und Meer«) steht: »Nicht so ganz unbedingt. Lieber mit dem Alten, soweit es geht, mit dem Neuen soweit es muß« (Petersen, S. 48).

32,7 *Schwarzsauer:* Speise von Wild und Geflügel im Blut des Tieres.

33,2 *Plankammer:* bei staatlichen Behörden die Sammlung der für dienstliche Zwecke gebrauchten Karten und Pläne; auch Bezeichnung des Instituts, das solche Pläne anfertigt.

33,8 *Münzstraße:* mündet in die Alexanderstraße, wo sich die Alexanderkaserne befand.

35,11 *Beletage:* frz., der ›schöne‹ 1. Stock eines Hauses, das Hauptgeschoß.

35,18 *Quack:* kleines Kind.

35,23 *Ratten:* Vgl. Brockhaus [13]1886: »Die Ratten gehören zu den am schwersten ausrottbaren unter den auf Kosten des Menschen sich nährenden Tieren, sind listig, wild, bissig, mutig, gefräßig, sehr fruchtbar, unreinlich und lieben es, Zerstörungen im größten Maßstabe durchzuführen.«

36,17 f. *Oben drei ... Ratten:* Brockhaus [13]1885: »... das ganze Kloakennetz ist wie eine der überirdischen Stadt hinzugefügte unterirdische Stadt.«

37,2 f. *'ne Venus:* die Venus von Milo im Louvre.

37,6 f. *Niemann:* Albert Niemann (1831–1917), berühmter Heldentenor der Berliner Hofoper, bes. ausgezeichnet als Wagner-Interpret.

37,7 *dell' Era:* Antonietta dell' Era (1879–1909), gefeierte Primaballerina der Kgl. Hofoper in Berlin.

37,18 *Nero:* Die Geschichte des röm. Kaisers Nero bildete in der zweiten Hälfte des 19. Jh.s einen der wichtigsten Stoffbereiche der dramatischen und epischen Literatur; vgl. Maximilian Harden: Neronismus. In: M. H., Literatur und Theater, Berlin 1896, S. 208–217. Anspielungen auf das röm. Cäsarentum haben in den neunziger Jahren möglicherweise eine hochaktuelle Bedeutung, seitdem Ludwig Quidde »Caligula. Eine Studie über römischen Cäsarenwahnsinn« (1893) mit unübersehbaren Parallelen zu Kaiser Wilhelm II. veröffentlicht hat.

37,19 *seine Fackeln:* Fontane erwähnt wiederholt ein Bild des poln. Malers Henryk Siemiradzki (1843–1902) »Die Fackeln des Nero« (1876); vgl. die Beschreibung in »Die Poggenpuhls«, Kap. 9.

37,20 *längeren Namen:* wahrscheinlich Diokletian.

Viertes Kapitel

39,7 f. *Karoline:* der gelbe Spielball einer mit 5 Bällen gespielten, Karamboline genannten Billardart.

39,17 *Kongestionen:* Blutwallungen, die durch vermehrten Blutzufluß entstehen.

39,26 *das schlägt nieder:* das hat sedative (beruhigende) Wirkung.

39,34 *Dehors:* frz., Anstand.

42,33 *Dusche:* berlinisch für ›träger Mensch‹.

42,37 f. *Dohnenstrich:* tierquälerische Methode, mit Schlinge und Köder Vögel, meist Krammetsvögel (Wacholderdrosseln), zu fangen.

43,6 *Potiphar:* Frau eines ägypt. Höflings, die ihren Diener Joseph zu verführen versuchte (1. Mose 39).

43,24 *Causeuse:* kleines Sofa (für 2 Personen) im Empirestil.

45,36 f. *Geschichte ... als Andenken mitgeben:* Dubslavs Anekdote erzählt Fontane schon in dem Kapitel »Zwischen Boberow-Wald und Huvenow-See« des ersten Bandes seiner »Wanderungen«. Dort endet die Geschichte allerdings mit einem überraschenden Zusatz, und man sollte sich fragen, aus welchen Gründen er in der Romanfassung fehlt (dazu Reuter: Fontane, S. 378 f.). Der Zusatz lautet: »Die Freude war groß, aber es war die l e t z t e dieser Art. Aus den Zeitungen ersah die Marquise bald darauf, daß einer der Hofschlächtermeister zu Potsdam, als Gegengeschenk für eine große Fest- oder Jubiläumswurst (und sogar unter Beifügung desselben Mottos: ›Wurst wider Wurst‹) in gleicher Weise durch eine Tabatière beglückt worden war, und die Sendungen in die königliche Küche hörten von diesem Augenblick an auf.«

46,22 *Blutkarneol:* fleischfarbener Edelstein.

46,22 f. *Goldspeilerchen:* Speil: Holzstäbchen zum Verschließen des Wurstdarms.

46,37 f. *Vernunft ist immer nur bei wenigen:* abgewandeltes Zitat aus Schillers »Demetrius« (Büchmann).

47,12 f. *Rußland ... reden:* Nach Bismarcks Sturz (1890) verschlechterte sich das Verhältnis zu Rußland spürbar.

47,24 *Georgsfest:* Ordensfest des russ. Militärordens des hl. Georg am 26. November (alten Stils, seit 1923: 7. Dezember).

48,6 *Njemen:* statt des dt. Namens Memel.

48,16 *der Häupter:* mecklenburgisch: Anführer.

Nikolaus: Der »eiserne« (Fontane, Der Krieg gegen Frankreich, Schlußwort) Zar Nikolaus I. (1796–1855, seit 1825 Zar), berüchtigt als »Gendarm Europas«, der eine Politik der Maßregelung und Unterdrückung verfolgte: bei Fontane zuweilen eine Figur der romantischen Rückerinnerung an frühe Kindheitstage; vgl. Brief an Friedlaender, 22. 10. 1890, S. 136.

48,32 *Heilige Alliance:* der 1815 geschlossene Bund zwischen Rußland, Preußen und Österreich. In einem Brief an James Morris, 30. 8. 1898 (Briefe, Zweite Sammlung II,470) schreibt Fontane von »den Gott sei Dank verschwundenen Tagen der Polizeialliance, die in der Geschichte den anspruchsvollen Namen ›Heilige Alliance‹ führt«.

49,8 f. *Jesum Christum erkennen:* nach Joh. 17,3, ähnlich S. 172,10 f. und 408,35.

49,10 f. *Großgörschen:* Napoleon I. schlug hier am 2. 5. 1813 die russ.-preuß. Armee.

49,12 f. *Waffenbrüderschaft der Orgeldreher und der Mausefallenhändler:* Dreibund (1882) zwischen Deutschland, Österreich und Italien. Vgl. ›Mausefallis‹ als Bezeichnung für die in Deutschland mit selbstgefertigten Fallen hausierenden Italiener.

49,14 f. *Preobraschensk ... Kaluga:* russ. Regimenter.

49,21 *Kaleschwagen:* viersitziger Reisewagen.

49,21 f. *Chaise:* Halbkutsche.

50,24 f. *wenn gute Reden sie begleiten:* Zitat aus Schillers »Lied von der Glocke«; Büchmann.

50,28 *›Waldmeisters Brautfahrt‹:* Otto Roquette (1824 bis 1896) nannte sein erfolgreiches Versepos im Untertitel »Ein Rhein-, Wein- und Wandermärchen« (1851, [77]1877). Der »Kanzler Gundermann« steht im Dienst des Prinzen Waldmeister.

50,31 *Karambolespieler:* Billardspieler.

50,37 f. *›neue Luther‹:* Stoecker, vgl. Anm. zu 30,23, wurde vielfach als ein neuer Luther angesehen.

51,2 *Majestät ... Verurteilung:* Nach anfänglicher Anerkennung durch Wilhelm II. wurde Stoecker 1890 aus dem Amt des Hofpredigers entfernt; 1896 erteilte ihm der Kaiser die aufsehenerregende Rüge.

51,18 *Konventikel:* religiös-erbauliche Versammlung außerhalb der kirchlichen Institution.

51,35 *Dieb:* rußender Nebendocht.

52,5 *über alten und neuen Glauben:* möglicherweise Anspielung auf das 1872 erschienene Werk von David Friedrich Strauß (1808–74) »Der alte und der neue Glaube. Ein Bekenntnis«. Vgl. Brief an Emilie Zöllner, 19. 8. 1886: »Die Kritik der Christuslegende (der erste Abschnitt des Buchs) hat etwas machtvoll Überzeugendes, was nachher kommt, schwebt gerade so in der Luft, wie alles was durch Jahrtausende hin über Gott und Unsterblichkeit gesagt ist und in ferneren Jahrtausenden darüber gesagt werden wird. Der Mensch als solcher bringt in dieser Frage die ›Forsche‹ nicht 'raus« (Briefe [Propyläen] IV,92).

52,11 *die Geschichte ... Stubbe:* August von Haxthausen, derselbe, den Fontane im »Wangenheim-Kapitel« erwähnt, wußte ebenso wie seine Briefpartnerin Editha von Rahden vieles über ein Fräulein Auguste Stubbe zu berichten, die am Petersburger Hof für aufsehenerregende Skandalgeschichten sorgte (August von Haxthausen – Editha von Rahden. Ein Briefwechsel im Hintergrund der russischen Bauernbefreiung 1861. Hrsg. von Alfred Cohausz. Paderborn 1975. S. 79 f., 137 f.).

Fünftes Kapitel

52,20 *Faktotum:* lat., ›mach alles‹, Gehilfe, Diener.

52,21 *Wrasen:* Dampf.

53,14 f. *die Religion wiedergeben:* Fontane stand dem Versuch, ›Religiosität‹ womöglich mit Polizeigewalt wieder zu begründen, sehr kritisch gegenüber; die Diskussion entzündete sich an einem Volksschulgesetzentwurf, der konfessionelle Volksschulen vorsah; vgl. die Briefe an Friedlaender, 27. 5. 1891 und vor allem 12. 2. 1892 (S. 170 f.): »›Das geht so nicht weiter, das muß anders werden.‹ Ich beziehe dies namentlich auf das Bestreben, mit Hülfe des Schutzmanns, bez. des Staatsanwalts [...] ›wieder Religion ins Land zu schaffen‹. Kein vernünftiger Mensch wird 'was gegen Religion haben, wenn er persönlich auch nicht mitmacht. Glaubt meinetwegen, daß die Balken brechen; ich habe zwar noch nicht gesehn, daß viel dabei herauskommt, aber wenn es ehrlich ist, geb ich dem Gläubigen seine Ehre. Nur das Anpacken dieser feinen Dinge von außen her, widersteht mir aufs äußerste und der gesunde Sinn unsres Volks lehnt sich dagegen auf.«

53,27 *Refus:* frz., abschlägige Antwort.

53,30 *der mit der Fackel:* Hymenaios, der Gott der Vermählung.

53,35 *Tante Sanctissima:* allerheiligste Tante.
54,3 *Melange:* frz., Mischung.
55,6 *Görbersdorf:* Lungenheilanstalt in Schlesien.
55,17 f. *was ein bißchen wie Leidenschaft aussieht:* Die Darstellung leidenschaftlicher Situationen kommt in Fontanes Werken selten vor; diese Zurückhaltung begünstigte eine literarische Technik, die in ihrer indirekten Gestaltungsweise ein künstlerisches Höchstmaß innerhalb der Gattung Liebes- und Ehegeschichte erreichte.
55,29 *Ewig weiterleben:* korrespondiert mit dem Schlußsatz des Romans.
56,13 *Mit unsrer ... getan:* abgewandeltes Zitat aus Luthers Lied »Ein' feste Burg ist unser Gott«; Büchmann.
56,21 *à la bonne heure:* frz., das laß ich mir gefallen.
57,7 *Talleyrand:* Charles-Maurice de Talleyrand-Périgord (1754–1838), frz. Politiker und Diplomat, Vertreter Frankreichs auf dem Wiener Kongreß (1814/15).
57,18 f. *Wilhelm von Humboldt ... Friedrich Gentz:* Der Kunsttheoretiker und preuß. Kulturpolitiker Wilhelm von Humboldt (1767–1835) und der Mitarbeiter Metternichs und Publizist Friedrich von Gentz (1764–1832) spielten eine entscheidende Rolle während des Wiener Kongresses.
58,3 f. *›Hier steh ich ... anders‹:* Mit diesem Satz soll Luther im April 1521 vor dem Reichstag zu Worms seinen Standpunkt bekräftigt haben.
58,37 *der unsinnige Satz:* In den ›Büchmann‹ eingegangene Formulierung des Erdkundeprofessors Oskar Peschel, der die Vorzüge des systematischen Volksunterrichts illustrieren soll; vgl. auch Raabes »Horacker«. Auch in Frankreich gab es nach 1870 die Redensart, Sedan sei der Sieg des deutschen Schulmeisters (Charles Fourrier: L'Enseignement Français de 1789. Précis d'histoire des institutions scolaires. Paris 1965. S. 181).
59,3 *Zündnadelgewehr:* 1840 in die preuß. Armee eingeführter Hinterlader.
Steinmetz: Karl Friedrich von Steinmetz (1796–1877), siegreicher preuß. Generalfeldmarschall im Krieg gegen Österreich.
59,9 *was Alexander von Humboldt konnte:* nämlich die gesamten naturwissenschaftlichen Erkenntnisse zusammenzufassen.

59,14 *Koch:* Robert Koch (1843–1910), Arzt und Bakteriologe, Nobelpreisträger.
Edison: Thomas Alva Edison (1847–1931), Erfinder auf dem Gebiet der Elektrotechnik.

59,24 f. *Cicerone:* scherzhafte Bezeichnung nach dem röm. Redner Cicero, (wortreicher) Fremdenführer.

59,29 *Pièce de résistance:* frz., Prunkstück.

61,6 *wotanartigen ... Filzhut:* Der germanische Gott Wotan wurde mit einer Art Schlapphut dargestellt.

61,23 *ich habe überhaupt nur einmal einen gesehen:* möglicherweise Anspielung auf Dr. August Lau, den Hauslehrer Fontanes, in Swinemünde, über den »Meine Kinderjahre« (Kap. 13) berichten; vgl. Albert Guthke: »Ich liebte Dr. Lau«, in: Fontane-Blätter 3,3 (1974) S. 165 bis 189.

61,24 *Verdruß:* scherzhafte Bezeichnung für einen Buckel.

62,33 *Malven:* Zierstauden mit lilaroten Blüten.

63,30–32 *Burgemeister ... Stadt:* Vgl. Jean Paul, »Dr. Katzenbergers Badereise« (Huldigungspredigt): »Karl XII. von Schweden sagte einmal, er wollte seinen Stiefel als Subdelegaten und Vize-Karl XII. senden.« Ebenso Heinrich von Kleist, »Prinz Friedrich von Homburg«: »Mit meinem Stiefel, vor sein Haus gesetzt, / Schütz ich vor diesen jungen Helden ihn!« (V, 3).

64,7 *Katzenkopp:* Schlag auf den Hinterkopf.

64,12 *Imker:* Zu diesen und ähnlichen Nebentätigkeiten sahen sich die Lehrer in ihrer finanziellen Notlage oft gezwungen.

64,21 f. *nach der Dzierzonschen Methode:* Johannes Dzierzon (1811–1906) ließ die Bienen ihre Waben an bewegliche Holzleisten bauen.

65,24 *Tänzer:* Das Ausschwärmen wird schon in der Antike mit einer tanzenden Bewegung verglichen (Platon, »Ion«).

65,36 *Prince Consort:* engl., Prinzgemahl.

66,5 *Heinesche Asra:* In Heinrich Heines Gedicht »Der Asra« aus dem »Romanzero« (1851) bekennt der in die Sultanstochter verliebte Sklave: »Und mein Stamm sind jene Asra, / Welche sterben, wenn sie lieben.«

66,33–35 *Fehrbellin ... Leipzig:* glorreiche Schauplätze preuß. Kriegsgeschichte; vgl. den Geschichts- und Geographieunterricht, den Fontane durch seinen Vater erfuhr, »Meine Kinderjahre«, Kap. 13.

67,2 *Nickel:* Zehnpfennigstück aus Nickel.

67,19 *des Adlers von Hohenzollern:* königlicher Hausorden.

67,23 f. *wie 'ne:* Auffallend ist die Annäherung des Erzählerberichts an mündliche Redeweise.

67,28 *Pincenez:* frz., Brille ohne Seitengestell, Kneifer.

67,28–69,8 *Sehr interessant ... geblieben sind:* Die Darstellung dieses architekturhistorischen Schlagabtauschs bedient sich der Mittel der Typenkomödie; vgl. später auch die Konfrontation Wrschowitz–Cujacius, S. 355 f.

67,30 *Prämonstratenser:* 1120 von Norbert von Prémontré gegründeter Mönchsorden.

67,31 *Brandenburger Krypte:* Grabkapelle im Brandenburger Dom.

67,34 *Quast:* Alexander Ferdinand von Quast (1807–76), Konservator der preuß. Kunstdenkmäler.

67,35 *Adler:* Friedrich Adler (1827–1908), Professor an der Berliner Bauakademie, Verfasser von »Mittelalterliche Backsteinbauten des preußischen Staates«.

68,5 *›Vater Wrangel‹:* Feldmarschall Friedrich Heinrich Ernst von Wrangel (1784–1877), vertrieb 1848 die preuß. Nationalversammlung aus Berlin.

68,6 *den Schillerschen Wrangel:* Das Personenverzeichnis von »Wallensteins Tod« nennt »Oberst Wrangel, von den Schweden gesendet«.

Sechstes Kapitel

71,37 *Orest und Pylades:* Freundespaar der griech. Sage.

72,11 *Déjeuner à la fourchette:* frz., Gabelfrühstück.

72,12 f. *es ist jetzt alles englisch:* Die Mutter Wilhelms II. war eine Tochter der Königin Viktoria und bevorzugte engl. Sitten; das wirkte sich auf den Gesellschaftston aus.

72,28 *›Toujour perdrix‹:* frz., ›immer Rebhuhn‹. Daß man auch des Besten überdrüssig werden kann, wenn die Abwechslung fehlt, mußte der Beichtvater Heinrichs IV. von Frankreich erfahren, der, nachdem er dem König die wechselnden Liebschaften vorgeworfen hatte, als Belehrung täglich Rebhühner vorgesetzt bekam. Seine

Überdrußformulierung ging in den ›Büchmann‹ ein und ist ein Lieblingsausspruch Fontanes.

73,24 *›Patrimonium der Enterbten‹:* Erbteil der Enterbten (rhetorische Figur des Oxymoron); als das Erbteil der Besitzlosen gilt die Arbeit.

74,29 f. *mit 'nem Dukaten den Großen Kurfürsten vergolden:* das 1700 von Andreas Schlüter geschaffene Reiterstandbild auf der Langen Brücke in Berlin; hier redensartlich: aus wenig viel machen.

75,2 f. *mein berühmter Miteinsiedler:* Bismarck.

75,14 *›Laßt mich dicke Leute sehn‹:* abgewandeltes Zitat aus Shakespeares »Julius Caesar«, I,2.

76,22 *Idiosynkrasie:* übertriebene Empfindlichkeit.

76,30 *Celestes:* lat., Himmlisches.

76,33 *Infernalisches:* lat., Höllisches, Teuflisches.

77,21 *Martini:* Martinstag 11. November.

77,26 *Neulandtheorie:* Aufteilung des Großgrundbesitzes an die Massen. Es kann sich auch um eine Anspielung auf den Titel der Zeitschrift »Neuland. Monatsschrift für Politik, Wissenschaft, Literatur und Kunst« handeln, die vom Oktober 1896 bis März 1898 erschien und ein sozialistisches Programm vertrat.

81,13 f. *vom Brombeerstrauch keine Trauben:* nach Luk. 6,44; ähnlich S. 195,12 f.

83,6 f. *›long, long ago‹:* Refrain eines engl. Volksliedes; Büchmann-Zitat.

83,29 *lymphatisch:* blaß; von Fontane wiederholt gestalteter Frauentyp, vgl. Cécile. Zum allgemeinen Hintergrund siehe das Kapitel »Edelblässe« in Dolf Sternbergers »Panorama oder Ansichten vom 19. Jahrhundert« (1938, Nachdr. Frankfurt a. M. 1974).

84,4 *a tempo:* ital., gleichzeitig.

84,17 f. *wird ihnen dies ... angerechnet:* Die Deutsche Bundesakte (1815) sprach dem reichsunmittelbaren hohen Adel die Ebenbürtigkeit mit den regierenden Fürstenhäusern zu.

84,25 *Ippe-Büchsenstein:* In der fiktiven Namensgebung (Büchsenstein = Übername des Kriegsknechts, der mittels einer Art Schleuder die schweren Büchsensteine gegen den Feind warf) spiegelt sich möglicherweise die seinerzeit Aufsehen erregende Eheschließung zwischen dem Porträtmaler Richard Lauchert (1823–69) und der Prinzessin Amalie von Hohenlohe-Schillingsfürst (1821 bis 1902).

85,17 *Doktor Heim:* Ernst Ludwig Heim (1747–1834), Leibarzt des Prinzen Ferdinand und zugleich Helfer der Armen, populäre Persönlichkeit.

86,6 *die natürliche Konsequenz:* zentraler Begriff des Fontaneschen Ethos; vgl. Brief an den Sohn Theo, 8. 9. 1887 (Briefe [Aufbau] II,172).

87,3 *Landbuch Kaiser Karls IV.:* bzw. Landtafel; gemeint ist die institutionelle Einrichtung von Grund- und Hypothekenbüchern in Böhmen (ab 1309); der Erwerb von Liegenschaften erfolgte ausschließlich über das Landbuch und setzte die ›Landtafelfähigkeit‹ (ständisches Privileg) voraus. Unter Karl IV. wurde die Mark Brandenburg 1375 von der Landtafel erfaßt.

Kloster Wutz. Siebentes Kapitel

88,1 *Kloster Wutz:* »Wutz ist Lindow«, schreibt Fontane an Carl Robert Lessing, 8. 6. 1896 (Briefe [Aufbau] II,399); Kloster Lindow beschrieb er ausführlich im 1. Band der »Wanderungen«, Kap. »Neuruppin«.

88,21 *Meiran:* Majoran, Gewürzkraut.

89,1 *Palatin:* Auf diesem röm. Hügel standen die kaiserlichen Paläste, deren Ruinen nach den Ausgrabungen (seit 1861) sichtbar wurden.

89,13 *Remisen:* Geräte-, Wagenschuppen.
Rollkammern: Kammern, in denen die Wäsche gerollt, gemangelt wird.

90,2 *das fremde Wort:* Veloziped.

90,17 f. *Finkennäpfchen:* scherzhafte Bezeichnung für kleine Wasserschüsseln.

91,19 f. *Sichadjustieren:* sich zurechtmachen.

91,22 *verblakt:* verqualmt.

91,25 f. *Astrallampe:* nicht Schatten werfende Petroleumlampe.

91,28 f. *»König Wilhelm auf der Höhe von Lipa«:* Schlachtenbilder dieser Art hatte Ludwig Burger (1825–84) für Fontanes Kriegsbuch »Der deutsche Krieg von 1866« (1870/71) angefertigt.

92,5 *»Sieben-Kurfürsten-Brosche«:* Seit 1257 wurde der deutsche Kaiser von sieben Kurfürsten (drei geistliche, vier weltliche) gewählt.
92,8 *Malice:* frz., boshafte Äußerung.
93,1 *Rentmeister:* Beamter, der regelmäßige Einkünfte berechnet bzw. einzieht.
93,19 f. *Es gibt ... Hause:* nach Joh. 14,2; Büchmann-Zitat.
93,27 f. *Du sollst ... neben mir:* 2. Mose 20,3.
94,18 *Konventualinnen:* lat., Klostermitglieder.
96,32 *sieben Schönheiten:* Solche Schönheitskataloge entwarfen Boccaccio und Hans Sachs. Vgl. »Schach von Wuthenow«, Kap. 6, in dem von Bülow über andere Schönheitskategorien spricht.
97,16 f. *Irvingianer:* engl. Sekte (genannt nach ihrem Gründer Edward Irving, 1792–1834) mit urchristlichen Tendenzen.
97,29 *Berechnungen:* Weltuntergangsberechnungen häuften sich am Jahrhundertende; zudem entdeckte die Naturwissenschaft, daß die Sonne in einer berechenbaren Zeit erlöschen wird.
98,11 *Priegnitz:* Prignitz, Landschaft in der Mark Brandenburg mit mehreren Garnisonstädten.
98,15 *Radowa:* walzerartiger böhmischer Tanz.
98,26 *Remedur:* lat., Abhilfe.
98,36 *Velleitäten:* eigtl.: Anwandlungen, Launen.
99,2 f. *Name ... ist Schall und Rauch:* »Faust« I, V. 3457.
99,18 f. *Hus ... Ziska ... Hunyadis:* für Fontane kennzeichnende Technik, statt der Jahreszahlen die dominierenden geschichtlichen Persönlichkeiten zu nennen; Jan Hus (um 1369 bis 1415), tschech. Reformator, in Konstanz als Ketzer verbrannt; Jan Žižka (um 1370 bis 1424), hussitischer Heerführer; Johann Hunyadi (um 1385 bis 1456), ungar. Nationalheld und Türkenbesieger.
100,12 *Vielliebchen:* Spiel, bei dem beide Partner eine Doppelfrucht aßen und sich beim nächsten Wiedersehen mit »Vielliebchen« anreden mußten; Spielregelverletzungen wurden nach einem ausgeklügelten System, das manche *Wagnisse* (Zl. 28) bergen konnte, bestraft.
101,28 *Ostentation:* lat., Schaustellung, Prahlerei.

Achtes Kapitel

102,22 *stupende:* lat., erstaunliche, verblüffende.
102,24 *Deszendenz:* lat., Verwandtschaft in absteigender Linie.
102,24 f. *dem gleichnamigen Wendengotte:* Den dreiköpfigen Gott beschreibt Fontane im 3. Band seiner »Wanderungen«, Kap. »Die Wenden in der Mark«.
103,20 *Zehdenick:* ein 1250 gegr. Zisterzienser-Nonnenkloster, das in ein adliges Damenstift umgewandelt war.
105,9 *Spitzgläser:* kleinere Weingläser, die nach unten spitz zulaufen.
105,18 f. *Montefiascone:* mittelitalienischer Wein.
105,23 f. *Lacrimae Christi:* lat., ›Tränen Christi‹, am Vesuv wachsender Wein.
106,28 *›Milch der Greise‹:* nach lat. »vinum lac senum«; in vielen Sprachen verbreitete Redensart. Vgl. auch Wilhelm Busch: »Abenteuer eines Junggesellen«: »Rotwein ist für alte Knaben / Eine von den besten Gaben.«
107,2 *dezidiertere:* lat., entschiedenere, bestimmtere.
107,3 *Refugium:* lat., Zuflucht.
107,23 *Empressement:* frz., Eifer.
Unter dem Holunderbaum: ironische Anspielung auf die Traum- und Liebesszene in Heinrich von Kleists »Das Käthchen von Heilbronn«; von Fontane wiederholt zitiert.

Neuntes Kapitel

110,15 *Esterhazys:* ungar. Fürstengeschlecht.
110,16 f. *Schwarzenberg ... verbrannte:* Karl Philipp Fürst zu Schwarzenberg (1771–1820), österr. Feldmarschall und Diplomat, führte 1809/10 in Paris die Verhandlungen über die Heirat Napoleons I. mit der österr. Erzherzogin Marie Luise. Bei einem Ball, den Schwarzenberg anläßlich der Vermählung in Paris gab, brach ein Brand aus, dem jedoch nicht Schwarzenbergs Frau, sondern eine Schwägerin zum Opfer fiel.
111,3 *›Wortlaut‹:* der Bibeltext, dessen strikte Wörtlichkeit im Zeitalter der historischen Bibelkritik (Strauß, Renan) besondere Bedeutsamkeit hatte.
111,13 *›Umwertung‹:* In den ›Büchmann‹ (^{20}1900; doch

siehe schon Lipperheide 1907) noch nicht eingegangenes Programmwort Friedrich Nietzsches. Vgl. Fontanes Brief an seine Tochter, 30. 8. 1895: »Das Wort Nietzsche's von der ›Umwerthung‹ der Dinge, die durchaus stattfinden müsse, trifft überall zu« (Briefe [Propyläen] II,244). Ebenso an Karl Zöllner, 31. 8. 1895: »Das Wort von einer immer nothwendiger werdenden ›Umwerthung‹ aller unsrer Vorstellungen, ist das Bedeutendste was Nietzsche ausgesprochen hat« (Briefe [Propyläen] IV,130). Siehe auch den Entwurf »Johann der muntre Seifensieder«: »Nietzsche hat das Wort ›Umwertung‹ erfunden. Ich könnte ihm die Hände dafür küssen. Es muß alles ›umgewertet‹ werden, und von dem Augenblick an, wo dies geschehen sein wird, wird zwar nicht das Unglück aus der Welt geschafft sein, aber die Menge des Glücks, die Zahl der Glücklichen wird unendlich gewachsen sein« (Theodor Fontane: Zwei gesellschaftskritische Entwürfe. Hrsg. und komm. von Joachim Krueger. In: Fontane-Blätter 3,4, 1974, S. 242).

112,9 *geuzt:* geneckt; umgspr. aus der südwestdt. Mundart, in der Literatursprache seit dem Sturm und Drang.

112,21 *ein bißchen auf der Wippe:* Wippe = Kippe; auf der Kippe stehen: unentschieden sein, hier wohl gemeint: mit einem Umschlag ins Frivole.

112,27 f. *Tempelhofer Feld:* Ausflugsziel und Paradeplatz.

112,28 *Rotherstift:* Stift für unbemittelte Beamtentöchter.

112,35 *Spreewaldsamme:* bei Fontane wiederholt erwähnter Frauentyp; vgl. z. B. das Gedicht »Land Gosen«.

113,6 *Äquivokenmensch:* Freund der Zweideutigkeiten.

113,30 *Mars-la-Tour:* Schlachtort im Dt.-Frz. Krieg 1870/71.

113,32 *je ne sais quoi:* frz., ich weiß nicht was.

114,35 *lieber der Erste:* Büchmann-Zitat einer von Caesar stammenden Äußerung angesichts eines elenden Alpenstädtchens: »lieber der Erste hier als der Zweite in Rom«.

Zehntes Kapitel

116,11 *Leinpferd:* reiterloses Pferd, das von einem anderen Reiter geführt wird.

117,9 *ad vocem:* lat., ›zu dem Wort‹, was betrifft.

117,12 *Autochthonen:* Ureinwohner.

117,22 *ein Burggraf:* Friedrich VI. von Nürnberg (1372 bis 1440). Die Ereignisse wurden in Wildenbruchs Drama »Die Quitzows« erfolgreich dramatisiert, vgl. Anm. zu 6,9 f.

118,5 *im ›Brandenburgischen Kinderfreund‹:* erfolgreiches Lehr- und Lesebuch des 19. Jahrhunderts.

118,13 *der alte Fürst:* Chlodwig Hohenlohe-Schillingsfürst, 1894–1900 Reichskanzler.

119,23–26 *Unsre Leute ... zusammen:* Vgl. »Stine« Kap. 11 und 12.

120,2 *Célibataire:* frz., Junggeselle.

122,1 f. *des florentinischen Bildhauers:* Lorenzo Ghiberti (1378–1455).

122,15 *Ostrowo:* Kleinstadt in der Provinz Posen.

123,4 *Melusine:* Name einer Meernixe (halb Mensch, halb Fisch), die sich einem Menschen vermählt, sich dann aber wieder von ihm trennt, nachdem dieser sein Versprechen, sie an einem bestimmten Tage nicht zu beobachten, gebrochen hat. Nach einer frz. Geschlechtersage ist sie die Ahnfrau der Grafenfamilie Lusignan. Weitverbreiteter Volksbuch- und Märchenstoff; bevorzugte Figur in mythisch ausgerichteter Malerei und Versepik; Requisit der Trivialunterhaltung. Fontane variierte den Melusine-Stoff vielfältig. Vgl. Renate Schäfer: Fontanes Melusine-Motiv. In: Euphorion 56 (1962) S. 69–104. Hubert Ohl: Fontane und der Mythos. In: Mythos und Mythologie in der Literatur des 19. Jahrhunderts. Hrsg. von Helmut Koopmann. Frankfurt a. M. 1978.

123,13 *Luche:* Sumpf, Bruch.

Nach dem »Eierhäuschen«. Elftes Kapitel

124,1 *Eierhäuschen:* Gartenlokal an der Oberspree; wird z. B. auch in »Frau Jenny Treibel«, 13. Kap., erwähnt.

125,9 *Lessing ... Goethe:* Denkmäler an der Lennéstraße bzw. in ihrer Nähe.

125,34 *Ballbecher:* Vgl. Otto Pniower: Theodor Fontane und sein Ballbecher. In: Vossische Zeitung, 12. 1. 1930. Fontane selbst soll oft mit einem solchen Ballbecher gespielt haben.

127,16 *Heliotrop:* Zierpflanze mit blauvioletten Blüten.

Strandräuber. Stich nach dem Gemälde von Ludwig Neuhoff. In: »Über Land und Meer«, Bd. 79, Jg. 40, 1897/98, Nr. 5, S. 77

127,34 *Escarpins:* vornehme leichte Schnallenschuhe.

128,23 f. *Kaiserlich ... Irland:* Victoria, Königin von Großbritannien und Irland, seit 1876 Kaiserin von Indien.

129,21 *Verzug:* Liebling, Glückskind; bei Fontane häufig.

129,34 *Tristan und Isolde:* Über die Wagner-Rezeption Fontanes vgl. Brief an Karl Zöllner, 19. 8. 1889: »Von Kissingen aus war ich auch auf 3 Tage in Bayreuth, um Parsifal und Tristan und Isolde zu hören. Sonnabend Nachmittag kam ich an und fiel aus einem Hôtel und Kaffehaus ins andre, was sehr interessant war. So international, daß die Promenade von Kissingen blos wie Zoologischer Garten daneben wirkte. Sonntag Parsifal, Anfang 4 Uhr. Zwischen 3 und 4 natürlich Wolkenbruch; für zwei Mark, trotzdem ich ganz nahe wohnte, hinausgefahren. Mit aufgekrempten Hosen hinein, alles naß, klamm, kalt; Geruch von aufgehängter Wäsche. 1500 Menschen drin, jeder Platz besetzt. Mir wird so sonderbar. Alle Thüren geschlossen. In diesem Augenblicke wird es stockduster, nur noch durch die Gardine fällt ein schwacher Lichtschimmer, genau wie in Macbeth, wenn König Duncan ermordet wird. Und nun geht ein Tubablasen los, als wären es die Posaunen des Letzten Gerichts. Mir wird immer sonderbarer und als die Ouvertüre zu Ende geht, fühle ich deutlich ›noch 3 Minuten und Du fällst ohnmächtig oder todt vom Sitz.‹ Also wieder 'raus. Ich war der Letzte gewesen, der sich an 40 Personen vorbei bis auf seinen Platz, natürlich neben der ›Strippe‹, durchgedrängt hatte und das war jetzt kaum 10 Minuten. Und nun wieder ebenso zurück. Ich war halb ohnmächtig, aber ich that so, als ob ich's ganz wäre, denn die Sache genirte mich aufs äußerste. Gott sei Dank, wurde mir auf mein Pochen die Thür geöffnet und als ich draußen war, erfüllte mich Preis und Dank« (Briefe [Propyläen] IV,108 f.).

131,34 *immer Silber putzen:* In den neunziger Jahren mehren sich die öffentlichen Dienstbotenversammlungen, die eine Beseitigung der Gesindeordnung fordern; die Gesindeordnung räumte der Dienstherrschaft besondere Rechte ein (Beaufsichtigung, Disziplinargewalt, Forderung von Gehorsam, Ehrerbietigkeit und Treue).

Zwölftes Kapitel

133,2 *als Bühnenfigur:* in Schillers »Wilhelm Tell«.
133,4 *Stolberg:* Leopoldine Stolberg (1851–1927), Schauspielerin am Kgl. Schauspielhaus in Berlin.
134,9 *Annexe:* lat., Anhängsel, Zubehör.
134,14 *Souterrain:* frz., Kellergeschoß.
135,19 *Ziegelstreichersohn:* Ziegelstreicher stellten handgeformte Ziegel her.
135,32 *Pluvius:* der Regenspendende (Beiname Jupiters).
136,5 f. *zweimal hintereinander ... Lose:* Gattungstheoretisch gesehen, ist dies ein typisches Lustspielmotiv; Fontane verwendet es hier als Sinnbild des preuß.-dt. wirtschaftlichen Aufschwungs nach 1871 und zeigt damit die ›Zufälligkeit‹ des gründerzeitlichen Wohlstands.
136,31 *so treu gewählt:* In dieser erzählerischen Ironie mag sich ein Stück Fontanes eigener Skepsis gegenüber der Wahlpraxis aussprechen; vgl. seinen Brief an seinen Sohn Friedrich, 16. 6. 1898: »Dieser ganze Wahlkrempel kann unmöglich der Weisheit letzter Schluß sein. In England oder Amerika vielleicht oder auch gewiß, aber bei uns, wo hinter jedem Wähler erst ein Schutzmann, dann ein Bataillon und dann eine Batterie steht, wirkt alles auf mich wie Zeitvergeudung. Hinter einer Volkswahl muß eine Volksmacht stehn, fehlt die, so ist alles Wurscht« (Briefe [Aufbau] II,442).
137,24 *daß es meine Puppe war:* viell. ›daß es mein ein und alles war‹.
137,32 *Taler, nicht Mark:* Ein Taler entsprach drei Mark Gold.
138,22 *der Alter ego:* lat., das andere Ich.
139,2 f. *Der authochthone »Kellerwurm« ... Steglitzer Villa:* Variation des Gundermann-Motivs.
139,31 *Oreiller:* frz., Kopfkissen.
140,20 *intrikaten:* lat., verwickelten, verfänglichen.
140,30 *hasardier ich:* frz., eigtl. ›setze ich alles aufs Spiel‹.
141,3 *Magnaten:* lat., Feudaladel, Großgrundbesitzer.
141,6–8 *Im Juli dreißig ... Algier bombardierten ... Haus Bourbon ... beseitigten:* Für Fontane typische Form der ›ornamentalen Zeitangabe‹; sie steht im Dienst eines Realitätseffekts, indem sie Kunstfigur und historisches Ereignis einander zuordnet. Was das Algier-Bombardement

betrifft, so erinnert sich Fontane in seiner Autobiographie »Meine Kinderjahre«, Kap. 12, an sein damaliges Gefangensein von diesen Ereignissen.

141,13 *Ritterakademie:* den Gymnasien gleichstehende Lehranstalten für junge Edelleute.

141,20 f. *Ragaz:* Thermalbad in der Ost-Schweiz.

141,37 *Attaché:* frz., der einer größeren Gesandtschaft Beigeordnete.

142,19 *Demission:* frz., Entlassung.

143,8 *Frommel:* Emil Frommel (1828–96), Theologe und Schriftsteller, Lehrer der Söhne Wilhelms II.

143,11 *attachiert:* in herzlicher Weise verbunden.

Dreizehntes Kapitel

144,24 f. *coûte que coûte:* frz., um jeden Preis.

146,22 f. *Niels-Gade-Schwärmer:* Niels Gade (1817–90), dän. Komponist und Dirigent, durch Schumann und Mendelssohn-Bartholdy gefördert; Führer des »Skandinavismus« romantischer Prägung.

147,1 f. *wegzueskamotieren:* wegzuzaubern.

147,6 *gens irritabilis:* lat., eigtl.: Genus irritabile vatum, d. i. das reizbare Geschlecht der Dichter, Zitat aus den »Episteln« des Horaz 2,102; Büchmann.

147,32 *Hubert Herkomer:* beliebter Porträtmaler (1849 bis 1914).

148,13 *Chopin:* Frédéric Chopin (1810–49), im 19. Jh. einseitig als romantischer Komponist verstanden.

148,27 *Oginski:* Michael Kleophas Oginski (1765–1833), seinerzeit berühmter poln. Komponist.

148,29 *›Erlkönig‹:* die von Karl Loewe (1796–1869) bzw. Franz Schubert (1797–1828) vertonte Ballade Goethes. *›Glocken von Speyer‹:* von Loewe vertonte Legende Maximilian von Oers (1806–66); von Fontane wiederholt genannt.

148,30 f. *›Alte Feldherrn‹ ... ›Denkst du ...‹:* Karl von Holteis (1798–1880) Singspiel »Der alte Feldherr« (Uraufführung 1825), darin das Lied »Denkst du ...« vorkommt. Das Gefühl unbezwingbarer Rührung, das ihn beim Hören dieses Liedes befiel, beschreibt Fontane in »Meine Kinderjahre«, Kap. 12.

148,35 *de tout mon cœur:* frz., von ganzem Herzen.
149,4 *›König Renés Tochter‹:* beliebtes Bühnenstück (1845) des dän. Bühnenautors Henrik Hertz (1797–1870).
149,10 f. *›Kreutzersonate‹:* Leo N. Tolstois (1828–1910) analytische Erzählung (1889; dt. Übers. 1890) vom schicksalhaft notwendigen Scheitern jeder ehelichen wie auch geschlechtlichen Beziehung. Die für den späten Tolstoi charakteristische radikale Unterordnung der Kunst unter moralische Zwecke, die auch das psychologisch erzählte Ehedrama streckenweise in ein moralisch sozialkritisches Traktat verwandelt, mag Wrschowitz zu dem Protest *gegen die Mischung von Kunst und Sektierertum* veranlaßt haben.
150,15 *Saatwinkel und den Grunewald:* beliebte Berliner Ausflugziele.
150,26 f. *›Stromtid‹ ... ›Franzosentid‹:* Fritz Reuters (1810 bis 1874) wichtige plattdt. Romane.
150,34 *das Carlylesche Buch:* Thomas Carlyles (1795–1881) sechsbändiges Werk »History of Friedrich II of Prussia, Called Frederick the Great« (1858–65; dt. 1858–69).
151,1 *Orden de la générosité:* Name eines 1667 gestifteten Ordens, aus dem 1740 der »Pour le mérite« hervorging.
151,17 *Malkontenten:* Unzufriedenen.
152,2 f. *Kunst ... Prinzipp ... Kopf ab:* Ironische Variation der ›literarischen Beilfertigkeit‹, zu der sich Fontane selbst anläßlich seiner »Irrungen, Wirrungen« bekannte; Brief an Friedrich Stephany, 16. 7. 1887 (Briefe [Aufbau] II,168).
153,12 f. *Vorliebe für jungfräuliche Tote:* General Bamme, eine originelle Figur aus Fontanes erstem Roman »Vor dem Sturm« hatte eine ähnliche Neigung.
154,7 *in favorem:* lat., zugunsten (des Angeklagten).
156,4 *genealogischer Kalender:* periodisch erscheinende Organe, die über Ursprung und Zusammenhang der adligen Familien berichten; am bekanntesten waren die »Gothaischen Taschenbücher«.
156,6 f. *Geiser:* vulkanische Springquellen auf Island.

Vierzehntes Kapitel

157,33 *wohlaffektionierte:* herzlich zugetane.

159,13 *Sappeurbart:* Sappeurs waren Zimmerleute, die den Infanteriebataillonen zugeordnet waren und dafür zu sorgen hatten, daß eventuelle Hindernisse auf dem Marschweg beseitigt wurden.

159,14 *Tambourmajor:* Anführer der Spielleute.

160,6 f. *ein ›Nein‹ gilt nicht:* Vgl. Melusines *Ein ›Nein‹ gibt es natürlich nicht* (S. 157,24 f.). Eine solche Parallelisierung zwischen Herrschafts- und Bedienstetenbereich ist aus dem Lustspiel bekannt.

160,12 *Bayrisch:* Bayrisches Bier.

160,32 *Lunette:* halbkreisförmige Fläche über Türen und Fenstern.

161,6 *Zillen:* Frachtschleppkähne.

162,22 *Krickenten:* kleinere Wildenten.

163,25 *Rom ist ewig:* Zitat nach Tibull; Büchmann.

163,27 *Quirinal:* ehemalige päpstliche Sommerresidenz, seit 1870, als die weltliche Macht des Papstes mit der Einnahme Roms beendet wurde, königliche Residenz.

164,32 *Spindler:* »Färberei und Reinigung von Damen- und Herren-Kleidern, sowie von Möbelstoffen jeder Art. Waschanstalt für Tüll- und Mull-Gardinen, echte Spitzen etc.« (Text einer Werbeanzeige der Firma W. Spindler).

165,6 *Kiepenfrau:* Kiepe = langer geflochtener Rückentragkorb.

165,7 *Fünfzigpfennigbazar:* Bazar: eigtl. oriental. Marktplatz, in erweiterter Bedeutung eine aus Kaufmannsläden und Gewölben bestehende Straße.

168,12 *abgeäschert:* abäschern: eigtl. beim Beizen mit Asche mürbe machen, d. h. sich abmüden.

169,37 *Hängeböden:* Friederike, das Dienstmädchen der Poggenpuhls, haust in einer Küche mit Hängeboden.

170,30 *Trockenwohner:* Mieter von noch nicht voll ausgetrockneten und deshalb billigeren Neubauten.

171,32 *schudderst:* schüttelst.

Fünfzehntes Kapitel

174,35 f. *Mut und Eisen:* Anspielung auf Schwedens militärische Tradition und seine reichen Erzvorkommen.

174,37 f. *›Säkerhets Tändstickors‹:* Sicherheitszündhölzer.

175,9 *die schwedische Nachtigall:* Jenny Lind (1820–87), berühmte Koloratursängerin, seit 1852 mit dem bedeutenden Pianisten Otto Goldschmidt verheiratet.

175,19 f. *›Goldschmieds Töchterlein‹:* Ballade von Ludwig Uhland (1787–1862).

176,5 f. *von einem unsrer besten Maler:* Eduard Magnus (1799–1872), das Bild entstand 1846, 1877 von der Berliner Nationalgalerie erworben.

177,7 f. *reinen Herzens:* Anklang an Matth. 5,8 (Bergpredigt).

179,19 f. *Wahrscheinlich ... Alsen:* vermutl. Feuerwerke, die die entspr. Kriegsereignisse aus dem Dt.-Frz. (1. 9. 1870) bzw. Dt.-Dän. Krieg (18. 4. und 29. 6. 1864) inszenieren; es kann sich jedenfalls nicht um Jahrestage handeln.

179,20 *Pyrotechnik:* Feuerwerkskunst.

179,32 f. *immer nur das Vabanque:* Variation des Schaukelmotivs aus »Effi Briest«. Petersen (S. 63) bezeichnet Melusines Worte treffend als »Romantik des Fortschritts«.

180,12 *Excelsior-:* »Excelsior« ist der Titel einer 1841 erschienenen Ballade des amerikan. Dichters Henry W. Longfellow (1807–82), es ist das Schlüsselwort für einen auf allgemeinverständliche Grundsätze reduzierten Idealismus.

180,16 f. *Hoffnung ... Liebe ... das Dritte:* Glaube. 1. Kor. 13,12; Büchmann-Zitat.

180,20 *Ja, sollen:* korrespondiert negativ mit Lorenzens Kritik am Alten Bund (S. 182,18 f.) und Dubslavs Invektive gegen die religiöse Sprache der Gebote (S. 431,19 f.).

180,31 *Säulenheiligen:* christl. Einsiedler, die eine bes. Bußübung darin suchten, daß sie den größten Teil ihres Lebens auf Säulen zubrachten.

180,33 f. *›An ihren ... erkennen‹:* Matth. 7,16; Büchmann-Zitat.

182,3 f. *João de Deus:* João de Deus Nogueira de Ramos (1830–96), Lyriker und Pädagoge. Vgl. den Aufsatz von Hedwig Wigger in »Das Magazin für Litteratur«, 65 (1896) Sp. 295–298, der Fontane vermutlich als Quelle gedient hat: »Arm ist er gestorben, wie er gelebt hat, und eine Begräbnisfeier ist ihm zu teil geworden, die nicht nur den Dichter, sondern auch das Volk ehrte, das er durch sein Leben und Schaffen so hoch geehrt hat. An dem Tage der Beisetzung, die in dem Hieronymustempel stattfand, dem Pantheon der großen Könige, in welchem auch die Urnen Camoes', Vasco da Gama's und Alexander Herculano's ihren Platz haben, waren alle Schulen des Landes, alle Fabriken und Läden Lissabons geschlossen. Der Minister, der Staatsmann, der Gelehrte, der Handwerker und der Arbeiter gingen schmerzerfüllt hinter dem Sarg her. Schluchzend suchte die arme Fabrikarbeiterin ihrem Kinde zu erklären, daß es dem Toten alles zu verdanken habe.« (Vgl. Petersen, S. 45.)

182,18 f. *der Alte Bund; der Neue Bund:* das Alte und das Neue Testament.

182,20 f. *Und du ... nicht:* 1. Kor. 13,1.

182,37 f. *Un Santo:* port., ein Heiliger.

183,15 *Les jours de fête ...:* vollständig: Ils sont passés, ces jours de fête (Sie sind vorbei, diese Festtage); Zitat aus der Oper »Le Tableau parlant« (1769) von Anseaume; Büchmann.

183,26 *wie Rütli:* Rütlischwur in Schillers »Wilhelm Tell«, II,2: »Wir wollen frei sein, wie die Väter waren ...«

Wahl in Rheinsberg-Wutz. Sechzehntes Kapitel

185,30 *Nachbar- und Schwesterprovinz:* Pommern. Vgl. auch die Skizze eines frühen Entwurfs (Petersen, S. 56): »Die Wünsche der Tante gingen dahin, daß er sich reich und märkisch verheirathe. Pommern war noch statthaft.«

187,4 f. *die Wurzeln unsrer Kraft:* abgewandeltes Zitat aus Schillers »Wilhelm Tell« II,1; Büchmann.

187,6 *heirate heimisch ... lutherisch:* Vgl. Fontane an seinen Sohn Theo, 15. 3. 1886, anläßlich dessen Verlobung: »Das Richtige ist: Verbleib innerhalb der eignen Sphäre, dieselbe Nationalität, dieselbe Religion, dieselbe Lebensstellung. Nur aus dieser Gleichheit ergibt sich auch die Gleichheit der Anschauungen, die Übereinstimmung in den entscheidenden Dingen, ohne die kein rechtes Glück und keine rechte Freude möglich ist« (Briefe an seine Familie II,136 f.).

Siebzehntes Kapitel

188,23 *die Fortschrittler:* 1861 sich konstituierende Deutsche Fortschrittspartei; unterstützte Bismarck zunächst im Kulturkampf, stand aber seit 1879 in Opposition zur Regierung; sie vertrat die Interessen des wohlhabenden Bürgerstandes.

188,24 *die Sozialdemokraten:* durch Ferdinand Lassalle 1863 gegründete Partei.

188,34 *›Sonst nichts ... Paris‹:* In den ›Büchmann‹ eingegangene Formulierung des Generals Eugen Anton Theophil von Podbielski, mit der dieser seine Depeschen im 1870/71er Krieg abschloß bzw. begann.

190,18 *Vaterleben:* eingedeutschte Form des jidd. tate leben; leb (Interjektion) = mein Lieber! mein Liebling! (mhd. liep, liup, ›lieb‹; viell. beeinflußt durch hebr. lew, ›Herz‹).

190,33 *Wanderapostel:* soviel wie Wanderprediger; spöttisch für einen Redner, der an vielen Stellen zu ein und demselben Thema spricht.

191,1 *Finkenkrug:* beliebtes Berliner Ausflugslokal.

191,15 *Stehkrippen:* Grimms (Dt. Wb.) einziger Beleg des Wortes stammt aus Fontanes »Vor dem Sturm«.

191,24 *Schottischen:* populärer Hopswalzer.

192,5 *Steueroffiziant:* Steuerunterbeamter.

192,6 *Agent:* Geschäftsbesorger.

192,34 f. *St.-Marie-aux-Chênes:* lothring. Kriegsschauplatz des 1870/71er Krieges, ebenso 193,17 *Spichern.*

192,36 *Superintendent:* mit der Aufsicht über einen Bezirk beauftragter protestant. Geistlicher.

193,27 *Schanzen:* Schutzbefestigungen.

193,32 *Pionier Klinke:* Vgl. auch Kap. 28 (S. 308) und das Gedicht »Der Tag von Düppel«. Es handelt sich hier um einen ›Klinke-Mythos‹, dessen historische Ungenauigkeit Fontane auch bewußt war; vgl. seine Bemerkung in »Der Schleswig-Holsteinische Krieg im Jahre 1864« (zit. in Hanser, 1. Abt. V,946, Anm. zu 167); weitere lokalpatriotische Einzelheiten sind zu finden bei Johannes Kunstmann: ›Mußhelden‹. Theodor Fontanes Klinke (Klinka) und Kitto. In: Fontane-Blätter 3,2 (1974) S. 134–140.

195,4 f. *»Und ob ... wär'«:* In den ›Büchmann‹ eingegangener Vers aus dem Lutherschen Lied »Ein' feste Burg ist unser Gott«.

195,18 f. *Promemoria:* lat., Denkschrift.

196,1 *Pallasch:* schwerer Degen.

Achtzehntes Kapitel

197,24 *heilige Elisabeth:* Elisabeth von Thüringen (1207 bis 1231), verehrt und bekannt wegen ihrer Sorge für Kranke und Hungerleidende.

197,26 f. *Unter allen Schwindschen Sachen:* Der romantisch-biedermeierliche Maler Moritz von Schwind (1804 bis 1871) zeichnete für die Innenausstattung der Wartburg Szenen aus dem Leben der hl. Elisabeth; von ihm stammt auch die Bilderfolge (Aquarelle) über das Melusine-Märchen.

198,15 *Schilderhaus:* Wachpostenhaus.

198,21 *Aplomb:* frz., Nachdruck.

199,4 f. *Paraffinkerzen:* Paraffin: wachsähnliches Gemisch vorwiegend gesättigter Kohlenwasserstoffe.

199,16 *Aquatinta:* Ätzverfahren, das die Tuschmalerei nachahmt.

199,17 *betroffen:* im ursprünglichen Sinne von antreffen.

199,19 *Watteausche Reifrockdamen:* Antoine Watteau (1684 bis 1721), Maler galanter Szenen des Rokokozeitalters.

199,33 *Flamänderinnen:* Flamländerinnen.

199,37 *Hier blüht der Bilderbogen:* Gustav Kühns »Ruppiner Bilderbogen« illustrierte aktuelle Tagesereignisse. Vgl. das Kap. »Gustav Kühn« im ersten Band der »Wanderungen«: »Was ist der Ruhm der ›Times‹ gegen die zivilisatorische Aufgabe des Ruppiner Bilderbogens? [...] Sie [die Bilderbögen] sind der dünne Faden, durch den weite Strecken unseres eigenen Landes, litauische Dörfer und masurische Hütten, mit der Welt draußen zusammenhängen.«

200,19 *Knaus:* Ludwig Knaus (1829–1910), Genremaler.

201,22 f. *Klerisei:* Klerus, kath. Geistlichkeit.

201,31 f. *auf dem ›Toten Mann‹:* einsam gelegene Siedlung in der Luckauer Heide.

201,32 *Tuchler Heide:* westpreuß. Grenzlandschaft, von Kaschuben bewohnt.

201,33 f. *›Du bist in den Skat gelegt‹:* Redensart für ›beseitigen, verdunkeln, abdanken‹.
202,2 f. *Ich bin ein Halber:* Das Eingeständnis existentieller Halbheit gehört zu jenen zentralen Formulierungen, mit denen die Figuren Fontanes ihr Versagen in einer krisenhaften Situation zu erklären suchen (vgl. Waldemar in »Stine«); es erfährt viele Variationen, bis hin zur Deformation, wie in vorliegendem Fall.
202,14 f. *Reliquienschrein, Hans Memling:* berühmtes Werk des niederl. Malers (um 1440 bis 1494) mit Darstellungen aus dem Leben der hl. Ursula.
202,16 f. *die Faule Grete:* Riesengeschütz des Nürnberger Burggrafen Friedrich VI.
202,36 *Cabaret:* frz., Speisenplatte.
203,16 f. *›Fortiter . . . modo‹:* lat., in den ›Büchmann‹ eingegangene Formulierung des Jesuitengenerals Claudio Aquaviva (1543–1615): »Stark in der Tat, milde in der Art.«
204,15 *Pürschwagen:* die Pürsch: Waldjagd mit Spürhunden; hier Jagdwagen.
206,13 *Taburett:* Hocker.

Neunzehntes Kapitel

208,28 f. *Mammon . . . Goldnen Kalb:* in den ›Büchmann‹ eingegangene Begriffe der bibl. Kritik an der Vergöttlichung des Reichtums.
209,1 *von der Marwitz:* Die Aufzeichnungen »Aus dem Nachlasse Friedrich August Ludwigs von der Marwitz auf Friedersdorf« (1852) gehörten zu Fontanes bevorzugter Lektüre.
209,16 *Kladderadatsch:* lautnachahmende Wortbildung für Zusammenbruch.
209,24 f. *Lauter gute Leute . . . Aber schlechte Musikanten:* Auf Clemens Brentanos Lustspiel »Ponce de Leon« (1804) zurückgehende, durch E. T. A. Hoffmann und Heinrich Heine verbreitete Formulierung; Büchmann-Zitat.
210,8 f. *mehr Kose oder mehr Leger:* Kose aus späthebräisch koscher: rein, edel, oder auch als Übername des Redseligen, zu mhd. kôse, koese, ›Geschwätz‹; leger: ungezwungen, nachlässig.
211,2 *Präses:* Oberhaupt.

211,4 *Kustos:* Sachbearbeiter und wissenschaftlicher Abteilungsleiter.
211,9 *Galopin:* frz., Laufbursche, Ordonnanz.
211,13 f. *reüssierte:* Erfolg hätte.
211,14 f. *Scheiterhaufenmann:* 1896 veröffentlichte der sozialdemokratische »Vorwärts« einen Brief, den Adolf Stoecker am 14. 8. 1888 an den Chefredakteur der ultrakonservativen »Kreuz-Zeitung« geschrieben hatte. In diesem Brief macht Stoecker Vorschläge, wie der Konflikt zwischen Kaiser Wilhelm II. und Bismarck verschärft werden könnte. Weiter heißt es anschaulich: »Man muß also rings um das politische Zentrum resp. das Kartell Scheiterhaufen anzünden und sie hell auflodern lassen und dadurch die Lage beleuchten« (Karl Kupisch: Adolf Stoecker. Hofprediger und Volkstribun. Berlin 1970. S. 66). Das sich hier abzeichnende Stoecker-Bild steht im Widerspruch zu jener Stoecker-Verehrung, die sich mittelbar aus der Einstellung Lorenzens ausspricht, der einen Vergleich seiner Tätigkeit mit der des Hofpredigers als Huldigung empfindet.
213,22 *verwogen:* scherzhafte Form für ›verwegen‹.
213,28 *Bonhomie:* frz., Gutmütigkeit.
215,18 *Allasch:* Kümmellikör.
215,19 *Chartreuse:* Kartäuserlikör.
215,31 f. *Pasquille niedriger hängen zu lassen:* Damit man eine gegen Friedrich II. gerichtete, aber sehr hoch angebrachte Schmähschrift besser lesen könne, ordnete der König selbst an, diese niedriger zu hängen.
215,37 *Sesostris:* häufiger Name ägypt. Könige.
217,5 *Granito:* ital., Zitroneneis.
217,19 *Quattrocentisten:* die Künstler der ital. Frührenaissance (15. Jh.).
218,6 f. *Tod, wo ... Sieg:* 1. Kor. 15,55; Büchmann-Zitat.
218,25 f. *c'est le ... coute: frz.,* Aller Anfang ist schwer.
218,36 *Prinz-Heinrich-Obelisken:* »Vielleicht die größte Sehenswürdigkeit Rheinsbergs«; »Wanderungen«, Bd. 1, Kap. »Rheinsberg«.
219,2 *Etappenfranzösisch:* im Dt.-Frz. Krieg erworbene Französischkenntnisse.
219,12 *Feilenhauer:* schlägt mit dem Meißel die Hiebe in die geschmiedete Feile.

219,23 *als Drechslergeselle:* auch August Bebel war Drechslergeselle.
219,30 *zusammengejobbert:* Jobber: gewerbsmäßiger Börsenspekulant.
219,32 *›Vorfrucht‹:* Bismarcks Reichstagsformulierung (9. 10. 1878) »Der Fortschritt ist [...] eine sehr gute Vorfrucht für den Sozialismus« ging in den ›Büchmann‹ ein.
220,30–35 *Erst frondierte Fritz ... die Moral:* die Auseinandersetzungen zwischen dem Kronprinzen Friedrich und seinem despotischen Vater Friedrich Wilhelm I.; die Opposition des Prinzen Heinrich gegen seinen Bruder Friedrich II.; Prinz August von Preußen (1779–1843) mit seinem berüchtigten Verhältnis zu der Bankiersfrau Jeanne Françoise Julie Récamier (1777–1849), deren Salon eine Zufluchtsstätte royalistischer Staatsmänner, katholisierender Gelehrter und romantisierender Schriftsteller war.
221,8 f. *elftausend Jungfrauen:* die zusammen mit der hl. Ursula von den Hunnen ermordeten elf Jungfrauen (»elftausend« entstand durch einen Lesefehler).

Zwanzigstes Kapitel

221,25 *bei den Freisinnigen:* von Eugen Richter geleitete linksliberale bürgerliche Partei.
221,32 *Chablis:* nach der gleichnamigen frz. Stadt benannter Weißwein aus Burgund.
222,5 f. *Domänenpächter:* Domäne: landesherrliches Gut, Krongut.
222,8 *Gros d'Armée:* frz., Hauptmasse des Heeres.
222,10 f. *Rektor Thormeyer:* So hieß auch der Rektor des Neuruppiner Gymnasiums, das der junge Fontane besuchte; vgl. »Wanderungen«, 1. Bd., Kap. »Civibus aevi futuri«.
222,14 f. *in der Wolle gefärbter:* redensartlich für ›echter‹.
222,19 *Gustav-Kühnsche Bilderbogen:* Siehe Anm. zu 199,37.
223,7 f. *Präbendenkreuz:* Kennzeichen für Mitglieder eines Domkapitels, die Pfründeninhaber waren.
223,23 *veau en tortue:* frz., Kalbfleisch auf Schildkrötenart.

224,4 *»Heil dir im Siegerkranz«:* von Heinrich Harries (1762–1802) stammendes, durch Balthasar Gerhard Schumacher (im Jahr 1793) zur preuß. Hymne umgewandeltes Lied, das nach der Melodie der engl. Nationalhymne gesungen wurde; Büchmann-Zitat.

224,33 *'ne Hinrichtung:* Die Geschichte berichtet Fontane schon in einem Brief an Friedlaender, 30. 5. 1893.

225,37 *das große Haus mit den vier Ecktürmen:* das 1884 bis 1894 erbaute Reichstagsgebäude in Berlin.

226,4 f. *Ohne Geld ... auf:* Die im ›Büchmann‹ aufgenommene Formulierung geht auf einen Ausspruch David Hansemanns zurück: »Bei Geldfragen hört die Gemütlichkeit auf.«

227,5 f. *Zentrum:* 1871 gegründete kathol. Partei, zur Zeit des Kulturkampfs politischer Gegner Bismarcks, seit 1879 regierungsfreundlich.

227,21 *»Hohenfriedbergers«:* preuß. Präsentiermarsch, angeblich von Friedrich II. anläßlich seines Sieges über die Österreicher und Sachsen (1745) komponiert.
»Prager«: preuß. Militärmarsch aus dem Siebenjährigen Krieg; der Generalfeldmarschall Kurt Christoph Graf von Schwerin fiel in der Schlacht bei Prag (1757).

228,27 *Gretna Green:* In dem schott. Dorf konnten sich minderjährige Paare ohne elterliche Zustimmung und formlos (also etwa ohne Aufgebot) trauen lassen.

228,31 *nahmen sie ... Lodgings:* besorgten sich eine Unterkunft.

229,7 *Purgatorium:* lat., Fegefeuer.

229,18 *Kirchenväter:* die ersten Theologen der christl. Kirche.

229,28 *wegen des Anklangs:* an Purgiermittel (Abführmittel).

229,34 f. *Orient ... Kultur stammt:* Zu den vielen Impulsen, die die christlich-abendländische Kultur von der frühen Antike an aus dem kleinasiatisch-orientalischen Raum (ex oriente lux, aus dem Osten das Licht) erhalten hat, kommt im 19. Jh. eine gewisse Orientmode mit Einfluß auf Malerei, Innenausstattung der bürgerlichen Wohnung und Tourismus, vgl. Dolf Sternberger: Panorama oder Ansichten vom 19. Jahrhundert, Neuaufl. Frankfurt a. M. 1974.

230,9 *satisfaktionsfähig:* gesellschaftlich-ständische Voraussetzung für die Forderung nach Genugtuung in Ehrenstreitigkeiten, also zum Duell.

231,6 *Also da war ein König von Siam:* Die Herkunft der Geschichte ist nicht bekannt. Viell. spielt die Siam-Geschichte ironisch auf das Motiv der virgo reparata an und nimmt damit Bezug auf die dogmatischen Formulierungen über die Jungfräulichkeit Mariens, die gerade 1892 im sogenannten Apostolikumstreit (u. a. über den Satz: ex Maria virgine) neu diskutiert wurden. Einer der wenigen, die sich mit der möglichen Funktion der Siam-Geschichte auseinandersetzen, ist E. F. George (The Symbol of the Lake and Related Themes in Fontane's ›Der Stechlin‹. In: Forum for Modern Language Studies 9, 1973, S. 150). Er betont den Aspekt der Wiederherstellung, den diese Geschichte mit der Erzählung von der Schönheitskosmetikerin gemeinsam habe; in beiden Fällen entdeckt er eine Umkehr der natürlichen Ordnung, die den eher grotesken Darstellungsstil begründe und eine Form der Rückwärtsgewandtheit andeute, die negativ von jener Zukunftsorientiertheit absteche, wie sie im 29. Kap. zur Sprache komme.

232,6 *Porphyr:* Eruptivgestein, geschätzter Ornamentstein.

232,35 *Igni et ferro:* lat., mit Feuer und Schwert.

232,37–233,3 *um den Teufel auszutreiben ... etwas Beelzebubartiges:* Bibelanklang an Matth. 12,24 und 27; Büchmann.

233,12 *alle Wohlgerüche Arabiens:* Shakespeare, »Macbeth« V,1; Büchmann-Zitat.

233,24 f. *weil Frankreich ... herrschte:* Teil des heutigen Vietnam, seit 1884 unter frz. Schutzherrschaft.

234,14 *Häuslern:* Kleinbesitzer, nur Haus mit Gartenland ohne Feld.
Teerschwelern: destillieren Teer.

234,21 *Kohlenmeiler:* mit Erdmantel bedeckter, kuppelförmiger Haufen aus Holzscheiten oder Steinkohlen, die durch Glühfeuer verkohlt bzw. verkokt werden.

235,30 *Tüffelland:* Tüffel = Kartoffel.

In Mission nach England. Einundzwanzigstes Kapitel

237,11 *Dressel ... Borchardt:* berühmte und exklusive Berliner Wein- und Delikatessenrestaurants.

239,7 f. *Peter-Cornelius-Enthusiasmus:* Peter Cornelius (1783–1867) gehört zu den ›Nazarenern‹, die sich um die Erneuerung der christl. Kunst bemühten. Die Kohlezeichnungen auf Karton (Apokalyptische Reiter) waren Entwürfe für die Wandgemälde in der Kgl. Grabkapelle im Berliner Dom.

239,18 *Effronterie:* Unverschämtheit.

239,32–35 *eine Zeit ... vierter Reiter:* Nach der geheimen Offenbarung des Johannes ist von vier apokalyptischen Reitern (die Würgeengel Pest, Krieg, Hungersnot und Tod) die Rede; das genannte Bild zeigt den vierten Reiter im Hintergrund.

240,4 f. *Böcklinsche ... Fischleib:* Von Arnold Böcklin (1827–1901) gibt es mehrere Gemälde mit Meergöttern.

240,14 *an den Zelten:* beliebte Speise- und Bierwirtschaften im Tiergarten.

240,15 *Bellevue:* das an der Nordseite des Tiergartens errichtete Schloß.

240,26 *Inferiores:* lat., Minderwertiges.

241,21 f. *was mit Grammatik und Examen zusammenhängt:* ein für Fontane zentrales Thema, das, wie er selbst sagt, »ewig gesungene Lied von der Examenweisheit und vom Examendünkel« (Brief an seine Frau, 8. 6. 1878; in: Briefe an seine Familie I,254); vgl. auch im 1. Band der »Wanderungen«, Kap. »Civibus aevi futuri«: »[...] ich bekämpfe den Satz und werd ihn bis zum letzten Lebenshauche bekämpfen, daß der Normalabiturient oder der durch sieben Examina gegangene Patentpreuße die Blüte der Menschheit repräsentiere. Das Beste, was wir haben, ist ohne diese vorgängigen Proben geleistet worden.« Und im Brief an Friedlaender, 22. 3. 1896, heißt es: »[...] je mehr wir verassessort und verreserveleutnantet werden, je toller wird es. Der letzte Rest von natürlichem Gefühl, was immer gleichbedeutend ist mit poetischem Gefühl, geht verloren. Als es noch keine Bildung gab, war alles interessant; die rasch wachsende Verlederung der Menschen datirt von den Examinas und wir

Meeresstille. Gemälde von Arnold Böcklin (1886/87). Kunstmuseum Bern

sind deshalb das langweiligste Volk, weil wir das Examenvolk sind. Sobald man nach Oberbaiern kommt und eine ›Loni die nich ohni‹ ist, sieht, wird es schon besser.«

242,3 *Reichsunmittelbaren:* Familien bzw. Besitzungen, die direkt dem Kaiser unterstanden.

242,4 *Gottesgnadenschaft:* der politische Machtanspruch, der seine Legitimation aus der ›Gnade Gottes‹ ableitet.

243,8–13 *die Trompete ... Wollhaupt ... mit ihm:* Diese und ähnliche Kurzbiographien fungieren als zeitgeschichtliche Begriffe, sie gehören zum Wortschatz der Zeit; vgl. auch S. 289,27 f. *Ippe-Büchsenstein ist natürlich nur Begriff.*

243,28 f. *ajustiert:* angekleidet.

244,15 f. *kennt seine Pappenheimer:* nach Schiller »Wallensteins Tod«, III,15, V. 1871; Büchmann-Zitat.

244,32 *Vademekums:* lat., ›geh mit mir‹, Taschenbuch, Ratgeber, hier: Wörterbuch.

244,33 f. *hundert Vokabeln:* 1898 erschien das »Häufigkeitswörterbuch der deutschen Sprache« von Friedrich Wilhelm Kaeding. Häufigkeit und Verfügbarkeit der Wörter sind Kriterien für die Aufstellung von Grundwortschatzlisten (im Fremdsprachenunterricht gelten etwa 2000 Wörter als Minimalwortschatz).

245,5 f. *Amendement:* Zusatz.

245,17 *Gladstone:* William Ewert Gladstone (1809–98), von 1892 bis 1894 brit. Premierminister.

245,22 *Cab:* engl., Droschke.

Zweiundzwanzigstes Kapitel

248,8 *Steeplechase:* engl., Hindernisrennen im Pferdesport.

248,12 f. *Russel ... Cavendish:* alte engl. Adelsnamen mit Herzogwürde.

248,16 *Emin:* Mechmed Emin Pascha nannte sich der Arzt und Afrikaforscher Eduard Schnitzler (1840–92), Gouverneur der Äquatorialprovinz (1878–89), der von Sklavenjägern ermordet wurde.

248,26 f. *›Erhörung kam nicht geschritten‹:* ironisch abgewandeltes Zitat (»Zwar kommt Erhörung oft geschritten.«) aus August von Platens Gedicht »Oft, wenn wir lang im Dunkel schweifen« (1820).

249,4 *Winterpalais und Kreml:* Residenzen der russ. Zaren in St. Petersburg und Moskau.

249,8 *Astrachan:* Die Wolgastadt ist durch ihren Kaviar bekannt.

249,9 *Colchester:* Die engl. Hafenstadt ist bekannt durch ihre Austernzucht.

249,13 *an der Majorsecke scheitern:* Der Major als unterster Dienstgrad der Stabsoffiziere war ein Rang, vor dem einige Hindernisse aufgebaut waren; vgl. auch S. 349,10 *Assessorecke* und 361,24 *Quitzow-Ecke.*

249,31 *berapple ich mich:* reiß ich mich zusammen, richte ich mich auf.

249,37–250,2 *Derfflinger ... Blücher ... Wrangel:* Feldmarschall Georg von Derfflinger (1606–95), Besieger der Schweden bei Fehrbellin; Feldmarschall Gebhard Leberecht Blücher, Fürst von Wahlstatt (1742–1819), Kriegsidol der Befreiungskriege; zu Wrangel s. Anm. zu 68,5.

250,2 *Jeuer:* Spieler, aus frz. jeu, ›Spiel‹.

250,24 *Venus:* Aphrodite, ›die aus dem Schaum Geborene‹.

250,25 f. *Hero ... Leander:* Leander mußte den Hellespont durchschwimmen, um zu seiner Geliebten, der Priesterin Hero, zu gelangen; vgl. Schillers Ballade »Hero und Leander«.

251,17 *Prinzessin von Wales:* Alexandra, verheiratet mit dem Prinzen von Wales (dem späteren König Eduard VII.), war eine Tochter des dän. Königs Christian IX.

251,30 *Corpus juris:* Das Corpus juris civilis, die Gesetzessammlung des oström. Kaisers Justinian, bildet den Hauptbestandteil des in Deutschland bis 1900 geltenden röm. Rechts.

252,25 *Richmond Hill:* Londoner Ausflugsort.

252,36 *Sixtina:* Raffaels »Sixtinische Madonna«.

252,37 f. *Ruysdael ... Hobbema:* Jacob von Ruysdael (1628–82), niederl. Landschaftsmaler; Meindert Hobbema (1638–1709), sein Schüler.

253,7 *Hampton Court:* zeitweilige Schloßresidenz.
Waltham Abbey: Abteikirche (Essex).

253,11 *Cordelia:* Anspielung auf die jüngste Tochter König Lears.

253,21–23 *die Dinge ... es erlebt:* Dieser Ausspruch kann als Kernsatz einer Romanform gelten, deren Angelpunkt in der Erfahrungs- und Bewußtheitsebene der Figuren liegt.

254,22 *Tyburn Gallows:* ehem. Richtplatz im Westen Londons.

255,5 *Hansom Cab:* engl., zweirädrige Droschke, bei der sich der Kutschersitz hinter (und oberhalb) des eigentlichen Sitzes befindet.

256,13 *Traitors Gate:* Verrätertor.

257,12 *glibbrige:* norddt. umgspr. für ›schlüpfrig‹.

257,13 *Essex:* Robert Devereux, Earl of Essex (1567–1601), Günstling Elisabeths I., die ihn dann hinrichten ließ.

257,13 f. *Sir Walter Raleigh:* (1552–1618), Seefahrer, Eroberer, Verfasser der »History of the World«, der nach abenteuerlichem Leben hingerichtet wurde.

257,14 *Thomas Morus:* (1478–1535), Politiker, Humanist und Kanzler Heinrichs VIII.; wegen Verweigerung des Eides auf die oberste Kirchengewalt des Königs und die protest. Thronfolge.

257,14 f. *Clanhäuptlinge ... Prince Charlie:* Schott. Adlige unterstützten den Enkel (1720–88) des letzten Stuart-Königs Jacob II. bei dessen Versuch, die an das Hannoversche Haus übergegangene engl. Krone wieder zurückzugewinnen.

257,16 *Temple Bar:* Stadttor.

257,24 *Lord Palmerston:* Henry John Temple, Viscount Palmerston (1784–1865), Minister und Premierminister; einer der volkstümlichsten Staatsmänner, zugleich im Ausland als Unruhestifter gefürchtet.

257,25–27 *coburgische Nebenpolitik ... Prince Consort:* Prinz Albert von Sachsen-Coburg-Gotha (1819–61), seit 1840 mit Königin Victoria vermählt (seit 1857 führte er den Titel Prinzgemahl), wurde wegen seiner Einmischungen heftig kritisiert; während des Krimkriegs (Krieg Rußlands gegen die Türkei, Großbritannien und Frankreich 1853–56) wurde er russ. Sympathien verdächtigt. Vgl. Fontane an Friedlaender, 16. 11. 1891 (S. 162).

258,4 f. *Ein ... Professor:* Friedrich Christoph Dahlmann (1785–1860), Historiker und liberaler Politiker, einer der ›Göttinger Sieben‹.

259,6 *Dissenter:* alle nicht zur Staatskirche gehörenden Protestanten (Presbyterianer, Methodisten).

259,7 *Tabernakels:* lat. tabernaculum, ›Hütte, Zelt‹, Sakramentshäuschen, hier: Bethäuser.
259,13 *Quäker:* von George Fox (1624–90) gegründete engl. Sekte, die alles Kirchliche ablehnt und sich vor allem dem humanitären Dienst widmet.

Dreiundzwanzigstes Kapitel

261,2 *Volksstimme, Gottesstimme:* auf Hesiod zurückgehende Formulierung; Büchmann-Zitat.
261,30 *Marengo und Austerlitz:* Bei Marengo (14. 6. 1800) schlug Napoleon die Österreicher, bei Austerlitz (2. 12. 1805) die Österreicher und Russen.
262,8 *Beefeaters:* engl., ›Rindfleischesser‹, Spottname für die Engländer.
262,9 *Ein Kardinal:* Giacomo Antonelli (1806–76), Staatssekretär Pius' IX.
262,33 *Kattun:* Baumwollgewebe. Vgl. die Manuskriptformulierungen (Petersen, S. 72): »Sie sagen Christus, und meinen Pfund Sterling«; dann »Sie sagen Christus, aber sie meinen Kattun oder Pfund Sterling.«
263,7 *Dreimaster:* Hutform (Dreispitz).
263,15 f. *auch wenn ... rausgebrochen sind:* Dubslav denkt an die mit Steinen geschmückten Tabatieren (Tabaksdöschen), die die Fürsten des 18. und frühen 19. Jh.s zu verschenken pflegten.
264,11 *Prinzeß Karl:* Marie von Sachsen-Weimar (1808 bis 1877), verheiratet mit Prinz Karl von Preußen.
266,3 *gaudes:* gutes.
266,4 *lütten Hänn':* kleinen Hände.

Vierundzwanzigstes Kapitel

267,3 *Skarbina:* Franz Skarbina (1849–1910), Genremaler, Darstellungen aus dem Berliner Leben.
267,22 *Himmelfahrten:* als Motive der darstellenden Kunst.
267,25 *fürs Japanische:* Von 1888 bis 1891 erschien das epochemachende Magazin des Pariser Kunsthändlers S. Bing »Le Japon Artistique«; es bewirkte, daß der fernöstl. Einfluß auf das 19. Jh. ebenso hoch eingeschätzt werden mußte wie der Einfluß der antiken Kunst auf die Renaissance.

267,30 *was sie jetzt Realismus nennen:* die realistische Malerei in der Folge von Wilhelm Leibl, Adolph Menzel, Ludwig Thoma, Anton von Werner.

268,25 f. *mit den Briefen bei Hofe:* Unter dem Verdacht, kompromittierende Briefe gegen mehrere Persönlichkeiten am Hof Wilhelms II. geschrieben zu haben, wurde 1894 der kaiserliche Zeremonienmeister Leberecht von Kotze angeklagt, ein Jahr später jedoch wieder freigesprochen. Vgl. Fontanes Brief an Friedrich Stephany, 2. 7. 1894: »[...] während ein hinter Schloß und Riegel gesetzter Hofmann, mit einem ganzen Waschzettel schöner lüderlicher Weiber in der Hand, merkwürdige Perspektiven eröffnet. Die Details sind mir ganz gleichgültig – Liebesgeschichten, in ihrer schauderösen Ähnlichkeit, haben was Langweiliges –, aber der Gesellschaftszustand, das Sittenbildliche, das versteckt und gefährlich Politische, das diese Dinge haben, das (speziell hier) beständig an die Verschwörung Grenzende, d a s ist es, was mich so sehr daran interessiert. Und dabei, bei naiven Leuten, immer noch die Vorstellung: so was kommt bei uns nicht vor!« (Briefe [Aufbau] II,348).

269,36 f. *Haberfeldtreiben:* altes oberbayr. Volksgericht, bei dem vermummte Personen (Haberer) vor dem Haus des Beschuldigten Strafpredigten halten und Katzenmusik aufführen.

270,7 *Poppe:* Rosa Poppe (1867–1940), Heroine am Kgl. Schauspielhaus Berlin.

270,7 f. *der schwarze Mann ... im Urtext:* Gemeint ist der »Rächer«, der im Auftrag des »heimlichen Gerichts« das Todesurteil an Adelheid vollstreckt; die Urfassung enthält die später gestrichene Hinrichtungsszene; der als »Mörder« auftretende Rächer erdrosselt und ersticht Adelheid, nachdem sein angesichts der Verurteilten plötzlich aufwallendes Liebesverlangen jäh abgewiesen wurde.

270,35 *Quatremains:* frz., vierhändiges Klavierspiel.

271,13 f. *»goldener Rücksichtslosigkeiten«:* In den ›Büchmann‹ (^{20}1900) noch nicht aufgenommene Formulierung Theodor Storms aus einem Brief an Eduard Mörike (20. 11. 1850) und aus dem Gedicht »Für meine Söhne« (1854).

271,33 *Vanitas vanitatum:* lat., ›Eitelkeit der Eitelkeiten‹, alles ist eitel; Pred. 1,2 und 12,8; Büchmann-Zitat.

272,21 *Medisance:* frz., Klatsch, Schlechtmachen.

273,12 *Borsig:* August Borsig (1804–54), Berliner Maschinen- und Lokomotivfabrikant.

Stephenson: George Stephenson (1781–1845) konstruierte 1814 die erste Lokomotive.

273,12 f. *Rudolf Hertzog:* Berliner Manufakturwarengeschäft.

273,13 *Herzog Rudolf:* Der österreich. Kronprinz (1858 bis 1889), mit Stephanie von Belgien vermählt, soll Selbstmord begangen haben, nachdem er seine Geliebte, Mary von Vetsera, getötet hatte.

273,13 f. *Pfefferküchler Hildebrand:* Schokoladen-, Zuckerwaren- und Honigfabrik; vgl. Fontanes Brief an Friedlaender, 14. 5. 1894: »Was sind alle berühmten Hildebrandts gegen den Pfefferküchler, dessen Pfeffernüsse noch dazu schlecht sind.« Siehe auch das Gedichtfragment »Berliner Lokalpatriotismus«.

273,14 *Papst Hildebrand:* Gregor VII. (1020–85) hieß mit seinem Mönchsnamen Hildebrand.

273,21 *Madamm:* bei Fontane oft genannter Typ der Berliner Bourgeoise.

273,36 *Divorçons:* Wir lassen uns scheiden.

Verlobung. Weihnachtsreise nach Stechlin
Fünfundzwanzigstes Kapitel

277,23 *Kondeszenz:* Kondeszendenz, Herablassung.

278,3 *Präraffaeliten:* Die »Pre-Raphaelite Brotherhood« wurde 1848 von Dante Gabriel Rossetti, William Hunt und John Everett Milais gegründet; diese aus Schriftstellern und bildenden Künstlern bestehende Vereinigung suchte die Stilideale der ital. Frührenaissancekunst vor Raffael zu erneuern (Schlichtheit, Gehaltsvertiefung). Vgl. Fontanes »Briefe aus Manchester«.

279,24 *Das ist der Fluch der bösen Tat ...:* Mit diesem Abbruch (Aposiopese) des geläufigen Schiller-Zitats »Piccolomini« V,1, V. 2452 f.; Büchmann), also der Vermeidung der Worte ›fortzeugend‹ und ›gebären‹, glaubt Cujacius auf die damalige, in Prüderie befangene bürgerlich-adlige Gesellschaft Rücksicht nehmen zu müssen.

279,31 *William Turner:* (1775–1851), schuf vorwiegend

Landschaften mit mythischen Figuren. Das Bild »Drei Männer im feurigen Ofen« bezieht sich auf ein Geschehen im Buch Daniel, vgl. Anm. zu 447,15 f.

280,2 *düpiert:* täuscht.

280,3 *Mundus vult decipi:* Die Welt will betrogen sein; Büchmann-Zitat.

280,5 *Koloristen:* malen Zeichnungen, Lithographien usw. farbig aus.

280,7 *parce que ... quoique:* frz., weil ... obwohl.

280,12 f. *viel Feind', viel Ehr':* Ausspruch des Landsknechtsführers Georg von Frundsberg.

281,21 *Kalabreser:* breitkrempiger Hut der Carbonari (revolutionärer Geheimbund in Neapel, gegr. 1807); 1848 von Friedrich Hecker zum Demokratenhut (Heckerhut) erklärt.

282,2 *Giotto:* Giotto di Bondone (um 1266 bis 1337), ital. Maler und Architekt.

282,33–35 *›Es predigt ... schöner geworden‹:* scherzhafte Abwandlung von »Faust« I: »Das preisen die Schüler allerorten, / Sind aber keine Weber geworden« (V. 1934 f.).

283,12 *Gigerl:* Stutzer, Geck; erst in den neunziger Jahren von Wien aus verbreitet.

284,6–8 *Mausoleum ... Friedenskirche:* Grabstätte der Hohenzollern bzw. Kaiser Friedrichs III.

284,13 *König Harald:* Der letzte angelsächs. König (um 1022 bis 1066) fiel im Kampf gegen die normann. Truppen unter Führung Wilhelms des Eroberers.

284,14 *Editha Schwanenhals:* (Col de Cygne) war die Geliebte Haralds und Mutter seiner fünf ältesten Kinder; einer alten Überlieferung nach fand sie den toten König auf dem Schlachtfeld.

284,18 *Horace Vernet:* (1789–1863), frz. Maler (Historien- und Schlachtenbilder).

285,15 f. *Kapelle Heinrichs des Siebenten:* in der Westminster Abbey 1503–20 errichtet, Meisterwerk des Tudorstils.

285,26 *feindlichen Königinnen:* Elisabeth I. (1533–1603) und Maria Stuart (1542–87).

286,18 *›die Mädchen von Dahomey‹:* Die Leibgarde des Fürsten von Dahomey bestand aus 5000 bewaffneten Mädchen.

Sechsundzwanzigstes Kapitel

287,32–34 *gern bei Nebensächlichkeiten ... wegzusehn:* Vgl. Fontanes Brief an seine Frau, 8. 8. 1883: »Ich behandle das Kleine mit derselben Liebe wie das Große, weil ich den Unterschied zwischen klein und groß nicht recht gelten lasse, treff ich aber wirklich mal auf Großes, so bin ich ganz kurz. Das Große spricht für sich selbst; es bedarf keiner künstlerischen Behandlung um zu wirken. [...] Herwegh schließt eins seiner Sonette (›An die Dichter‹) mit der Wendung: ›Und wenn einmal ein Löwe vor Euch steht, / Sollt Ihr nicht das Insekt auf ihm besingen.‹ Gut. Ich bin danach Lausedichter, zum Theil sogar aus Passion; aber doch auch wegen Abwesenheit des Löwen« (Briefe [Propyläen] I,237 f.). An Theodor Wolff, 24. 5. 1890: »[...] in meinen ganzen Schreibereien suche ich mich mit den sogenannten Hauptsachen immer schnell abzufinden, um bei den Nebensachen liebevoll, vielleicht zu liebevoll, verweilen zu können. Große Geschichten interessieren mich in der Geschichte; sonst ist mir das Kleinste das Liebste. Daraus entstehen Vorzüge, aber auch erhebliche Mängel« [...] (Briefe [Aufbau] II,275). Der Monumentalstil erreichte in der Folge der Reichsgründung einen erneuten Gipfelpunkt.

288,1 *alea iacta est:* geflügeltes Wort, das Caesar – Menander zitierend – bei der Überschreitung des Rubikon gesagt haben soll.

288,4 *am dritten Oktober:* Gemäß der Tagesangabe S. 11,35 müßte es eigtl. der 4. Oktober sein.

288,26 *Post-Stephan:* Heinrich von Stephan (1831–97), Generaldirektor bzw. Staatssekretär des Reichspostamts, Gründer des Weltpostvereins.

288,31 *Kroll:* Joseph Kroll (1797–1848) eröffnete 1844 einen Vergnügunspalast in Berlin (später Kroll-Oper).

289,8 f. *›Du glaubst ... geschoben.‹:* »Faust« I, Walpurgisnacht (V. 4117); Büchmann-Zitat.

289,11 *Protz:* Vgl. »Wanderungen«, Bd. 1, Kap. »Michel Protzen«.

289,16 *nach Spandau:* ins Gefängnis; Spandau: Stadt und Festung im Westen von Berlin, 1920 eingemeindet.

289,20 *Stuart ... Wasa:* engl. bzw. schwed. Adelsgeschlechter, aus denen Könige hervorgingen.

290,8 *marchandierten:* frz., feilschten.
291,27 *Dame d'honneur:* frz., Ehrendame.
294,25 *Landstandsuniform:* die Uniform der Rittergutsbesitzer, die berechtigt waren, im Landtag ihre Standesinteressen zu vertreten.
294,36 f. *Gesamtchaussure:* gesamte Fußbekleidung.
295,35 *Umgekehrt wird ein Schuh draus:* alte sprichwörtl. Redensart: Das Gegenteil ist richtig.
295,36 *Pantoffel:* wortgewandtes Anknüpfen an den »Schuh« mit der ebenfalls alten Redensart: unter dem Pantoffel stehen.

Siebenundzwanzigstes Kapitel

296,20 *Causeur:* frz., zentraler Begriff der Fontaneschen Gesprächstechnik; der Gesprächsinhalt ergibt sich aus dem subtilen Spiel der Gesprächsformen.
297,22–24 *Nordbahn ... Schreckensnamen:* »Mordbahn« wurde die 1872 begonnene und 1878 beendete Nordbahn genannt, weil der verzögerte Bau vielen Aktionären zum Verhängnis wurde.
298,22 *Tunnel:* Themsetunnel.
298,25 f. *›in einem Tage ... Einerlei‹:* abgewandeltes Zitat aus »Faust« I, Studierzimmer: »Du wirst, mein Freund, für deine Sinnen / In dieser Stunde mehr gewinnen / Als in des Jahres Einerlei« (V. 1436–38).
298,32–299,36 *Die Domina ... zu werden:* Nach welchen Gesichtspunkten Fontane Adelheids Gegenrede gestaltet hat, geht aus einer Randbemerkung des Manuskripts hervor (Petersen, S. 57): »Alles was Adelheid sagt, ist ganz gut, aber es muß doch alles ein bischen aristokratischer herauskommen und – durch eingeschobene gute, vernünftige Sätze – ein bischen mehr nach guter Familie schmekken.«
298,36–299,1 *Alles, was ... nicht einnehmen:* Die Abneigung gegen England ist ein Zug, der auf eine gute Bekannte, das Stiftsfräulein Mathilde von Rohr (vgl. Kap. II), zurückweist (Briefe [Propyläen] 29. 1. 1878, III,183).
299,1–35 *und ... und ...:* Über die besondere Stilqualität des gehäuften ›und‹ war sich Fontane im klaren; vgl. Brief an Gustav Karpeles, 3. 3. 1881: »Je moderner,

Causerie. Stich nach dem Gemälde von N. Klempner. In: »Über Land und Meer«, Bd. 79, Jg. 40, 1897/98, Nr. 9, S. 137

desto Und-loser. Je schlichter, je mehr sancta simplicitas, desto mehr ›und‹. ›Und‹ ist biblisch-patriarchalisch und überall da, wo nach dieser Seite hin liegende Wirkungen erzielt werden sollen, gar nicht zu entbehren« (Briefe [Aufbau] II,31).

299,7 *Spleen:* Brockhaus (^{13}1886): »eine Form von Melancholie, mit hypochondrischen Zügen, welche gewöhnlich (mit Unrecht) als eine ausschließlich engl. Nationalkrankheit bezeichnet wird [...] meist kommt es zu unerträglicher Langeweile, Lebensüberdruß, oft zu Selbstmord.«

299,22 *einer ihrer Könige:* Heinrich VIII., sechsmal verheiratet; Anna Boleyn wurde enthauptet, Anna von Cleve nach Hause geschickt.

299,28 *ein Krieg:* die sogen. Rosenkriege (1455–85), in denen die Häuser York und Lancaster um den engl. Thron kämpften.

301,14 f. *cause célèbre:* frz., Sensationsprozeß.

304,3 *Kute:* Kuhle, leichte Vertiefung. Weigand (Dt. Wb. ^{5}1909) gibt einen Beleg aus »Mathilde Möhring«.

304,29 f. *die Stimme ... ist die Seele:* Anklang an Buffons Satz: Le style c'est l'homme; den Ausspruch kannte Fontane (Brief an Friedlaender, 26. 7. 1896, S. 262).

Achtundzwangzigstes Kapitel

306,27 *enchantiert:* entzückt.

308,7 *Charpie:* Die durch Zerzupfen der Leinwand gewonnenen Fäden wurden als Verbandmittel verwendet.

311,3 *bramarbasiert:* schneidet auf, prahlt.

312,28 *Das Eis ... Revolutionäre:* Vgl. den frühen Entwurf eines Gesprächs zwischen Melusine und Lorenzen: »Ich hätte gern die Stelle gesehen. Wie ist das eigentlich? Wenn draußen was los ist und es ist Winter, so versagt ja der ganze revolutionäre Apparat.
Ja sagt Lorenzen, dann geht es nicht. Der Winter ist einer der erfolgreichsten Polizeimeister. Aber er hält nicht vor und nächsten Sommer brodelt es um so toller. Und vielleicht kräht dann der Hahn« (Petersen, S. 37).

313,1 *Lune:* runde Öffnung.

313,24 *Blâme:* frz., Schande.

Neunundzwanzigstes Kapitel

314,10 *Lorenzen ... Melusine:* Das geistige Niveau des folgenden Dialogs, an dem eine F r a u beteiligt ist, steht nicht zuletzt in provokativem Gegensatz zu der Rolle der Frau, wie sie im ersten Bürgerlichen Gesetzbuch (1896) festgelegt ist (s. dort die Bestimmungen zum gesetzlichen ehelichen Güterrecht, §§ 1363 ff., und zur elterlichen Gewalt der Mütter, §§ 1684 ff.; beide Bestimmungen wurden nicht nur von den Frauenrechtlerinnen auf das entschiedenste angefochten; gegenüber dem bis dahin geltenden Römischen Recht mit seinem System der Gütertrennung wurde die neue Gesetzgebung als eine Entmündigung der Frau in der Ehe angesehen). Vgl. auch Ernst von Wolzogens »Linksum kehrt schwenkt – Trab!« (s. Kap. V Texte zur Diskussion): »Es ist Thatsache, daß in hohen und höchsten Kreisen die Frauen heute vielfach über eine viel bessere allgemeine Bildung verfügen, als ihre Männer. Auch unter ihnen sind es grade die geistig höchststehenden, welche am wenigsten eure Furcht vor dem neuen Geiste teilen, und in ihren Augen macht ihr euch einfach lächerlich, wenn ihr immer wieder die Frau in Küche und Kinderstube bannt und womöglich die Forderung von ihrer Hörigkeit für besonders christlich ausgebt!« (S. 39.)

314,25 *Putzstube:* gute Stube.

316,3 *Tajo:* portug. Tejo, der längste Strom der Pyrenäenhalbinsel.

317,20–23 *Ich respektiere ... sein:* Vgl. Fontanes Schlußwort zum 1. Bd. (»Die Grafschaft Ruppin«) der »Wanderungen«: »[...] wir haben uns zunächst einer natürlich fortschreitenden Entwicklung alles Lebenden um uns her zu freun, ungetrübt durch die Betrachtung, ob diese Fortentwicklung ein Schritt aufwärts zu höherem Dasein oder ein Schritt abwärts zu Tod und Auflösung ist. Das Wachsende, gut oder nicht gut, tritt an die Stelle des Fallenden, um über kurz oder lang selber ein Fallendes zu sein. Das ist ewiges Gesetz.«

317,26 f. *den großen Zusammenhang der Dinge:* Der Begriff stammt aus der Philosophie Hermann Lotzes (1817 bis 1881), vgl. »Mikrokosmos« (1856–64), Bd. 3, Kap.

»Der Zusammenhang der Dinge«, und auch den separaten Band »Der Zusammenhang der Dinge«, Berlin [1913].

319,14 *Soldatenkönig:* Friedrich Wilhelm I. (Regierungszeit 1713–40).

319,21 *›Rocher de bronce‹:* Auf Friedrich Wilhelm I. zurückgehende Bekräftigungsformulierung (Büchmann-Zitat), wörtlich: Bronzefels.

319,26 f. *von Genie durchblitzt:* Friedrich II. (Regierungszeit 1740–86).

319,31 f. *die dritte Zeit:* Befreiungskriege (1813–15).

320,5 *›Non-soli-cedo-Adler‹:* preuß. Wappenspruch (Selbst der Sonne weiche ich nicht), auf Friedrich Wilhelm I. zurückgehend, eigtl. gegen den Sonnenkönig Ludwig XIV. gerichtet; das Blitzbündel findet sich jedoch nicht im preuß., sondern im Napoleonischen Adler.

320,13 *Tabakskollegium:* So hieß die Abendgesellschaft, die Friedrich Wilhelm I. zu seiner Unterhaltung fast täglich abends um 5 Uhr zu Berlin, Potsdam oder Wusterhausen um sich zu versammeln pflegte; alle Anwesenden mußten Tabak rauchen oder zumindest so tun, als ob sie rauchten; die groben Späße des Königs mußten sich alle gefallen lassen. Vgl. Karl Gutzkows Lustspiel »Zopf und Schwert« IV,5/6.

320,14 *Krückstock von Sanssouci:* der Stock Friedrichs II.

320,22 f. *James Watt:* (1736–1819), Erfinder der Dampfmaschine.

320,23 *Siemens:* Werner von Siemens (1816–92), Physiker und Ingenieur, Erfinder im Bereich der elektrischen Telegraphie und Starkstromtechnik, Gründer der Weltfirma Siemens & Halske. Vgl. Fontanes Brief an Friedlaender, 8. 7. 1895 (S. 285): »[...] daß in diesen, nun in zweiter und dritter Generation blühenden Familien, ein neuer Adel, wenn auch ohne ›von‹ heranwächst, von dem die Welt wirklich was hat, neuzeitliche V o r b i l d e r (denn dies ist die eigentliche Adelsaufgabe), die, moralisch und intellektuell, die Welt fördern und ihre Lebensaufgabe nicht in egoistischer Einpöklung abgestorbener Dinge suchen.«

320,23 f. *du Guesclin und Bayard:* Bertrand Duguesclin (1314–80), berühmter frz. Feldherr; Pierre du Terrail,

Seigneur de Bayard (1476–1524), der »Ritter ohne Furcht und Tadel«.

320,29 *Hausse:* Wertsteigerung (eigtl. das Steigen der Wertpapiere).

321,1 f. *Sind Sie gegen den Adel?:* Vgl. Fontanes Brief an Friedlaender, 1. 2. 1894 (S. 250): »Die Welt hat vom alten Adel gar nichts, es giebt Weniges, was so aussterbereif wäre wie die Geburtsaristokratie; w i r k l i c h e Kräfte sind zum Herrschen berufen, Charakter, Wissen, Besitz, – Geburtsüberlegenheit ist eine Fiktion und wenn man sich die Pappenheimer ansieht, sogar eine komische Fiktion.« Und 6. 5. 1895 (S. 283 f.): »[...] ich komme in meinem, der vornehmen Welt einst so zugeneigten Herzen, immer weiter von meiner alten Liebe ab. Was wollen diese Menschen auf der Welt? Sie sind nur eine Störung, ein Hemmniß, ein aus Böswilligkeit oder Dummheit auf die Schienen gelegter Stein, der sich rühmen darf ein Eisenbahnunglück herbeizuführen, aber schon nach 2 Stunden ist die Strecke wieder frei und neue Züge machen ihren Weg. Die Welt wird noch lange einen Adel haben und jedenfalls w ü n s c h e ich der Welt einen Adel, aber er muß danach sein, er muß eine Bedeutung haben für das Ganze, muß Vorbilder stellen, große Beispiele geben und entweder durch geistig moralische Qualitäten direkt wirken oder diese Qualitäten aus reichen Mitteln unterstützen.«

Dreißigstes Kapitel

322,35 *Katte:* Hans Hermann von Katte (1704–30) unterstützte den Fluchtversuch des Kronprinzen Friedrich (später Friedrich II.) und wurde dafür hingerichtet.

325,11 *Anachoreten:* frühchristl. Einsiedler.

325,13 *Refektorium:* Speisesaal eines Klosters.

325,18 *Dragoner:* leichte Reiter, mit Säbel und Karabiner bewaffnet.

327,14 *Bockmühle:* Mühle, deren Gehäuse nach den Windrichtungen drehbar ist.

327,23 f. *ausbündigen:* ausgesuchten, außerordentlichen.

328,25 *das Herz ... macht den Redner:* nach Quintilian; Büchmann-Zitat.

Einunddreißigstes Kapitel

332,36 *Josty:* berühmtes Café am Potsdamer Platz, vgl. »Die Poggenpuhls«, Kap. 6.
333,9 *Windspiel:* Zwergform des Windhundes.
333,13 *eine Tablette:* hier Fem. nach dem Frz.
333,25 f. *petrefakt:* versteinert; »petrefakt, überlebt«, heißt es in dem Brief vom 29. 9. 1892 an Friedlaender, S. 189.
334,33–35 *Melusine aber ... richtige Melusine:* Vgl. den Entwurf zu dieser Auseinandersetzung (Petersen, S. 62): »Ja, Du heißt Adelheid, warum soll sie nicht Melusine heißen?«
»Wer weiß wer ihr den Namen gegeben hat.«
»Nu doch ihre Eltern und der Pastor und die Kirche.«
»Ich glaub es nicht. Da stimmt was nicht. Als Du sagtest Du wolltest das Ufer herunter steigen und sie bis an die Stelle führen, da hättest Du sehen sollen, wie sie sich verfärbte.«
»Ach Adelheid, das is ja Unsinn. Und dann war ja doch auch dickes Eis.«
»Eis zerbricht, wenn eine Kraft da ist. Kraft von unten. Und sie hat sich vor der Stelle gefürchtet, sie hat gedacht, der Strudel kommt und es packt sie und zieht sie nach unten. Und sie wird wohl wissen warum.«

Hochzeit. Zweiunddreißigstes Kapitel

337,32 *hautaine:* frz., hochmütig.
338,11 *Gobbo:* aus »Der Kaufmann von Venedig«.
340,21 *hors concours:* frz., außer Konkurrenz.
340,32 f. *sei ruhig ... Element:* Mephisto in »Faust« I (Auerbachs Keller), V. 2300.

Dreiunddreißigstes Kapitel

342,16 *Carbonaris:* revolutionärer Geheimbund, der für die Einheit Italiens kämpfte.
342,27 *en petit comité:* frz., im kleinen Kreis.
344,9 *Glaßbrenner:* Adolf Glaßbrenner (1810–76), »Vater des Berliner Witzes«.
344,10 *Beckmann:* Friedrich Beckmann (1803–66), beliebter Komiker, zuerst in Berlin, dann in Wien, bildete

den von Karl von Holtei eingeführten »Eckensteher Nante« darstellerisch aus.

345,2 *Übermenschen:* Friedrich Nietzsches programmatisches Wort, das zum geflügelten Wort wurde: »Ich lehre euch den Übermenschen. Der Mensch ist etwas, das überwunden werden soll« (Also sprach Zarathustra, 1883–85). Vgl. Anm. zu 111,13.

345,36 f. *Es wächst ... Zwecken:* Schiller, Prolog zum »Wallenstein«, V. 60; Büchmann-Zitat.

Vierunddreißigstes Kapitel

350,7 f. *Sandrigham ... Pembroke Lodge:* königliches Schloß und Adelssitze.

351,8–11 *Siechen ... ›schweren Wagner‹ ... Weihenstephan:* bekannte Berliner Wein- bzw. Bierrestaurants.

351,25 *Bellis perennis:* lat., Gänseblümchen oder Maßliebchen.

352,14 *delphischen Ausspruch:* Die Aussagen des delphischen Orakels waren oft zunächst unverständlich.

352,36 f. *über dem Strich:* Der »Strich« trennte in früheren Zeitungen den oberen seriösen politisch-wirtschaftlichen Teil von dem unteren, als geringer bewerteten Unterhaltungsteil.

353,6 f. *ein Loch zurückstecken:* nachgeben, bildlich vom Leibriemen, den man enger schnallt.

353,8 *Normalnovelle:* Die Novelle ist der literarische Modeartikel der Realismusepoche.

353,9 f. *›Sommerleutnant‹:* spöttischer Name für einen Reserveoffizier, der nur zu Sommerübungen eingezogen wird.

353,28 *Peter von Amiens:* »Wer kennt ihn nicht? Unter den Bildern unsrer frühesten Jugend ragt seine Gestalt auf, des Mannes im härenen Gewande, des Asketen, des Eremiten, wie er, den bloßen Kopf in der schwarzen Kapuze, dahinschreitet, das ›Gott will es‹ auf den schmalen Lippen« (»Aus den Tagen der Okkupation«, Kap. Amiens).

355,4 *Saltzmann:* Carl Saltzmann (1847–1923).

355,8 *Gudin:* Théodore Gudin (1802–80), frz. Marinemaler.

355,17 *Melbye:* Anton Melbye (1818–75).

355,17 f. *pur sang:* frz., waschecht.
355,30 *ossianische Meereszauber:* Gades preisgekrönte Ouvertüre »Nachklänge von Ossian«.
356,2 *cülbütieren:* über den Haufen werfen.
356,8 f. *›Der Deutsche ... wird:* »Faust« II, V. 6771: Im Deutschen lügt man, wenn man höflich ist.
356,11 *En quoi ... merveille:* Was Ihnen vortrefflich gelingt.
356,26 f. *fou ... blagueur:* Narr ... Aufschneider.

Fünfunddreißigstes Kapitel

357,21 *Estaminet:* eigtl. in Frankreich und Belgien ein Kaffeehaus, wo geraucht werden darf.
358,21 *als Johanniter:* Seit seiner Neugründung (1852) widmete sich der Preußische Johanniterorden der Krankenpflege.
359,19 f. *rief er uns ... Torgau:* In der Schlacht bei Torgau (1760) soll Friedrich II. seinen zurückweichenden Soldaten ›aufmunternd‹ zugerufen haben: »Rackers, wollt ihr denn ewig leben?«; vgl. Fontanes Brief an Friedlaender vom 9. 5. 1892, S. 178.
360,20 f. *Kaiser Friedrich:* Friedrich III. (1831–88) verfolgte in den 99 Tagen seiner Regierung einen liberalen Kurs.
361,12 *18. März:* des Revolutionsjahres 1848.
361,20 *Sachsenwalder:* »Er [Bismarck] hatte die größte Ähnlichkeit mit dem Schillerschen (der historische war anders) Wallenstein: Genie, Staatsretter und sentimentaler Hochverräther« (Fontanes Brief an seine Tochter, 29. 1. 1894, (Briefe [Propyläen] II,231).
362,13 f. *dieses ›höchste Glück auf Erden‹:* nach Herders »Cid«-Bearbeitung (Romanze 27): »Denn dem Glück geliebt zu werden / gleicht kein ander Glück auf Erden.«
362,20 *ging der Prophet zum Berge:* Bezugnahme auf den orientalischen Spruch: Wenn der Berg nicht zum Propheten kommen will, muß der Prophet zum Berge gehen.
362,22 *Parthenon ... London:* Das Britische Museum erwarb Skulpturen des Tempels auf der Akropolis.
362,23 *Pergamum in Berlin:* der Zeusaltar im Berliner Pergamon-Museum.

362,24 f. *mit den lieben, nie zahlenden Griechen:* Anspielung auf den Staatsbankrott des Königreiches Griechenland 1893.
362,25 f. *Kupfergraben:* Zugang zur Museumsinsel.
362,26 f. *Mykenä ... Olympia:* 1876 bzw. 1875 begannen hier die Ausgrabungen.
363,7 f. *Wittenberg ... Apfelkuchenstation:* meint wohl den Zeitpunkt, an dem man seine Reise unterbricht, um Kuchen zu essen; vgl. »Kaffestation« (Brief Emilie Fontanes an Friedlaender vom 15. 9. 1892, S. 183).
363,22 *Sixtinische Madonna:* Raffaels Andachtsbild in der Dresdener Gemäldegalerie.
364,14 *geriert sich:* gebärdet sich.

Sonnenuntergang. Sechsunddreißigstes Kapitel

366,12 *Wolfsschur:* Wolfspelz, volksetymologisch aus poln. wilczura, ›Wolfspelz‹.
366,36 *druste:* döste, schlief halb.
367,24 *gepichelt:* salopp für ›alkoholische Getränke trinken‹.
369,8 *Fingerhut:* Digitalis, Herzmittel.
369,24 *Lupine:* zur Düngung und für Fütterungszwecke verwendete Pflanzengattung, deren Bitterstoffe krankheitserregend wirken können.
370,19 *Pimplige:* Verzärtelte.

Siebenunddreißigstes Kapitel

375,10 *Tamina ... ›Zauberflöte‹:* Die Hauptfiguren von Mozarts Oper heißen Tamino und Pamina.
376,14 *Paletot:* frz., doppelreihiger Herrenmantel mit Samtkragen.
376,29 f. *Via-Mala-Bilde:* Arnold Böcklins »Drachenschlucht« (etwa 1870).
378,7 *Moscheles:* Ignaz Moscheles (1794–1870), Pianist, Komponist und Klavierpädagoge, verfaßte viele kommentierte Klavieretüden.
378,32 *auskultieren:* lat., abhorchen.
379,14 *Affables:* lat., Leutseliges.
380,14 *›praesente medico‹:* lat., die heilsame Gegenwart des Arztes.

381,15 *Seminarist:* der im Lehrerseminar ausgebildete Volksschullehrer.

381,30 *den Heilsgütern:* kirchliche Einrichtungen, mit deren Hilfe man sich einen persönlichen Anteil am kommenden Reich Gottes erwerben kann.

382,2 *Altlutheraner:* orthodoxe freikirchliche Bewegung, die sich streng an die Lehre Luthers hielt und die Unionsbestrebungen zwischen der lutherischen und der reformierten Kirche ablehnte.

384,4 *um zwölf ist alles aus:* Abwandlung einer Redewendung des Schauspielers Louis Schneider »Um neun ist alles aus« (d. i. Vorstellungsschluß); Schneider hatte dem jungen Fontane diesen Satz als Trostmaxime mitgegeben; »Von Zwanzig bis Dreißig« (Hanser, 3. Abt. IV,408).

384,7 f. *Wo bist du, Sonne, geblieben:* geflügeltes Wort aus Paul Gerhardts Abendlied »Nun ruhen alle Wälder«.

387,2 *Wissenschaft:* hier: Wissen.

387,36 f. *wer schnell ... doppelt:* Die lat. Formulierung des Publius Syrus wurde in den ›Büchmann‹ aufgenommen.

388,5 f. *Alle Worte ... gute Worte:* Vgl. Fontanes Brief an Friedlaender, 14. 8. 1885 (S. 17): »Im Verkehr der Menschen untereinander ist Liebe das Entscheidende; wer mich liebt und mir beständig die Beweise davon giebt, den liebe ich wieder und frage den Teufel danach, ob er andern gefällt oder eine sittliche Größe repräsentirt. Freilich mein Urtheil, wenn ich mich so ausdrücken darf als Historiker, bleibt unbestechlich und es kann sich ereignen, daß ich sage: ›Racker und Greul, aber mein Freund‹.«

Achtunddreißigstes Kapitel

391,5 *mit 'ner papiernen Kornblume:* die einem Johanniterkreuz gleichende Lieblingsblume Kaiser Wilhelms I., die man zu Ehren des Kaisers im Knopfloch trug. Vgl. Fontanes Brief an seine Frau, 11. 6. 1879 (Briefe [Propyläen] I,90): »Heute läuft alles mit ›Kornblumen‹ im Knopfloch herum. Es ist eine lederne Blume, blos blau, ohne Duft, ohne Schönheit, ohne Poesie. So recht wie geschaffen für uns; irgendwo müßte sie noch einen rothen

Hosenstreifen haben.« Siehe auch den Brief vom 2. 9. 1895 (»Heiteres Darüberstehen«, S. 256): »Alle Preußen zieren sich heute in Kornblumen rum –, es gibt keine Blume, die das Preußische so gut ausdrückte, wie diese hübsche Gottesschöpfung von etwas sterilem Charakter.«

391,26 *Generalkladderadatsch:* Zentralbegriff der Fontaneschen Vorstellung vom geschichtlich-gesellschaftlichen Wandel, hier verzerrt im Medium der Kunstfigur.

392,26 *Kossät:* auf Wohnhütte, Gärtchen und Weideplatz beschränkter Ansässiger.

392,31 f. *um Walpurgis:* Festtag der hl. Walpurga (1. Mai) und zugleich der Zeitpunkt, an dem sich nach altem Volksglauben die Hexen auf dem Brocken versammeln (Walpurgisnacht).

393,6 *Schlackerwetter:* schlechtes Wetter mit Regen und Schnee.

393,19 *›Enquete‹:* parlamentarisch beauftragte Untersuchungskommission, die oft einer polit. Entscheidung vorgeschaltet wird.

393,32 *Michaelis:* Michaelstag 29. September.

394,26 *Liebstöckel un Wacholder:* harntreibende Hausmittel.

394,26 f. *Allermannsharnisch:* gegen Viehkrankheiten.

394,35 *Bost:* Brust.

395,2 *gapsen:* atmen.

395,16 *bullern:* kochen.

395,32 *Bärlapp zum Einstreuen:* Anspielung auf das sogen. Kindermehl oder Einstreupulver zum Bestreuen wunder Hautstellen bei Kleinkindern.

395,32 f. *süße Gewohnheit des Daseins:* abgewandeltes Zitat aus Goethes »Egmont«: »Süßes Leben! schöne freundliche Gewohnheit des Daseins und Wirkens, von dir soll ich scheiden?« (5. Aufzug, [4.] Gefängnis); Büchmann.

396,20 *»Kreuzzeitung«:* »Neue Preußische Zeitung« (gegr. 1848), hochkonservatives Organ der Junker, das als Emblem im Titelkopf das Eiserne Kreuz zeigte; 1860–70 stand Fontane im Dienst dieser Zeitung.

396,21 *»Post«:* Organ der Freikonservativen Partei (später Deutsche Reichspartei), unterstützte Bismarcks Politik; wegen ihrer guten Informiertheit wurde sie auch das »Botschafterorgan« genannt. Vgl. Fontanes Brief an Wilhelm Hertz, 26. 9. 1885: »Mit ›Post‹ und ›Kreuz-Zeitung‹ bin ich fertig.« An seine Frau, 2. 10. 1888: »der Post, dem feindseligsten und großmäuligsten dieser Blätter«.

397,7 *Vatikan ... Pio Nonos:* Inbegriffe der kathol. Geistes- und Machtwelt, deren Nennung sich wohl im Hinblick auf die Adressatin erklärt.

397,16 *›Torre di Londra‹:* ital., Türme von London, vermutl. Hotelname.

397,17 *Capuletti-und-Montecchi-Stadt:* Capulet und Montague, Namen der verfeindeten Veroneser Familien in Shakespeares »Romeo und Julia«.

398,9 *›Taschen-Moltke‹:* kleiner Stratege, nach dem preuß. Generalfeldmarschall Helmuth Graf von Moltke (1800 bis 1891).

398,20 *›Emissarius‹:* lat., Kundschafter.

399,6 *schwarze Milz:* landläufige Zurückführung des Pessimismus auf die Milzsucht (Hypochondrie); vgl. auch Fontanes Brief an Friedlaender, 10. 4. 1893, S. 214.

399,7 *auf Mord und Totschlag gestellt:* viell. Ironisierung der Darwinschen Existenzkampftheorie.

400,7 *Cortège:* frz., Gefolge.

400,32 *Miscellen:* lat., kleine Aufsätze, Vermischtes.

402,15 *Nansen:* Fridtjof Nansen (1861–1930); die illustrierten Wochenblätter brachten in den neunziger Jahren ausführliche Berichte von den zahlreichen Nordpolexpeditionen.

402,29 *Garde bei St. Privat:* verlustreiche Schlacht im Dt.-Frz. Krieg (18. 8. 1870).

403,1 *den Cooperschen ›Spy‹:* James F. Coopers erster Roman »The Spy. A Tale of the Neutral Ground« (1821) handelt von einem Mann, der als Spion im geheimen Dienst für die amerikan. Freiheitsarmee tätig ist und das Äußerste leistet, obwohl er auf öffentliche Rehabilitierung und Ehrung nicht hoffen kann.

403,8 *Greeley:* Adolphus Washington Greely (1844–1935), authentischer Vorfall.

Neunundreißigstes Kapitel

407,36 f. *à la fortune du pot:* frz., eigtl. courir ..., sich auf gut Glück bei jmd. zu Tisch einfinden.
408,16 *nach Friedrichsruh schicken:* Kiebitzeier wurden von Bismarck als Delikatesse sehr geschätzt und ihm von seinen Anhängern aus Verehrung zugesandt.
408,22 *Lucca:* Pauline Lucca (1841–1908), berühmte Wiener Sopranistin.
409,18 *Plieraugen:* entzündete Augen.
409,29 *Tintoretto:* Beiname des venezian. Barockmalers Jacopo Robusti.
409,29 f. *Santa Maria Novella:* Kirche in Florenz.
410,9 *›freie Gemeinde‹:* religiöse Gemeinschaften, die sich von der protestant. Landeskirche losgelöst haben.
411,31 *wie Franz Moor:* Schillers »Räuber« II,1.
415,16 f. *an einem Strohhalm ... weht:* vermutl. aus dem engl. Sprichwort: a straw shows which way the wind blows.
415,27 *Apostolikum:* im weiteren Sinne Glaubensbekenntnis.

Verweile doch. Tod. Begräbnis. Neue Tage
Vierzigstes Kapitel

418,1 *Verweile doch:* geflügeltes Wort nach »Faust« I, V. 1700.
419,9 *Hasenheide:* Berliner Vergnügungspark.
422,29 f. *Goldlack:* duftende Gartenpflanze.
423,7 *Friktionen:* lat., Reibungen, Spannungen.
423,30 *der mittelalterliche Zehnte:* Den zehnten Teil ihres Erlöses mußten die Bauern ihren Feudalherren abtreten.
424,5 f. *›Patron‹ ... avancieren lasse:* Der Patron besaß u. a. das Vorschlagsrecht für die Besetzung einer Pfarrerstelle; wenn sich also Dubslav als Krippenstapels Patron tituliert, so könnte sich der Lehrer nunmehr als potentieller Pfarrer fühlen.

Einundvierzigstes Kapitel

429,17 f. *›Signatur der Zeit‹:* geht auf die Streitschrift »Signatura temporis« (1849) des Historikers Heinrich Leo zurück.

429,31 *Graf Posadowsky:* Arthur von Posadowsky-Wehner (1845–1932), 1893 Staatssekretär des Reichsschatzamts, 1897 des Reichsamts des Innern, setzte sich für die Sozialreformen ein.

430,30 *Beffchenmann:* Beffchen, die zwei länglichen weißen herabhängenden Stoffstücken unter dem Kinn des Geistlichen.

431,16 *Sinai:* Hier nahm Moses die Gesetzestafeln von Gott entgegen.

431,32 *Charakterbild ... schwankt:* Anklang an die Formulierung im Prolog zu Schillers »Wallenstein«, V. 102 f.: »Von der Parteien Gunst und Haß verwirrt / Schwankt sein Charakterbild in der Geschichte«; Büchmann-Zitat.

432,12 *dem armen Bennigsen:* Rudolf von Bennigsen (1824 bis 1902), Führer der Nationalliberalen im Reichstag; »ein vornehmer liberaler Adliger, ein Mann wie Bennigsen«, so wird eine Figur für die Fragment gebliebene Novelle »Storch von Adebar« entworfen (Hanser, 1. Abt. V, 783).

432,35 f. *›Was du ... bald‹:* geflügeltes Wort nach Joh. 13,27.

433,3 *König von Thule:* Kunstballade von Goethe.

433,30 *Töffel:* gekürzt aus Christoffel; dann auch ›dummer, fauler Mensch‹.

434,3 f. *Mus wie Mine:* volkstüml. Berliner Redensart im Sinne von ›Jacke wie Hose‹. Über ihre Herkunft gibt es eine Vielzahl von Ansichten: Abkürzung von Wilhelmus und Wilhelmine (eher unwahrscheinlich); Variation zu plattdeutsch »Dat is Mus as Maus, de Katt fritt se beide«; Entstellung des »mus as moem/möhn«, d. h. Maus wie Mutter (Maus als Koseform für die Ehefrau); auch obszöne Bedeutungen sind belegbar (Mus = Wollmus = leichtes Mädchen; Mus, Mine = vulva). Siehe Herman Schrader: Der Bilderschmuck der Deutschen Sprache. Berlin 1886. S. 128 f.; Hermann Kügler: Quellen zu Theodor Fontane. In: Jahrbuch des Willibald-Alexis-Bundes 2 (1927) S. 23 f.

434,13 *Kathedersozialist:* von H. B. Oppenheim geprägter Spottname (zugleich geflügeltes Wort) gegen jene Nationalökonomen, die die wirtschaftlichen Reformen auf dem Boden der bestehenden Gesetzgebung erstrebten.

434,15 *einrenken oder aus den Fugen bringen:* Vgl. Shakespeare, »Hamlet«, I,5: »Die Zeit ist aus den Fugen: Schmach und Gram, / Daß ich zur Welt, sie einzurichten, kam!«

434,33 *Mazzini:* Giuseppe Mazzini (1805–72), ein Führer der ital. Einigungsbewegung.

Garibaldi: Giuseppe Garibaldi (1807–72), Führer der nationalen Freiheitsbewegung in Italien.

434,35 *Liebknecht:* Wilhelm Liebknecht (1826–1900), Mitbegründer und Führer der dt. Sozialdemokratie.

435,3 *Schwerin:* vermutlich Hans von Schwerin-Löwitz (1847–1918), seit 1893 als Deutschkonservativer Mitglied des Reichstages, mit landwirtschaftlichen Fragen beschäftigt.

435,28 f. *›Leicht beieinander ... Sachen:* nach »Wallensteins Tod« II,2, V. 788 f.; Büchmann-Zitat.

Dreiundvierzigstes Kapitel

442,33 f. *in pontificalibus:* lat., höchst feierlich.

443,1 *›Schmetterlingsschlacht‹:* 1895 uraufgeführtes Schauspiel von Hermann Sudermann (1857–1928).

443,11 *pagodenhaft:* Pagode hier: kleine Götternachbildung mit beweglichem Kopf.

443,21 *Richtung Göhre:* Paul Göhre (1864–1930), Pastor und Sozialpolitiker, Verfasser der Schrift »Drei Monate Fabrikarbeiter und Handwerksbursche. Eine praktische Studie« (Leipzig 1891). Deren Programm: »die Erziehung, die Veredlung, die Christianisierung der heute noch wilden, heidnischen Sozialdemokratie, und die Vernichtung ihrer widerchristlichen, materialistischen Weltanschauung« (S. 222). Göhre vertrat den Grundsatz, »daß ein Sozialdemokrat Christ und ein Christ Sozialdemokrat sein kann« (S. 216). Christianisierung bedeutete für Göhre, die Arbeiter auf das sozialethische Vorbild des historischen Jesus von Nazareth hinzuweisen (S. 219).

443,23 f. *Das Leben ... Witze:* Assoziation mit ›Göre‹, d. i. kleines Kind.

444,34 f. *›Wer seinen Weg ... Kammer‹:* nach Jesaja 57,2.

445,26 *Nichts Menschliches ... fremd:* geflügeltes Wort, das auf die Formulierung des Terenz in der Komödie

»Heautontimorumenos« zurückgeht, wo es allerdings einen anderen Sinn hatte.

445,30 *Segensverheißungen:* der Bergpredigt.

447,15 f. *die drei Männer im feurigen Ofen:* Nach Kap. 3 des Buches Daniel ließ Nebukadnezar drei Juden, die sich geweigert hatten, ihn anzubeten, ins Feuer werfen, aus dem sie jedoch mit Engelshilfe errettet wurden.

447,28 *menagieren:* mäßigen.

Vierundvierzigstes Kapitel

449,4 f. *unser Gottesmann:* Luther.

451,3 *Château-Lafitte:* roter Bordeaux-Wein.

451,12 *fängt Vernunft wieder an zu sprechen:* Zitat aus »Faust« I, Studierzimmer I (V. 1198).

451,14 *belegt:* nicht frei, bedrückt.

451,35 *Ballett ›Uckermärker und Picarde‹:* Gemeint ist das Singspiel »Der Kurmärker und die Picarde« (1859) von Louis Schneider (1805–78); siehe auch die Abbildung in »Über Land und Meer« (Folio) Bd. 79, Jg. 40, 1897/98, Nr. 16, S. 260 f. »Kurmärker und Picarde. Nach dem Gemälde von Rudolf Eichstaedt«.

Fünfundvierzigstes Kapitel

452,24 *Albergo:* ital., Gasthaus.

453,15 f. *Tre giorni ... sta:* »Drei Tage sind es her, daß Nina, daß Nina nicht bei mir lag«, ital. Volkslied.

454,6 *Terrasse:* Brühlsche Terrasse am Elbufer. Vgl. das Bild von Carl Gustav Carus »Blick auf Dresden von der Brühlschen Terrasse« (um 1830).

455,3 f. *Chemisettevorbau:* Chemisette, d. i. Kragen.

455,5 *Vatermörder:* scherzhafte Bezeichnung für hohe Herrenstehkrägen.

Sechsundvierzigstes Kapitel

458,2 *›Ankratz‹:* Streitgrund.

II. Dokumente zur Entstehungsgeschichte

Die für den folgenden Abschnitt grundlegende, auch heute noch unersetzliche Arbeit stammt von Julius Petersen (Fontanes Altersroman. In: Euphorion 29, 1928, S. 1–74). Er konnte das gesamte Material, Manuskript und Entwürfe, einsehen, das später zum größten Teil verlorenging. Fontane hatte seinen Roman Ende 1895 begonnen; im November/Dezember lag eine erste Skizze zu einem kleinen politischen Roman vor, die im folgenden Jahr zu einem Entwurf (Herbst 1896) ausgearbeitet wurde. Nach weiteren Veränderungen, Ergänzungen und Abrundungen war der Roman im Juli 1897 fertig. Es war eine der ›schnellsten‹ Arbeiten Fontanes.

Ein früher Entwurf der Kapiteleinteilung dokumentiert die ursprüngliche Gewichtung der einzelnen Ereignisphasen; die Zahlen in den eckigen Klammern bieten zum Vergleich die Einteilung der endgültigen Romanform:

»1. Fünf Kapitel in *Stechlin* und *Wutz*. [1–10.]
2. Drei Kapitel bei den *Barbys*. [11–15.]
3. Drei Kapitel Wahl in *Rheinsberg-Wutz*. [16–20.]
4. Vier Kapitel: *Reise nach England*. [21–24.]
5. Vier Kapitel: *Verlobung, Reise des Brautpaars nach Stechlin, Tante Adelheid*. [25–31.]
6. Zwei Kapitel: *Hochzeit* und *Abreise, Graf Barby* und *Dubslav*. [32–35.]
7. Fünf Kapitel: Dubslav krank [36–39], stirbt, Begräbnis [40 bis 44].
8. Zwei Schlußkapitel. [45 und 46.]«

Petersen, S. 52

Der folgende Entwurf befand sich in einem Umschlag, der die Aufschrift trug: »Dies Convolut enthält *die* Blätter, die noch an verschiedenen Stellen der ersten 34 Kapitel (also bei Correkturen der Abschrift) zu verwenden sind.«

»*Figuren:*

1. Dubslav. In seinen polit. Anschauungen ganz Junker. Königthum, Lutherthum, Adel, Armee. Aber seine Ansichten sind doch erschüttert; zum *Theil durch die Starrheit der Schwester*. ›Wenn ich mir so Adelheid ansehe, kommt mir immer die Frage: ja, hat das Anspruch drauf, conservirt zu werden, sollen solche Personen im Land die ersten sein oder es sich

auch nur einbilden dürfen.‹ Sein Urtheil, wo Wissen und Einsicht mitsprechen, ist mittelmäßig, wo das Herz spricht, immer richtig und rührend.

2. Adelheid. Ein herbes, wenig liebenswürdiges Frl. v. R. [Mathilde von Rohr] aber durch ihre häßliche Herbheit sich von dieser unterscheidend. Von sehr schwacher Bildung, aber von gutem praktischen Verstand. Praktisch, prosaisch, ökonomisch, von natürlichem Mißtrauen gegen alles, was frei, forsch, geistvoll ist. Mißtrauisch, eingebildet, weiß alles besser. Sie will umschmeichelt sein. Dann wird sie menschlich und hülfebereit. In dieser Beziehung mehr Geh. Räthin H. [Herrlich] als Frl. v. R. Nur hat sie von jener nicht das kleinstietzig Spießbürgerliche. Die Schmargendorf macht ihr die Kur. Ebenso Flix. Deshalb hält sie von Beiden viel. Ihr Liebling ist Woldemar. In den Beziehungen zu *diesem* kommt alles Gute, was in ihr steckt, zum Vorschein. Sie liebt ihn persönlich, aber auch von Familie wegen. Denn sie hat ein starkes Familiengefühl.«

Petersen, S. 55 f.

Woldemars Vergleich der beiden alten Herren (Kap. 12) verlief in einem ursprünglichen Entwurf ausführlicher:

»Was ihnen gemeinsam war das war das Schönmenschliche, Wohlwollen gegen ihre Mitmenschen, Abwesenheit alles Kleinlichen und Selbsüchtigen. Bei dem Grafen hatte dies zu einer entsprechenden Weltanschauung, namentlich auch aller politischen Dinge geführt, während der alte Stechlin davon ausging, alle die großen Fragen seien Unsinn oder wenigstens überflüssig und ein Globsower habe von einem Schwein, das er für Weihnachten heranfüttere, viel viel mehr als von seinem Wahlrecht. Er war für Wohlthätigkeiten nicht für Freiheiten. Daß im Leben der Völker eine Zeit kommt, wo das geistige Brot ihnen mehr bedeutet als das leibliche, das wollte er nicht einsehen. Er konnte es auch nicht. Der Kreis, in dem er lebte, war zu eng, eine Berührung mit der Außenwelt zu halten. Er war kein Weltmann wie der Graf, der das wußte was draußen vorging und daß wie das Sprichwort sagt ›hinterm Berge auch noch Leute wohnten‹. So war der Graf der sehr Überlegene, der alte Stechlin aber der Apartere; die größeren [lies: kleineren] Lebensverhältnisse hatten ein Original aus ihm gemacht.«

Petersen, S. 58

Die Gegensätze zwischen den beiden Schwestern, Armgard und Melusine, beschreibt eine Skizze:

»Melusine war 30, Armgard 23. Sie liebten einander sehr, vielleicht weil sie so verschieden waren und diese Verschiedenheit jeder Gelegenheit gab die andere zu necken. Melusine war nur kurze Zeit verheirathet gewesen mit dem Conte Rossi, hatte sich aber nach anderthalb Jahren von ihm getrennt. Der Graf war ein Spieler und Roué. Sie lebte seitdem wieder im elterlichen Hause und hieß die Dogaressa, ein Name der ihr schon während ihrer venezianischen Tage beigelegt worden war weil ihre Ähnlichkeit mit einem Tintorettoschen Bilde der Catharine Cornaro allgemein aufgefallen war. Wie sich denken läßt, hatte sie gegen diesen Namen, der auch wirklich ein Schmeichel- oder Ehrenname war, nichts einzuwenden. Ihrem Charakter nach schon gewiß nicht. Sie war reizend aber von Jugend auf verwöhnt und eitel. Aber doch so, daß ihr Reiz durch ihre Eitelkeit noch gewann.«

Petersen, S. 62

In einer Zusammenfassung wird die Bedeutung des Pastors Lorenz(en) ersichtlich:

»Pastor Lorenz ist in einer Beziehung eine Hauptfigur: die Geschichte mit dem *Stechlin*-See, die den gedanklichen Kern des Ganzen bildet – wird durch *ihn* vertreten; was an der Stechlin-Geschichte *Symbol* und *Zeichen* ist, das wird durch ihn beständig gedeutet. Er entwickelt beständig *den* Gedanken, für den der Stechlin-See das Symbol ist. Er ist ein *Christlich-Sozialer* von der freieren, ja beinah freisten Richtung und die Gespräche, die er führt, mit Woldemar, Melusine, dem alten Stechlin, vielleicht auch mit Adelheid drehen sich alle um das Programm der ›Jungen‹. Dabei ist er voll Liebe zu dem alten Stechlin. Ganz widerstrebend ist ihm Adelheid. Vorläufig schweben mir folgende Situationen und Gespräche vor:

1. Lorenz am ersten Abend. Gespräch mit der Gundermann, auch vielleicht mit Rex und Czako.
2. Lorenz am andern Vormittag. Gespräch mit Woldemar. Hierin das Gespräch über Droschin.
3. Lorenz bei Melusinens erstem Besuch im Gespräch mit dieser. Vielleicht über João de Deus.
4. Lorenz im Gespräch mit Adelheid.
5. Lorenz im Gespräch mit dem Alten (zum Theil schon geschrieben).
6. Lorenz im Gespräch mit Melusine nach dem Begräbnis des Alten.«

Petersen, S. 47

Eine Notiz über Glaubensfragen weist auf das Thema des Christlich-Sozialen voraus:

»In einem der letzten Gespräche zwischen Dubslav und Lorenzen kommt der alte Dubslav auf Christus und sagt halb neugierig,

halb spöttisch: ›... Nun Lorenzen, wie denken Sie eigentlich darüber. Aber ordentlich. Ich kann Sie nun mal controlieren. Haben Sie den Glauben daran?
Den hab' ich.
Gottes Sohn?
Auch. Aber in meinem Sinn.
Ja, in meinem Sinn. Was heißt das? Damit wollt ihr immer aus der Schlinge heraus. Das Gespräch setzt sich fort. Lorenzen wie Windel, aber nicht schopenhauerisch, sondern Bergpredigt, christlich sozial.«

Petersen, S. 39

Dazu gehören die »Notizen, die in den verschiedenen Kapiteln untergebracht werden müssen«:

»1. Die Geschichte vom *Sühne*-Blut in Siam (sehr interessant).
2. Äußerungen von Pastor Rauh-Cladow über die Aufgabe der christlich Sozialen und das Unausreichende der sogenannten Conservativen.
3. gute – dem christlichen Sozialismus entsprechende Äußerungen des verstorbenen W. Wyl (Dr. Wilh. Ritter v. Wymetal).«

Petersen, S. 39

Diese Notizen können frühestens im Januar 1896 niedergeschrieben worden sein, denn erst am 4. Januar starb der genannte Wilhelm Ritter von Wymetal, dessen sozialreligiöse Arbeiten den Begriff der Nächstenliebe umkreisen.
Die Diskussion um die Alt-Neu-Problematik konturiert sich in folgenden Entwürfen:

»Das war ein Tag gewesen. Dieser Kaiser, dieser Czar. So muß einer aussehn, wenn er Kaiser von Rußland sein will. Rußland ist zehnmal so groß wie Preußen und so war auch Nicolaus zehnmal größer, hundertmal d. h. ich meine so bildlich oder moralisch oder innerlich oder wie man so was nennt. Solchen Mann mißt man nicht mit'm Zollstock aus, man mißt ihn mit ner Empfindung. D. h. wenn man sie hat, aber die Leute heut haben keine Empfindung, die Leute heut haben blos ihren Quatsch, Freiheit, Gleichheit, Brüderlichkeit. Sehn Sie, Pastor, Sie sind ein kluger Mann, wissen alles, lesen die verfluchten Zeitungen und was noch mehr ist und noch klüger ist, lassen sich nicht verführen, immer gerade gestanden, immer treues Bekenntnis, Gott und der König und wenn ich mal nichts weiß, und das kommt oft vor, dann geh ich zu meinem lieben Pastor und ...«

Petersen, S. 37 f.

»Dies ist für das Gespräch zwischen Dubslav und Lorenzen die *Hauptstelle*. Dubslav fragt ihn: ›ja, was wird dann aber aus dem Alten? wollen Sie's abschaffen?‹ ›Nein. Im Gegentheil. Es soll dauern. Aber das Alte soll sich verjüngen.‹ ›Ach, die alte Geschichte: *jungen Most in alte Schläuche*. Die Schläuche halten den jungen Most nicht aus.‹ ›Das ist Sache der alten Schläuche. Ich frage Sie, was ist wichtiger: die alten Schläuche oder der junge Most?‹ Dubslav lächelte. ›Nun gut, nun gut.‹ ... ›Übrigens‹, fuhr Lorenzen fort, ›ist es mit der Gährkraft des jungen Mostes nicht so schlimm und mit der Unhaltbarkeit und Verbrauchtheit der alten Schläuche erst recht nicht. Alte Häuser stehen am längsten und überdauern Sturm und Regen (??) am besten. Und so mit den alten Schläuchen. Alte Schläuche sind nicht schlechte Schläuche, sie haben sich bewährt und können sich weiter bewähren und wo ein Leck ist, da gibt man ihm ein neues Band. Es handelt sich nicht um Flickarbeiten sondern um Erneuerungen. Lassen wir die alten Schläuche und den Most. Nehmen wir einen Quaderdamm und einen Nordwester. Ein richtiger Deich hält Stand und bei richtiger Erneuerung durch die Jahrhunderte hin. Es ist immer noch der alte Deich, freilich in der Erneuerung. Ein solcher alter Deich, zum Wohl des Ganzen, ist unser Königthum. Und wenn es nicht Stand hält, dann ist nicht die Sturmfluth Schuld, sondern der Deich. Es hat so viel Hülfen und diese Hülfen sind in einem beständigen Wachsen. Welche Machtfülle hat das moderne Königthum, wenigstens bei uns, eine Macht und eine Gesichertheit wie sie nie da war, äußerlich gesichert gewiß, aber auch innerlich. Sie *muß* den Anprall aushalten können und sie kann es, sie muß sich mit dem Sturm abfinden, ihn berechnen. Aber sie darf nicht fordern, daß der Sturm aufhört Sturm zu sein. Der Sturm ist das lebendige, sonst verdirbt alles in schlechter Luft.«

Petersen, S. 38

Das 21. Kapitel sollte ursprünglich folgendermaßen beginnen:

»7. Tag.

Woldemar las am andern Morgen, daß der Fortschritt gesiegt habe. Er war weitab davon ein Fortschrittler zu sein, er hatte nur das mit dem Fortschritt gemein, daß er ganz allgemein an eine ›Bewegung‹ glaubte. Stagnation war Tod. Das Alte mußte fallen, nicht weil es schlecht war, es war nicht schlecht, sondern blos weil es alt war. Auch dann noch mußte es fallen, wenn es besser ist als das Neue. Eine Generation stößt die andre ins Grab; die, die vom Schauplatz abtritt, war vielleicht die bessere, die klügere, aber sie muß fort weil jedes Leben auch das beste ein bestimmtes Zeitmaß hat. Die einzelnen Punkte des fortschrittlichen Programms paßten ihm gar nicht, aber noch unerträglicher waren ihm die Redensarten: fridericianisches Regiment, ›die Welt ruht nicht sichrer auf den Schultern des Atlas ..‹, ›keine Schlacht ist verloren, eh nicht das Regiment Garde du Corps angegriffen‹, ›ein Staat wird durch die Kräfte gehalten, durch die er geboren wurde‹, ›der jüngste Fähnrich vorm ältesten Geheimrath‹, es giebt noch Richter in Berlin, il y a [des] juges à Berlin, Muße von Sanssouci, Königin Luise, Gewissensfreiheit und dann Apostolicum‹ – alle diese preußischen Stichwörter waren ihm ein Greuel, wenn sie mehr sein wollten als Reminiscenzen, als Lichter (?) um einen zurückliegenden Zustand zu beleuchten. Er hatte vor diesem Zurückliegenden den größten Respekt und konnte ganz verklärt von der großen fridericianischen Zeit sprechen, er richtete sich an den Gestalten des vorigen Jahrhunderts auf, er hatte nicht blos ein dramatisches Interesse daran, er sah darin einen wundervollen Gesellschaftszustand, aber er gerieth in die höchste Aufregung wenn er sah wenn man dies fortdauernd unter total veränderten Verhältnissen am Leben erhalten wollte.«

Petersen, S. 48 f.

Ursprünglich sollte Dubslav nicht als Kandidat in einer Reichstagsersatzwahl, sondern nur als Wahlmann in einer Landtagswahl auftreten; auch als sich Fontane für die Form einer Reichstagswahl entschieden hatte, oblag Dubslav zunächst nur die Rolle eines Wahlredners; eigentlicher Kandidat war ein von Buch. Der politische Gegner war zunächst der Fortschrittler Katzenstein. Eine ursprüngliche Skizze beschreibt die Landtagswahl:

»5. Tag.

Es war nicht zufällig, daß Woldemar in seinem Gespräch mit dem alten Grafen auch auf *Wahl*dinge gekommen war. In dem Landestheil, darin Stechlin gelegen war, gab es in jenen Tagen eine Ersatzwahl, der gute alte Herr von Brummschädel, der den Kreis 30 Jahre lang im Landtage vertreten hatte, war gestorben und es bereitete sich im Kreise Lindow-Loewenberg eine Neuwahl vor. Ja sie stand vor der Thür. Drei Tage nach den Besuchsabenden bei Graf Barby war Wahltag (in Loewenberg) an dem in den verschiedenen Gemeinden die Wahlmänner gewählt werden sollten und natürlich auch in der Gemeinde Stechlin. Eine Reihe von Jahren war es selbstverständlich gewesen, daß der ›gnädige Herr‹ gewählt wurde. Bei den letzten zwei Wahlmännerwahlen aber war ein Fortschrittler gewählt worden, wie in Stechlin so an vielen andern Orten, besonders in den Städten. Aber das große Land war doch noch mächtiger und der Fortschritt hatte trotz dieser Siege im Kleinen, im Großen doch noch immer unterlegen.«

Petersen, S. 24

Dazu die Bleistiftbemerkung Fontanes: »siehe die zweite Hälfte dieses Kapitels, die die Bemerkung trägt: ›Berichtigung.‹ Diese zweite Hälfte enthält die Hauptsache.«

»*Zu 5. Tag* (Berichtigung).
Die vorstehenden Blätter fassen die Sache nicht richtig an.
Es darf sich nicht um Wahl zum *Abgeordnetenhaus*, sondern um Wahl zum *Reichstag* handeln.
Der alte Herr v. *Kortschädel* ist gestorben. Ersatzwahl für ihn. Ein Conservativer und ein Fortschrittler stehen sich gegenüber. Der alte Stechlin candidiert *nicht* für sich selbst, sondern für einen andern alten Adligen in der Nähe: v. Buch (?) auf Nassenheide.
Mit einer *Vor*versammlung in Schloß Stechlin beginnt es, die manches von dem von mir schon Niedergeschriebenen brauchen kann.
Dieser *Vor*versammlung folgt dann aber eine *Haupt*versammlung, wo die Candidaten im Stechliner Krug sich gegenübertreten. Katzenstein ist auch da. Herr v. Buch aber nicht und statt seiner spricht der alte Stechlin, der den Herrn v. Buch (einen besseren, schwerfälligeren Namen nehmen) warm empfiehlt.
Die Rede nun, die der alte Stechlin dabei hält, ist ein [1]«

Petersen, S. 25

Noch vor dieser »Berichtigung« muß die Darstellung der eben erwähnten Vorversammlung verfaßt worden sein:

»zu sagen, sagten sie nur alle fünf Minuten einmal: ›es ist Bande.‹ Kulicke war hoffnungsvoller und sagte: dumm sind sie, aber so dumm sind sie nicht, daß sie Katzenstein wählen wenn sie unsern gnädigen Herrn wählen können. Der Alte sitzt doch noch fest. War ja immer so, warum soll'n sie diesmal nich. Der Schulze aber, der bei den Pasewalker Kürassieren gedient hatte, sagte, man darf blos nich so wie man wohl möchte. Mit der Karbatsche. Das hilft. Mal 'nen Schafskopp ufgebrummt und wenn er noch nich will, eins mit der Karbatsche. Wenn's nach mir ginge, hätten wir lauter vernünftige Menschen in Berlin.
Der alte Stechlin hörte sich das alles mit an und sagte: Ja, Inspektor Motz, Sie werden zureden. Und dann werden sie Ihnen sagen ›versteht sich Herr Inspektor‹ und ›auf uns da können Sie sich verlassen‹ und wenn der Wahltag da ist, dann wählen sie Katzenstein.
Es war ein Faß Bier aufgelegt und belegte Bröter standen auf

1 Die Fortsetzung dieses Blattes, auf der eine Charakteristik der Dubslavschen Rede gestanden haben muß, ist nicht auf uns gekommen. Ähnliche Abbrüche auch in den folgenden Handschriften.

dem langen Tisch. Es gab auch Cigarren. Alles ließ sich wohl sein, dann gingen sie; nur der Pastor blieb und ging mit dem alten Stechlin um das Rondel herum und durch die beiden«

Petersen, S. 25 f.

Aus Dubslavs Wahlrede ist ein Bruchstück erhalten geblieben:

»nichts und können auch nichts können, weil sie den großen Stechlin nicht kennen. Und dieser große Stechlin, den sie nicht kennen, das ist das Volk, das seid Ihr!«

Ungeheurer Beifall.

Ich sage Euch ich bin ein alter Mann aber wenn der König ruft oder Bismarck ruft oder so einer wie Bismarck, denn Bismarck ist auch mehr nur ein Jammer [?] und ein End [?] ist, wenn wer ruft wie der alte Wilhelm oder wie der alte Bismarck, ich möchte ihn beinah unsern alten Otto nennen (Beifall) – wenn die rufen, dann komm ich aber wenn Rechtsanwalt Katzenstein ruft oder hundert Katzensteine die so was bilden was man Fraktion nennt, – Kinnings wenn die rufen dann komm ich nicht. Und ihr dürft dann auch nich kommen. Die Ballons blasen is kein Spaß und so immer vorm großen Glasofen, wo alles wie Feuer ist, is auch kein Spaß, aber so am Kriegsfeuer stehn, was die Katzensteine angefaßt haben ohne daß sie was davon verstehn, denn das wißt ihr doch,«

Petersen, S. 26

Ebenso findet sich ein Fragment der Gegenrede Katzensteins:

»Meine Parteigenossen sind so königlich und so preußisch wie die Conservativen sind, wir sind nur noch Einiges nebenher und gehen nicht davon aus, daß wir unsere Pflichten gegen unsere Wähler erfüllt haben, wenn wir eine sogenannte gut königliche Gesinnung bezeigen. Wer ein Politiker sein und seinem Volk bezw. seiner Wählerschaft dienen will der hat noch andres zu bezeigen. Und diese andern Dinge sind sehr viele, was von unsern Gegnern bestritten werden mag aber durch Bestreitung nicht aus der Welt geschafft wird.

Aus dem Hintergrund vernahm man ein halblautes ›so is es‹.

Ich bitte den Redner nicht zu unterbrechen, auch nicht durch Zustimmung.

›Ein Lieblingsgegenstand für die Betrachtung, ein Lieblingsgegenstand in den Wahlreden unserer conservativen Gegner, ist die Armee. Auch heute wieder haben wir der Armee sich die besondre Vorliebe meines Herrn Vorredners zuwenden zu sehen [sic] und er hat uns die Zusicherung gegeben, daß er kommen würde

wenn der König riefe, aber nicht kommen würde, wenn der Fortschritt riefe. Meine Herren, dies ist von keiner Bedeutung. Ich fühle mich frei von dem Ehrgeiz, Schlachten schlagen und in Folge meiner ganz außerhalb der Moltkeschen liegenden Begabung unsre hier versammelten Globsower schändlich hinopfern zu wollen, sogenannte Hekatomben . . .
Bravo Katzenstein klang es aus der fortschrittlichen Ecke.
›Schnauze‹ klang es aus der conservativen Ecke her, ein Wort das bei allen Parteien Heiterkeit weckte und vom Vorsitzenden ungerügt blieb, weil es die Heiterkeit aller Parteien geweckt hatte. Selbst Katzenstein war erheitert und fuhr in gesteigerter guter Laune fort.
Ich verbürge mich von jedem Versuch ein zweites Jena heraufzubeschwören Abstand zu nehmen, ich dürfte nicht mal nach Sedan selbst wenn meine Fähigkeiten (mir sehr unwahrscheinlich) dafür ausreichen sollten. Es geht besser ohne Krieg. Aber vielleicht ist es nöthig ihn beständig als eine Möglichkeit im Auge zu haben und darauf hin brauchen wir eine Armee. Es wäre besser wir brauchten sie nicht, aber gut, wir brauchen sie und weil wir sie brauchen bewilligen wir alles was die Armee braucht. Immer wieder und wieder und reichlich. Wir kümmern uns auch nicht drum, wie diese Waffe nun zu schärfen sei, wir verzichten darauf, weil wir nichts davon verstehen. Aber eine Frage verstehen wir so gut wir irgend was anders, die Frage ob ein armer Mensch unmenschlich behandelt worden ist und es gehört zu unsren«

Petersen, S. 26 f.

Auch der Schluß dieser Versammlung ist skizziert:

»wurden und widerspruchsvoll durcheinander klangen. Katzenstein hat Recht. Nei, nei. Uns' Oll' sall em eent uft Mul gewen. Dat helpt nich. Katzenstein ist klüger. Im Ganzen aber war der Respekt doch vorherrschend und der Haltung der Mehrzahl nach durfte man annehmen, daß der alte Herr doch gesiegt habe und daß Herr v. Buch wenigstens in diesem abgelegenen Wahlbezirk als Sieger davon gehen würde. Katzenstein sprach dies auch aus meinte aber noch daß die Städte den Ausschlag zu seinen Gunsten geben würden. Er setzte sich in seinen kleinen Wagen, um noch denselben Abend nach Lindow [*durchgestr., darüber* Wust] zu fahren, wo am andern Tag in Stadt und Umgegend große Versammlungen waren. Der alte Herr v. Stechlin nahm die Sache nicht schwer und ging mit v. Gundermann, einem reichen Mühlenbesitzer, der eine große Brettschneidemühle hatte, auf das Schloß zu, während der Pfarrer und der Oberförster auf die Pfarre zuschritten.
Nun noch ein *kurzes* Gespräch zwischen diesen beiden, das alles

noch mal *kurz* recapitulirt oder richtiger eine Stellung zu den 2 Parteien nimmt.
Erst der *Oberförster:* Ja, was soll man sagen. Verfluchter Kerl. Er hat ihn ein bischen ironisirt. Das mit der Schlacht bei Sedan. Er ist besser beschlagen als unser guter alter Stechlin.
Prediger: Das ist er. Und das ist der Übelstand überhaupt. Unsere Adligen hier herum haben keine Überzeugungen, sie kennen blos ›Ordres‹ von obenher gegeben.«

Petersen, S. 27

Die parteipolitische Konfrontation zwischen dem Konservativen Dubslav und dem Fortschrittler Katzenstein löste Fontane erst auf, nachdem er erfahren mußte, daß gerade Gotthold Lessing, der Sohn des Haupteigentümers der »Vossischen Zeitung«, Carl Robert Lessing, dem sich Fontane verpflichtet fühlte, bei der Reichstagsersatzwahl am 2. Juni 1896 im Wahlkreis Ruppin-Templin als Kandidat der Freisinnigen Volkspartei über den Adelsvertreter gesiegt habe; um mögliche Mißverständnisse zu vermeiden, setzte er nun statt des Fortschrittlers den sozialdemokratischen Vertreter in die politische Konfiguration ein. Fontane schrieb am 8. Juni 1896 an Carl Robert Lessing:

»Und nun kommt die Hauptsache: drei Kapitel, grad in der Mitte des Buches, beschäftigen sich mit einer Reichstagsersatzwahl im Kreise ›Rheinsberg-Wutz‹ (Wutz ist Lindow), und ein Adliger, der alte Herr v. Stechlin, und ein Fortschrittler stehen sich gegenüber. Der Fortschrittler siegt. Soweit möchte alles gehn. Aber dieser siegende Fortschrittler – wie fern lag mir, als ich das schrieb, jeder Gedanke an eine Kandidatur Ihres Herrn Sohnes –, dieser siegende Fortschrittler ist der semitische Rechtsanwalt Katzenstein aus Gransee!! Da können Sie sich nun denken, wie mir zumute wurde, als vor etwa 4 Wochen der Landwirt Gotthold Lessing von Meseberg auf dem Plane erschien! Daß ich meine Geschichte ändern müsse, stand mir sofort fest, und ich glaube, daß es mir gelungen ist. Ich lasse jetzt den Kampf zwischen dem alten Stechlin und einem *Sozialdemokraten* spielen und beginne, nach stattgehabter Wahl, das nächste Kapitel etwa so: ›Die Würfel waren inzwischen anders, als man erwartet, gefallen, denn weder der alte Stechlin noch der Sozialdemokrat waren gewählt worden – der Kandidat der Fortschrittspartei hatte gesiegt.‹ Dann nimmt die Erzählung ihren Fortgang. Ich hoffe, daß ich dadurch alles, was der Familie Lessing fatal sein könnte, beseitigt habe. Von ›Fortschritt‹ ist keine Rede mehr. Vorher auch nicht. Übrigens hat die Geschichte dadurch gewonnen.«

Briefe (Aufbau) II,399

Das Bruchstück eines Schlußgesprächs zwischen Pastor Lorenz(en) und Woldemar gehört einer frühen Arbeitsphase (Dezember 1895) an:

»Lorenz von seiner Konferenz zurück. Sie hatten eine Aussprache und Lorenz erzählte ihm von Melusinens Besuch in der Pfarre und was sie ihm ans Herz gelegt habe.
›Und was haben Sie ihr geantwortet?‹
›Diplomatisch. Ausweichend.‹
Er lächelt. ›Sie sind also Ihrer Sache doch nicht ganz sicher. Lieber Lorenz, Sie dürfen ganz sicher sein. Ich bin kein Aktionsmensch, ich werde der Welt keinen Ruck nach vorwärts geben, all das liegt nicht in mir. Entweder bin ich dazu nicht energisch genug, oder nicht überzeugt genug. Wenn ich sage nicht genug, so heißt das nur: nicht genug um auf meine Überzeugungen große Thesen aufzubauen. Das ist doch noch was anderes als die Überzeugungen überhaupt entbehren. Ich habe stille Überzeugungen, ich bin überhaupt eine stille Natur. Aber ich glaub, fest im Widerstand, wenn man mir das entreißen oder nehmen oder ins Gegentheil verkehren will, was ich als Recht erkannt habe. Sie haben keine Untreue von mir zu gewärtigen. Und daß es nicht Engelszungen [sind], die hier zu uns predigen und Wunder der Bekehrung zu verrichten wünschen, brauche ich Ihnen das erst zu sagen. Sie kennen Ihre Amtsbrüder und die meinigen.«
›Das sei ein Wort, Woldemar. Und ich weiß was du sagst, das ist. Aber es ist schwerer als du dir vorstellst. So lange du beim Regiment bist, ist alles gut. Nachher erst kommen die Schwierigkeiten, die Kämpfe. Bedenke auch auf *unserer* Seite wird gesündigt. Und es könnte kommen, daß gerade dein Rechtsgefühl sich gegen dich und mich stellt.‹
›Ich halte alles für möglich, aber ich stehe zu dir und zu dem Glauben auf eine bessere Zeit. Die mißbrauchten Stichworte der neuesten philosophischen Schule haben auch ihre tiefe Bedeutung; unser gut und böse ist nicht mehr in allen Stücken das gut und böse von ehedem, und alle Dinge gehen einer Umwerthung entgegen. Das alles durchdringt mich, und ist mir in Fleisch und Blut gegangen. Verlasse dich auf mich!‹
›Und deine Frau?‹
›Eine vornehme Seele.‹
Lorenz nickte. ›Wie die Schwester, die habe ich in mein Herz geschlossen.‹«

Petersen, S. 17

Eine letzte Szene im Barbyschen Haus sollte den Roman abschließen:

»›Das brodelt ja wie der Stechlin‹, sagte Woldemar. ›Lorenz hat mir von eurem Gespräch erzählt und daß du mir nicht traust. Du hast Unrecht. Deine Schwester, meine geliebte Armgard, soll's beeiden. Als wir die Feuergarbe aus dem Vesuv aufsteigen sahen, da reichten wir uns die Hand. Wir sagten uns nichts, aber, was besser ist, wir fühlten dasselbe. Wir hatten das Gefühl von der Geschlossenheit und Einheit aller Dinge. Die chinesische Mauer fällt überall, in China selbst. Und sie sollte *nicht* fallen am Stechlin?‹«

Petersen, S. 17

Ein neuer Plan (Bleistiftentwurf) sieht einen anderen Abschluß vor:

»Vielleicht fällt das Gespräch zwischen Woldemar und Lorenz fort. Und es heißt blos: Ein Jahr war um. Alles lebte in schönem Einvernehmen. Selbst Adelheid war durch Rendant Fix umgestimmt worden. Melusine kam auf Besuch. Sie wechselte Briefe mit Lorenz. In einem Briefe hieß es: Ich erfahre, daß meine Schwester in ein Bad soll. Ich bin ganz dagegen, was Sie, der Sie mich kennen, nicht allzu überraschen wird. Ich habe sehr schwache Familiengefühle. Ich liebe Schwester und Schwager, weil sie beide so sehr liebenswerth sind, nicht weil sie Schwester und Schwager sind. Ich habe kein Familiengefühl und die Frage nach dem Fortbestand der Stechline beschäftigt mich sehr wenig. Mich beschäftigt nur ob die richtigen Menschen an der richtigen Stelle sind. Und richtige Menschen sind die, die sich um mehr als ihren Maulwurfshügel kümmern. [Der letzte Relativsatz ist durchgestrichen; statt dessen steht: »die sich darum kümmern, obs brodelt, ob der Hahn kräht«] Mit andern Worten etc.«

Petersen, S. 17 f.

Über diesem Bleistiftentwurf steht mit Tinte eine neue Schlußfassung:

»Der Schluß des Romans muß ganz anders werden als wie im ersten Entwurf.
Viel kürzer.
Das Begräbnis bleibt. Aber das Eintreffen Woldemars und der jungen Frau in Stechlin wird nur ganz kurz (wenige Zeilen) erzählt und dann schließt ein Brief Melusinens an Lorenz: Ich liebe meinen Schwager und meine Schwester liebe ich mehr als mich selbst. Aber trotzdem, die Frage des Fortbestandes der Stechline beschäftigt mich wenig. Sind keine da, so sind andre da. Dies alles interessiert mich nicht. Mich interessiert nur, daß Leute da sind, die wissen, was in der Welt los ist. Mit andern Worten mich interessieren nicht die Stechline, mich interessiert blos – der Stechlin.«

Petersen, S. 18

Ein letzter Entwurf zum Romanschluß lautet:

»Und nun lieber Pastor, noch das Eine. Morgen früh zieht das junge Paar in das alte Haus ein, meine Schwester und mein Schwager. Erinnern Sie sich bei der Gelegenheit unsres in den Weihnachtstagen geschlossenen Paktes: es ist nicht nöthig daß die Stechline bleiben, sondern was bleiben soll und predigen und mahnen, das ist *der Stechlin.*«

Petersen, S. 18

Drucklegung

Der Vorabdruck des Romans erfolgte in der illustrierten Wochenschrift »Über Land und Meer«, Bd. 79, Jg. 40, 1897/98, Nr. 1–19 der Ausgabe in Folio-Format (seit 1884 lief parallel eine Ausgabe in Oktav-Format); Verlagsort war Stuttgart. Der Titel lautete »Stechlin«. »Über Land und Meer« war ein Unterhaltungsblatt für die Familie (in der Art der »Gartenlaube«), darauf eingestellt, Erfolgreiches zu bieten. Bei der Auswahl für die Drucklegung literarischer Beiträge dominierte das Kriterium der Unterhaltung: »Mondäner Ort (Wien und Rom als die Zentren), das Gesellschaftsleben des Geburts- oder Finanzadels, geistvolle Plauderei am Tee- und Bridgetisch, Opernabende, Bälle und vor allem viel Verwirrung der Herzen. Eine bunt schillernde Welt, die den Lesern exotisches Terrain vor Augen führt; leidenschaftliche Charaktere, interessante Stoffe, Dramen von ›wahrhaft elementarer Gewalt der Leidenschaft‹, geographische Ubiquität« (Hans-Joachim Konieczny: Fontanes Erzählwerke und die zeitgenössischen Zeitschriften. Magisterarbeit Universität Bonn 1970, S. 36). Die Zeitschrift rechnete sich selbstbewußt, aber auch mit Recht zu den ersten deutschen illustrierten Familienblättern; sie wandte sich an die höheren Stände, während für die mittleren die »Illustrierte Welt« und für die niedrigeren »Zu Hause« bestimmt waren; vgl. »Zum fünfzigjährigen Jubiläum der Deutschen Verlagsanstalt (vormals Eduard Hallberger) in Stuttgart«. Beilage zu »Über Land und Meer«, Bd. 80, Jg. 40, 1897/98, Nr. 49.

Über Fontanes Stellung zu dieser Zeitschrift vergleiche seine Tagebucheintragung aus dem Jahr 1896:

»Wichtiger war die Anbändelung mit ›Über Land und Meer‹, – die Redaktion will von Oktober 97 an meinen neuesten Roman ›Der Stechlin‹ bringen, unter beinah glänzenden Bedingungen. Honorar mehr als doppelt so hoch wie das der ›Rundschau‹.«

Dichter über ihre Dichtungen. Th. F. II,474

Den Eingang des Stechlin-Manuskripts erwidert die Redaktion von »Über Land und Meer« mit einem Telegramm (Juli/August 1897):

»Hochverehrter Herr Doktor, intensiv mit allen Ihren Menschen mitlebend, vor allem mit dem alten Freiherrn, am Schlusse im Innersten erschüttert, danken wir Ihnen dafür, daß ›Über Land und Meer‹ ein solches Werk veröffentlichen darf.«

Fontane antwortet ebenfalls telegraphisch:

»Ihr Telegramm hat mich sehr beglückt. ›Verweile doch, du bist so schön,‹ – ich darf es sagen, denn ich sehe in den Sonnenuntergang. Herzlichen Dank.«

Dem folgt ein Brief an den literarischen Direktor der Deutschen Verlags-Anstalt:

»In meinem gestrigen Telegramm habe ich einen auf diesem Gebiete wohl neuen Ton angeschlagen: den sentimentalen. Aber Sie werden es entschuldigen, wenn Sie hören, daß ich recht elend bin. Unmittelbar nach Absendung des Manuskriptpakets klappte ich zusammen. Ein oft stundenlanger Nervenhusten quälte mich. Doch wozu das? Spreche ich Ihnen lieber noch einmal aus, wie sehr mich Ihre Worte beglückt haben. Wer hörte nicht gern Lob? Aber es ist nicht das Lob als solches, was mir so wohlthut, sondern die *Grundempfindung*, aus der heraus es gesprochen wurde. Scott schrieb einmal: ›Ich bin schlimm daran: Tadel verdrießt mich und Lob erfreut mich nicht.‹ Ich hab' ihm das oft nachgesprochen, denn das meiste Lob ist danach. Lob, aus dem man zugleich berechnende Vorsicht und die beständige Angst vor einem auch nur kleinsten Zuviel herauswittert, macht einen tristen Eindruck. Und diese Lobform ist *hier* noch immer zu Hause und arbeitet, mitten im anscheinenden Schnellzugenthusiasmus, mit der Carpenter-Bremse. Es muß doch einen Grund haben, daß ich

Über Land und Meer.

Nº 1.

79. Band. Vierzigster Jahrgang. Oktober 1897–1898.

Erscheint jeden Sonntag.

Preis vierteljährlich 3.50 M. Mit Postaufschlag 3.75 M.

Redakteur: Ernst Schubert in Stuttgart.

Stechlin.

Roman von

Theodor Fontane.

I.

Im Norden der Grafschaft Ruppin, hart an der mecklenburgischen Grenze, zieht sich von dem Städtchen Gransee bis nach Rheinsberg hin (und noch darüber hinaus) eine mehrere Meilen lange Seenkette durch eine menschenarme, nur hie und da mit ein paar alten Dörfern, sonst aber ausschließlich mit Förstereien, Glas- und Teeröfen besetzte Waldgegend. Einer der Seen, die diese Seenkette bilden, heißt „der Stechlin". Zwischen flachen, nur an einer einzigen Stelle steil und quaiartig ansteigenden Ufern liegt er da, rundum von alten Buchen eingefaßt, deren Zweige, von ihrer eignen Schwere nach unten gezogen, den See mit ihrer Spitze berühren. Hie und da wächst ein weniges von Schilf und Binsen auf, aber kein Kahn zieht seine Furchen, kein Vogel singt, und nur selten, daß ein Habicht drüber hinfliegt und seinen Schatten auf die Spiegelfläche wirft. Alles still hier. Und doch, von Zeit zu Zeit wird es an eben dieser Stelle lebendig. Das ist, wenn es weit draußen in der Welt, sei's auf Island, sei's auf Java, zu rollen und zu grollen beginnt oder gar der Aschenregen der hawaiischen Vulkane bis weit auf die Südsee hinausgetrieben wird. Dann regt

Theodor Fontane in seinem Arbeitszimmer.

1

Die erste Seite des Vorabdrucks in »Über Land und Meer«, Bd. 79, Jg. 40, 1897/98, Nr. 1, S. 1

einem freien, mit einer gewissen largesse gepaarten Wesen nur in Süddeutschland und speziell in Ihrem Stuttgart begegnet bin: vor 10 Jahren bei Kroener und nun bei Ihnen. Wieviel davon persönlich, wieviel davon ›ländlich-sittlich‹ ist, kann ich freilich nicht wissen.«

Zitiert nach Paul von Szczepański: Theodor Fontane †. In: Über Land und Meer. [Oktav-Ausg.] (1898/99) Bd. 1. S. 382 bzw. [Folio] Bd. 81, Jg. 41 (1898/99) Nr. 3, S. 56

In einer Leseradresse (»An unsre Leser«) kündigte die Redaktion den »Stechlin« als einen Roman an, »in dem der erste lebende Meister der Kunst des Erzählens und Schilderns im Rahmen einer spannenden Handlung [!] vielfach Schlaglichter auf die politischen Vorgänge und sozialen Strömungen des verflossenen Jahrzehnts wirft. Man wird nicht fehlgehen, wenn man dieses bedeutendste Werk Theodor Fontanes gleichsam als das Glaubensbekenntnis des greisen, aber jugendfrischen Meisters und als die Summe seiner Erfahrungen betrachtet, die er in dieser Form für die jüngere Generation nutzbar zu machen sucht.« (Über Land und Meer, Bd. 79, Jg. 40, 1897/98, Nr. 1; Frau Dr. Eva D. Becker half freundlicherweise bei der Auffindung der nicht in allen Zeitschriften-Bänden enthaltenen Textstelle.)

Für die Buchausgabe unterzog Fontane den Text noch einer eingehenden Korrektur, eine »Hundearbeit«, wie es auf einer Postkarte an Georg Friedlaender, 7. Juli 1898 (S. 323), heißt. Das Erscheinen der Buchausgabe, Oktober 1898 (Impressum 1899) im Verlag des Sohnes Friedrich Fontane & Co., Berlin, erlebte der Dichter nicht mehr.

III. Fontane über den »Stechlin«

An Carl Robert Lessing, 8. Juni 1896:

»Im Winter habe ich einen politischen Roman geschrieben (Gegenüberstellung von Adel, wie er bei uns sein *sollte* und wie er *ist*). Dieser Roman heißt: ›*Der Stechlin*‹.
Es ist dies der ganz in Nähe von Meseberg gelegene See, den Ihr Herr Sohn gewiß kennt und Sie vielleicht auch. – Um diesen See handelt es sich, trotzdem er nur zu Anfang und zu Ende mit etwa 5 Zeilen vorkommt. Er ist das Leitmotiv.«

Briefe (Aufbau) II,398

An Ernst Heilborn, 12. Mai 1897:

»Ich stecke so drin im Abschluß eines großen, noch dazu politischen (!!) und natürlich märkischen Romans, daß ich gar keine andern Gedanken habe und gegen alles andre auch gleichgültig bin.«

Briefe (Aufbau) II,424

Entwurf eines Briefes an Adolf Hoffmann, Mai/Juni 1897:

»Ergebensten Dank für Ihre freundlichen Zeilen vom 25. d. M.; – was Sie so gütig sind, als einen Wunsch Ihrer Verlagsanstalt auszusprechen, entspricht durchaus meinen eigenen Wünschen.
Die Honorarfrage kann kaum zu Meinungsverschiedenheiten zwischen uns führen, und der Stoff, soweit von einem solchen die Rede sein kann – denn es ist eigentlich bloß eine Idee, die sich einkleidet –, dieser Stoff wird sehr wahrscheinlich mit einer Art Sicherheit Ihre Zustimmung erfahren. Aber die Geschichte, das, was erzählt wird. Die Mache! Zum Schluß stirbt ein Alter, und zwei Junge heiraten sich; – das ist so ziemlich alles, was auf 500 Seiten geschieht. Von Verwicklungen und Lösungen, von Herzenskonflikten oder Konflikten überhaupt, von Spannungen und Überraschungen findet sich nichts.
Einerseits auf einem altmodischen märkischen Gut, andrerseits in einem neumodischen gräflichen Hause (Berlin) treffen sich verschiedene Personen und sprechen da Gott

und die Welt durch. Alles Plauderei, Dialog, in dem sich die Charaktere geben, und mit ihnen die Geschichte. Natürlich halte ich dies nicht nur für die richtige, sondern sogar für die gebotene Art, einen Zeitroman zu schreiben, bin mir aber gleichzeitig nur zu sehr bewußt, daß das große Publikum sehr anders darüber denkt und Redaktionen – durch das Publikum gezwungen – auch.
Und so sehe ich denn Ihrer Entscheidung nicht so hoffnungsvoll entgegen, wie ich wohl möchte. Vielleicht daß der beigelegte Briefbogen mit Inhaltsangabe meine Chancen wieder um einiges steigert. Ein ›Ja‹ oder ›Nein‹ aber in die Zukunft legen ist gerade das, was man bei Verhandlungen wie diese so gern vermeiden möchte. [...]
Titel: ›Der Stechlin‹. Inhalt: In einem Waldwinkel der Grafschaft Ruppin liegt ein See, ›Der Stechlin‹. Dieser See, klein und unbedeutend, hat die Besonderheit, mit der zweiten Welt draußen in einer halb rätselhaften Verbindung zu stehen, und wenn in der Welt draußen ›was los ist‹, wenn auf Island oder auf Java ein Berg Feuer speit und die Erde bebt, so macht der ›Stechlin‹, klein und unbedeutend, wie er ist, die große Weltbewegung mit und sprudelt und wirft Strahlen und bildet Trichter. Um dies – so ungefähr fängt der Roman an – und um *das* Thema dreht sich die ganze Geschichte [...]«

Briefe (Aufbau) II,424–428

An Ernst Heilborn, 23. September 1897:

»Zu meiner großen Freude habe ich einen umfangreichen Roman noch fertig gekriegt – fast gegen eignes Erwarten – aber nun ist es auch vorbei. Die Kräfte sind hin und selbst wenn's nicht so wäre, so würden sie durch die Vorstellung ›Du stehst nah vor 78‹ gelähmt werden. Ranke, als er 80 wurde, sagte vergnügt die Hände reibend ›nun werd' ich eine Weltgeschichte schreiben‹, – famos, aber doch gewagt.«

Briefe an die Freunde II,610

An Friedrich Paulsen, 29. November 1897:

»In Jahresfrist hoffe ich Ihnen einen Roman von beinah gleicher Dicke [wie »Vor dem Sturm«], der, statt im Oderbruch, in einem Ostwinkel der Grafschaft Ruppin spielt, überreichen zu können. Er ist auch patriotisch, aber schneidet die Wurst von der andern Seite an und neigt sich mehr einem veredelten Bebel- und Stöckertum, als einem alten Zieten- und Blüchertum zu.«

Briefe an die Freunde II,612

An Gustav Keyßner, 14. Mai 1898:

»Allem stimme ich zu, was Sie über die Vorgänge in der bayrischen Kammer sagen, am meisten da, wo Sie mit den Herren Kohl und Lerno und deren Anschauungen über das ›Schöne‹ ins Gericht gehn. Wir haben, auch vom Zentrum und den assistierenden Orthodoxen ausgehend, im Reichstag dieselben Debatten gehabt und sind da denselben Anschauungen, demselben Quatsch begegnet. In andern Ländern ist es, trotzdem die Romanen ein angeboren feineres Gefühl für derlei Dinge haben, nicht viel besser; aber *das* ist gewiß, daß es bei den Deutschen ganz besonders schlimm steht. Mein neuer dickleibiger Roman, dessen Sie so freundlich erwähnen, beschäftigt sich fast ausschließlich mit dieser Frage; Dynastie, Regierung, Adel, Armee, Gelehrtentum, alle sind ganz aufrichtig davon überzeugt, daß speziell wir Deutsche eine hohe Kultur repräsentieren; ich bestreite das; Heer und Polizei bedeuten freilich auch eine Kultur, aber doch einen niedrigeren Grad, und ein Volk- und Staatsleben, das durch diese zwei Mächte bestimmt wird, ist weitab von einer wirklichen Hochstufe.«

Briefe (Aufbau) II,438

An Friedrich Fontane, 4. September 1898:

»Daß auf den ›Stechlin‹ so gut bestellt wird, erfreut mich natürlich, ängstigt mich aber auch wieder. Ich habe gestern und heut 4 Bogen von den Aushängebogen gelesen und dabei den angenehmen Eindruck gehabt, daß Hayns Erben ihre Sache ganz gut gemacht haben (für noch vorhandene Mängel im Ausdruck habe ich den Schuldigen wo anders zu suchen) aber so angenehm mich das äußerliche Wohlgelungensein berührt hat, so hat sich mir doch auch wieder die Frage aufgedrängt ›ja, wird, ja *kann* auch nur ein großes Publikum darauf anbeißen?‹ Ich stelle diesmal meine Hoffnungen auf die Kritik. Finden sich Wohlwollende, die der Welt versichern, ›ja, das ist was ganz Besondres‹ so glauben es die Leute. Ob auch aus *eigener* Kraft will mir zweifelhaft erscheinen. Trösten muß mich vorläufig die Erwägung, daß ich persönlich keine Emotionen mehr davon haben kann, weil ich jede Zeile, jede Pikanterie, jeden kleinen Ulk längst auswendig weiß.«

Zitiert nach: Diesmal Hoffnungen auf die Kritik. Ein bisher unveröffentlichter Brief von Theodor Fontane. In: Die Zeit, 1. Mai 1970, Nr. 18, S. 31

IV. Dokumente zur Wirkungsgeschichte

1. Die zeitgenössische Kritik

Die zeitgenössische Aufnahme des Romans steht im Schatten des Todes seines Autors. Nachruf und literarische Kritik verschmelzen zu einer teils wohlwollenden, teils enthusiastischen Würdigung der Gesamtpersönlichkeit und ihrer zeitgeschichtlichen sowie literarischen Bedeutung. Die gattungstypischen und ideengeschichtlichen Probleme, die der Roman aufwirft, erfahren eine unmittelbar biographische Erklärung; eine solche Betrachtungsweise wurde nicht zuletzt durch das Erscheinen der Autobiographie »Von Zwanzig bis Dreißig« (Buchausgabe Juni 1898) begünstigt. »Der Stechlin« wurde etwa fünfundzwanzigmal rezensiert; das ist im Fall Fontanes viel, jedoch keineswegs überwältigend, wenn man bedenkt, daß die weithin anerkannten Autoren der hohen (Vers-)Dichtung (so etwa Robert Hamerlings »Homunkulus«, 1888) über fünfzig Rezensionen erreichten. Die Kritiker des »Stechlin« gehörten der jungen, dem Naturalismus nahestehenden Generation an; aber auch die konservative Presse (Neue Preußische Zeitung), die den Fontane der Berliner Romane (»Irrungen, Wirrungen«, »Stine«) ignorierte, nahm den letzten Roman wohlwollend zur Kenntnis. Sonderbarerweise läßt sich keine Rezension der »Grenzboten« ausmachen; sie pflegten Fontane – zwar durchaus mit wechselnder Geneigtheit – in allen seinen literarischen Produktionen zu begleiten. Die meisten Rezensionen erschienen in Berliner Zeitungen und in Organen der Berliner Umgebung; aber auch Hamburg, Köln, München, Wien und sogar Paris würdigten die Veröffentlichung.

Die folgenden Abdrucke bieten nicht das gesamte wirkungsgeschichtliche Material, das sich reichhaltiger im Potsdamer Fontane-Archiv befindet, sondern nur eine Auswahl, die durch die unermüdliche Hilfe der Universitätsbibliotheken in Bonn und Köln zustande kam.

». . . ›all das war sein: Friedfertigkeit, Barmherzigkeit, und die Lauterkeit des Herzens. Er war das Beste, was wir sein können, ein Mann und ein Kind . . .‹

Also rief Theodor Fontane seinem alten Herrn von Stechlin, dem letzten Menschen, den er aus seinem Herzen und nach seinem Herzen geschaffen, in das frische Grab.
Und nun ist er selbst dahingegangen, und ihm wird das eigene Grab bereitet. An der Bahre dieses Guten und Schlichten aber halten wir keine Todtenklagen und kein Trauergepränge. Er hatte keinen Sinn für Feierlichkeit und die Gefühle im Sonntagskleid waren ihm in Jugend und Alter gleich fatal. Wir wollen den Todten so weiter verehren, wie wir den Lebenden ehrten. Wir wissen, was er uns gewesen ist. Keine Pietät brauchts, sein Bild uns frisch zu halten. Dieser Herzensehrliche und Herzenskritische verträgt auch herzensehrliche Betrachtung. Kein greises Dichterthum, kein Zehren von schöner bewunderter Vergangenheit haftet dieser Gestalt an. Er blieb bis zuletzt, was er war. Nur offner und rückhaltsloser noch sprach seine Menschlichkeit.
Und er fand, was er seinen Geschöpfen immer so gerne gönnte, einen ruhigen Ausgang ohne Scene und ohne tragische Schauer. Das stille Hinübergehen des Mannes, der sein Theil gethan. Nicht der effektvolle Mors imperator hat ihn gebieterisch geladen, sondern der alte humoristische Freund Hein sah ihm über die Schulter, als er sein letztes Buch schrieb, er ließ ihn, geduldig wartend, den Schlußstrich machen und ihn alles sagen was er auf dem Herzen hatte; dann nahm er ihm sänftlich die Feder aus der Hand und führte ihn zur Ruhe. Und der alte Fontane hat sich, glaube ich, nicht zu sehr gesträubt.
Das eine, was er sich immer gewünscht hat: ›zu sehen, wie das mit Bismarck wird‹, ist ihm zu Theil geworden. Er hat den Großen noch überlebt. Und er ist gegangen, nachdem er sein Haus bestellt hat. Er hinterläßt ein Buch, das ein Persönlichkeitsvermächtniß ist, wie kein anderes seiner Bücher es hätte sein können.
Nie hat Fontane einen Roman geschrieben, der weniger ein Roman war, als sein ›Stechlin‹; nie aber hat er sich, auch nicht in seinen biographischen Werken, so persönlich gegeben.
Waren Fontane's Erinnerungsbücher Dichtung und Wahrheit aus seinem Leben, so sind ›Stechlin‹ seine Gespräche.
Aus diesem Buch werden die jetzt verstummten Lippen nun lebendig, nimmer alternd zu uns reden.

Oder vielmehr nicht reden, reden ist nicht Fontanesch, – plaudern. Diese feine Fontanekunst, die er selbst an Bismarck so bewunderte, sie leuchtet hier in voller Liebenswürdigkeit: ›voll Liebe, voll Güte, voll Schnurrigkeiten, doch diese Schnurren treffen immer den Nagel auf den Kopf‹.

So ist sein alter Herr von Stechlin, der märkische Junker mit dem Schuß Liberalismus im Blut. Eine Lieblingsgestalt Fontane's, der er, wie immer, von seinem Eigenen das Beste zugetheilt hat: humoristisch, selbstironisch, paradoxenfroh, voller Behagen über seine Wunderlichkeiten und die der andern; hinter alles ein Fragezeichen machend, nicht aus Zweifelsucht, nicht aus einem herben Ignoramus, sondern aus still lächelnder Resignation, die sich bescheidet. Es kann so sein, es kann aber auch anders sein (Fontane würde hinzusetzen: und es ist meistens anders), wer will es wissen; das ist ein weites Feld! Daraus entspringt ihm keine Verbitterung über irdische Unzulänglichkeit, sondern eine duldsame, verstehende und verzeihende Betrachtung des Lebens:

›Gütig sein, und jene Heiterkeit haben, die menschlich angesehn, so ziemlich unser Bestes ist.‹

Diese heitere Betrachtsamkeit hat längst eingesehen, daß die scheinbar wichtigen Dinge die unwichtigsten sind: ›in unserer sogenannten großen Welt gibt es so wenig, was sich zu sehen und zu hören verlohnt; das meiste hat sich in die stillen Winkel der Erde zurückgezogen‹.

Sie lächelt über die Haupt- und Staatsaktionen auf dem bretternen politischen Puppentheater; sie verweilt lieber bei der still plätschernden Sanssouci-Fontäne im Stechliner Garten und plaudert über den Stechlinkarpfen, über die Bienen und erörtert mit ironischer Nachdenklichkeit, was nach Tisch bekömmlicher sei, Curaçao oder Goldwasser.

Diese Betrachtsamkeit ist aber nicht kleinbürgerlich, idyllisch-vossisch, sie hat auch ihren Heroenkultus, doch keinen pomphaften mit Hymnen, sondern den wortkargen des alten: ›Er war ein Mann, nehmt alles nur in allem.‹ Und da lockt ihn das Märkisch-Brandenburgische mit der Vergangenheit voll schlichter Helden; der Fridericus Rex und seine Leute, die Zieten und Blücher; aus der Gegenwart die einfache Gestalt des alten Wilhelm und neben ihm der

Kanzler, der ›alte Sachsenwalder, unser Civilwallenstein, aus dem schließlich doch Gott weiß was hätte werden können‹. In diesem Herzen sind viele Wohnungen, es freut sich an allem, was Freude schafft. So kann es sich zu seinen Lieblingen und Helden auch noch den Sänger holen, Niemann und auf den Spitzen tändelnd erscheint im Kreise Anmuth und Grazie: die dell' Era.

Diese Betrachtsamkeit wandelt nicht die ausgetretenen Wege, sie sucht nicht nach den Baedeckersternen, sondern sie entdeckt sich gern selber das, was sie zur Ergötzung braucht. Und am liebsten sucht sie es in scheinbar dürrem Sande, unter kahlen Kiefern, an irgend einer berliner Alltagsecke. Sie hat eine heilige Scheu vor dem garantirt Poetischen, vor dem dichterisch Gefirnißten. Und sie kann das, denn sie trägt Poesie in sich. Und sie sieht mit Augen, hellen, weit und sonnig schauenden, die in jedem Objekt, und scheine es dem Spießbürger noch so gleichgiltig, etwas wahrnehmen, das uns menschlich etwas zu sagen hat, ein Stück unsres Wesens, unsres allgemeinsamen Geschickes. Und was es uns im Leben nicht sagen könnte, und was wir ihm nicht absehen könnten, in der Hast, der Blindheit und Stummheit unseres Seins, das spricht er, das macht er zungenlösend frei, – der Dichter. Und wir sehen, wenn wir aus seiner Gesellschaft kommen, das Menschentreiben reicher und freier.

So hat er in Landschafts- und Seelenleben die Poesie des Alltags uns gezeigt.

Die Stimmung der Mark in ihrer spröden Schönheit hat er enthüllt. [...]

Fontane hat, was in diesen Tagen wie eine Sage klinget und nun wohl auch zur Sage werden wird, lebendig bewiesen, daß der Begriff patriotischer Dichter kein Widerspruch ist. [...]

So ist er uns theuer geworden als Künstler und als Mensch mit seinem weiten verstehenden Herzen; mit seiner tiefen gerechten Liebe, mit seiner edelen Nüchternheit, die alles Verstiegene abwehrte, weil sie seiner nicht brauchte, um sich zu erheben; mit seiner Gefühlskeuschheit, die das Feinste, was sie zu sagen hatte, hinter Alltagsworten sorgsam barg und es für den Mitfühlenden dadurch noch steigerte.

Dies Irdisch-Dichterische ist uns so theuer. Und wir bewundern an ihm vielleicht am stärksten, daß ihm der Theil vom Erdenrest zu tragen nicht peinlich war.«

Felix Poppenberg: Theodor Fontane. In: Die Nation. Wochenschrift für Politik, Volkswirthschaft und Litteratur 15 (1897/98) S. 749 f.

»Theodor Fontanes ›Der Stechlin‹, bisher nur stückweise in einer Zeitschrift veröffentlicht, ist als Ganzes erschienen (Fontane u. Co., Berlin). Das Buch ist in mehr als dem äußerlichen Sinne ein letztes Werk. Wie der Alte mehrmals vor seinem Tode versichert hat: ›Ich werde keinen neuen Roman mehr schreiben‹, so hat auch der Leser das Gefühl, daß er am Ende steht, daß nach diesem Werke wohl noch Zusätze, Erweiterungen, aber kein Neues mehr kommen konnte. Es ist wie ein Vermächtniß, ein Schlußwort, in dem zusammengefaßt ist, was der Dichter noch auf der Seele hatte, wo im Einzelnen vieles noch ›erledigt‹ ist und zugleich das Ganze sich zu einem Weltbilde zusammenschließt, in dem die Einheit der empfänglichen Künstlerseele sich widerspiegelt. Es ist, als habe der Verfasser, wie ein guter Hausvater, der vorsorgt, noch einmal alle seine Besitzthümer ordnen wollen, das, was zerstreut umherlag, was hier und da wohl auch schon, aber nicht allein und nicht um seiner selbst willen gesagt war, zu einem eindringlichen Schlußakkord zusammenfassen wollen. Uns aber, die wir noch halb voll Wehmuth und halb voll heiterm Troste an seinem Grabe stehen, klingt seine Stimme herüber wie ein letztes Grüßen, ein letztes Schenken, das nur keinen Dank mehr empfangen kann.
Wieder spielt der Roman auf märkischem Boden, aus dem der Dichter selbst seine beste Kraft gesogen, wieder ist es der geliebte märkische Junker, mit dem er sich hauptsächlich beschäftigt. Stechlin heißt der See, an dem das Geschlecht der Stechline seit sechshundert Jahren sitzt, Stechlin ihr Schloß, Stechlin ihr Wald, Stechlin auch das Dorf, das um den Stammsitz sich herumzieht. In die einfache, kräftige, mit sattem Grün und schweren Buchen stille Landschaft ragt ein Geheimnißvolles hinein. Wenn es draußen auf Java oder auf Island vulkanisch rollt und grollt, steigt ein Wasserstrahl aus dem Stechlin empor oder, wie die

Leute erzählen, gar ein rother Hahn, der laut in die Lande hineinkräht. Symbolisch ist dieser Zug vom Dichter verwerthet worden; halb schelmisch, wenn er von vornehmer Verwandtschaft spricht und beziehungsreich, wenn er auf den gemeinen Zusammenhang aller Dinge hinweist, die märkische Scholle an das große Erdenschicksal knüpft.

[...] In jeder seiner Schöpfungen bis zu der köstlichsten aller, der wundersamen ›Effi Briest‹, hat er das Gegentheil der banalen, stoff- und karrièrehungrigen Modeerzählungen geschaffen, in jeder hat er einfach Menschengeschicke um ihres Ernstes und ihrer Wahrheit willen hingestellt, um deswillen, weil sie so zu sagen jedem passiren konnten.

›Der Stechlin‹ konkurrirt nicht einmal mit diesen allereinfachsten Erzählungen des Verfassers selbst. Er ist kein Roman in dem Sinne, daß ein Roman nothwendig Schicksale, Verwicklung und Lösung, oder auch nur irgendwie eine Entwicklung bringen müßte. Die Personen sind fertig, sowie sie vor uns hintreten, sie thun nichts, was nicht zur allerselbstverständlichsten Erfüllung des Begriffes Leben gehört. Das Höchste sind eine Verlobung und ein Tod. Aber keine Verlobung, die Irrungen, Wirrungen zu überstehen hatte, sondern ein stilles, klares Sich-Hinneigen zweier Menschenkinder, die von vornherein für einander zu erblühen schienen; auch kein Tod, der ein jähes Abbrechen in Folge von innerhalb des Romans wirksamen Kräften bedeutete, sondern ein einfaches Sich-ausgelebt-haben, das ruhige Verfließen eines reichen, hochgestimmten Daseins, das den Guten seiner Zeit genug gethan.

Wie sich die Personen gegen einander benehmen, ihre Meinungen und Empfindungen austauschen, sich von der gleichfalls fertigen Umgebung berühren lassen, das ist der ›Stoff‹ des Romans. Es sind Gespräche, die man aufschlagen kann wo man will, Gespräche über Höchstes und Kleinstes, die der Durchschnittsleser schwerlich hinter einander lesen wird, zu denen aber auch er immer wieder greifen kann als zu einer Art Laienbrevier, das man auf dem Tisch des Hauses liegen hat – da es zum Mitführen nun einmal zu gewichtig ist. Es sind Ausschnitte aus dem kleinsten und geheimsten Sein, die deshalb, weil sie von Fontane stammen, das Große und Bedeutungsvolle widerspiegeln. Es sind Auslassungen einzelner Personen, die dadurch, daß diese Personen eine kleine in sich abgeschlossene Welt nach oben und nach unten bilden, dadurch, daß sie nach den auseinander strebenden Richtungen einer Weltanschauung ausgewählt sind, zu einer in Fontaneschem Sinne erschöpfenden Gesammtheit werden.

Die Portiers und Kutscher, Diener und Dorfschulmeister sind Fontane nicht fremder, als die Gutsherrschaften und Pastoren. Nur daß jedes nach seiner Bedeutung zur Geltung kommt und, da ihm vorzugsweise an der Entwickelung von Ansichten liegt, diejenigen Leute in den Vordergrund treten, die Ansichten haben. Es ist eine auserlesene, aufs höchste angeregte und gereifte Gesellschaft, eine Aristokratie des Geistes nicht minder wie der Geburt, die Fontane sich ausersehen hat, eine Aristokratie, deren größerer, stumpfer und theilnahmloser Hintergrund nur schattenhaft in einigen Exemplaren vorbeigeführt wird. [. . .] Im Mittelpunkt stehen zwei Familien. Der märkische Junker Dubslav von Stechlin mit Sohn und Schwester und Graf Barby von der mittleren Elbe mit zwei Töchtern. Beide Familien haben eine gewisse Ähnlichkeit in den allgemeinsten Zügen des Charakters, in der natürlichen Freiheit und Unabhängigkeit ihres Urtheils, in der ursprünglichen Aufrichtigkeit, Unverzagtheit und Zuverlässigkeit ihrer Naturen. Sie stehen dennoch im Gegensatz zu einander. Die Stechlins sind gebunden an die Mark, an die Scholle, die das Erbe ihrer Väter ist, sie sind ursprünglich von der strengeren Observanz, die alles Ausländische – das nicht viel weiter als Mecklenburg zu liegen braucht – mit Mißtrauen betrachtet, bei allem Neuern und Ändern für Staat und Thron fürchtet und im Grunde ihr Tüchtiges, ihr Gediegenes mit ebenso viel Schwerfälligkeit und Reizlosigkeit erkaufen muß. Die Barbys haben den Stich ins Freiere, ins Kosmopolitische, als Leute, die viel gereist sind, lange in England lebten und von Natur ein leichteres Blut, ein lebhafteres Temperament bekamen. Im Einzelnen haben sich die besonderen Vertreter innerhalb des Romans weit über die allgemeinen Grundzüge der Familien hinaus entwickelt. Ein herrlicheres Schwesternpaar als die beiden Komtessen Barby ist kaum je geschaffen worden. Von natürlichster Ungebundenheit innerhalb aller Reserve, von unsagbarer Grazie bei aller Offenheit, bei allem Verschmähen von Schönfärberei und lieblichem Gethue. Melusine, die Ältere, eine geschiedene Frau, die ein halb Jahr ›verheirathet, oder auch nicht verheirathet‹ war, von scharfem Menschenblick, von umfassender Erkenntniß, ein großdenkender, reiner Charakter; Armgard, die Jüngere, noch unerschlossen, aber in ihrem Gefühle bestimmt und sicher. Auf der Stechlinschen Seite ist die holde Weiblichkeit weniger vortheilhaft vertreten. In der Stiefschwester des alten Dubslav, der altjüngferlichen Domina des Klosters Mutz, hat sich so ziemlich alles, was etwa den Stechlinen an Bornirtheit und lieblosem Wesen möglich war, verdichtet. Scheinbar, um der männlichen Seite sämmtliches andere zuzuwenden.

Über alle hinaus aber, selbst über den Sohn Dubslavs, den späteren Verlobten Armgards, einen prächtigen Vertreter prunkloser Vornehmheit und unbestochener Menschlichkeit, ragen der alte Dubslav selbst und Graf Barby. Dieser, der Weitere, Gebildetere, mit starkem Hang zu Kunst und künstlerischem Dilettiren, jener die kräftigere, knorrigere Persönlichkeit, die durch eigenartiges Erfassen der Umgebung den Mangel an Bildungsumfang aufwiegt. Die Gespräche dieser beiden gehören mit zum Schönsten und Lautersten des ganzen Bandes. Sie haben nur ihres Gleichen in den Unterhaltungen Dubslavs mit seinem Pfarrer Lorenzen. Fontane hat eine kleine Lehr- und Theologengruppe zusammengestellt, von dem schnurrigen, sonderlichen, aber treuherzigen und stets im praktischen Gefühl der Dinge stehenden Dorfschulmeister Krippenstapel (in den Namen allein steckt eine Fülle Fontaneschen Humors), bis zum Salontheologen, dem Superintendenten, und dem verstorbenen ehrwürdigen Hofprediger Frommel, der eine größere Rolle in dem Roman spielt. Der bedeutendste Theil ist dem genannten Lorenzen zugewiesen, einem Pastoren der neueren sozialen Richtung, der eigentlich nur noch aus Gemüth und Pietät an seinem Christenthum hängt, innerlich längst zu einem Standpunkte durchgedrungen ist, der alle konfessionelle und religiöse Besonderheit in einem einzigen, unmittelbaren Gottesgefühl zusammenfaßt.

Es fehlt nicht an kleinen, echt Fontaneschen Neckereien und Schalkhaftigkeiten. Eine solche ist die Prinzessin Ermyntrud von Ippe-Büxenstein, die einen bürgerlichen Oberforstmeister geheirathet hat, aber bei allem Gefühl der Durchlauchtigkeit, das sie sich in den minderwerthigen Menschheitszustand hinüberrettete, dem Staube noch so weit verhaftet ist, daß sie jedes Jahr nicht ohne Erfolg sich an der Erhaltung des Menschengeschlechts betheiligt. Sie hält das für ihre Pflicht. Ländlich-schändlich ist dagegen der Standpunkt gezeichnet, den eine Dorfbewohnerin, der ›alten Buschen ehr Karlin‹, zu der heiligen Berufsauffassung der Prinzessin praktisch einnimmt. [...]

Es ist in aller Stille ein reiches, reges Treiben. Was im Einzelnen erörtert und verhandelt wird, entzieht sich in seiner Fülle und Mannigfaltigkeit, in seinen feinen Linien und zarten Tönen, in seinem herzhaften Ernst und seiner lockeren, eleganten Ironie jeder Wiedergabe. Das muß gelesen werden. Man kann nur versuchen, den gemeinsamen Urquell auszudrücken, aus dem alles geflossen ist. Das ist das unendliche Allesbegreifen, das schmucklose, anspruchslose Geltenlassen der Dinge, das für Fontane das Charakteristischste ist. Wie der alte Herr jedem im Leben mit der gleichen milden Freundlichkeit, mit dem gleichen wohlwollenden Eingehen entgegentrat, dem es dennoch so wenig an echter Vornehmheit wie an Entschiedenheit und Standpunkt fehlte, so sieht er auch auf die eigenen Gestalten mit der Liebe dessen, dem nichts Menschliches fremd ist, der auch das verlorenste Menschenkind anknüpft an das große wehmüthige Erdenschicksal. Seine Personen haben keine Schuld und kein Verdienst, das Große ist nur einfach groß und das Niedrige niedrig. Das Hohe und das Seltene hat seine Bewunderung, seine Begeisterung, aber es haftet ihm nicht an den zufälligen Personen.

Deshalb ist es ihm unmöglich zu donnern und zu verdammen. Er kann im wesentlichen nur urtheilen, nicht verurtheilen. Weiß man denn, wo Schuld anfängt, wo sie aufhört? So und ähnlich klingt es immerfort bei ihm zwischen den Zeilen. Er ist immer von neuem bereit, zu prüfen, näher hinzusehen, eine Thatsache, die noch so sicher, noch so sehr durch allerlei Autorität gestützt und gebilligt schien, in der Beleuchtung einer neuen Lage zu betrachten, zu erwägen, ob sie sich auch da noch bewährt. Er besitzt einen stetig wachen Unglauben, ein immer erneutes, so zu sagen sich selbst bezweifelndes Zweifeln, ein fröhliches Mißtrauen. [...]

Selten hat einer mit größerer Umsicht, mit mehr Kautelen, mit mehr Bewußtsein von der Relativität der Dinge geschrieben als Fontane. Auf ein starkes Wort folgt meist schon das schwächere, auf ein Extrem sein Palliativ. Er scheut vor dem Verstiegensten nicht zurück, aber er setzt ein anderes Verstiegenes dagegen. Es ist ihm unmöglich eine Seite einer Sache zu betrachten, ohne zugleich ihre Kehrseite zu bemerken. Er sieht stereometrisch in die Welt, nicht geometrisch; er sieht Körper, nicht nur Flächen.

Meistens bringt er den Ausgleich, den eigenen überschauenden Standpunkt, der sich aus dem Zusammenklang aller einzelnen ergeben soll, dadurch zum Ausdruck, daß er einer Person mit dieser Ansicht, eine andere mit jener gegenüberstellt. Aber sein Bedürfniß klarzustellen, zu berichtigen, alle Seiten der Sache zu ihrem Rechte kommen zu lassen, ist so groß, daß er schon der einzelnen Person seine eigene Meinung mit auf den Weg giebt. Er fällt ihr ins Wort, er unterbricht sie, nicht selten sogar in Klammern; jede trägt durch die zahlreich verliehenen kleinen Nüancen, durch die kleinen, leicht aufgesetzten Lichter, die Drücker und Wischer das Korrektiv ihrer Einseitigkeiten schon in sich selber. Es ist eine der seltsamsten Sachen bei Fontane, zu sehen, wie seine Gestalten das für sie und ihre Lage Angemessene sagen und doch das Sprachrohr des Verfassers sind, wie jede für sich zu leben scheint und der Dichter hinwiederum in ihnen allen.

Der moderne Roman setzt seinen Stolz zum Theil in seine ›Objektivität‹[1], in die Strenge, mit der er seine Menschen reden läßt, wie sie reden *können*, wie ihnen, gemeinhin ausgedrückt, der Schnabel nun einmal gewachsen ist. Der Reiz der Fontaneschen Gestalten ruht, wenn man so sagen darf, zum Theil gerade in dem Subjektiven ihrer Objektivität, darin, daß sie zwar das ihnen Mögliche, aber durchleuchtet von dem eigenthümlichen Flimmer Fontaneschen Geistes sagen, daß bei allem selbständigen Leben, das ihnen eingehaucht ist, doch auf der geringsten ihrer Äußerungen ein Duft, ein Charme liegt, der unwidersprechlich auf den Gestalter hinweist. Es wird eben immer auf die Persönlichkeit

1 Zentralbegriff der Romantheorie Friedrich Spielhagens, die die Subjektivität der Erzählerfigur (in Form von Leseranrede, Erzählerkommentar usw.) verurteilte.

ankommen, die hinter dem allen steht, es wird darauf ankommen, ob es sich lohnt, über dem Geschöpf den Schöpfer nicht zu vergessen. Eine machtvolle, weite Natur durchbricht besser das Gefüge der selbstgeschaffenen Charaktere und giebt sich ganz, als daß sie die Pedanterie der äußeren Schranke achtet und uns den eigenthümlichsten Zauber ihres Wesens vorenthält.

Und zum Eigenthümlichsten in allen persönlichen Äußerungen Fontanes gehören hier wie sonst der fröhliche Glaube, die heitere Zuversicht, die sich verkünden. Er ist wesentlich Optimist. Sein Zweifeln, sein Autoritätenstürzen ist nur der Ausfluß eines unbändigen Gerechtigkeitsdranges. Ist der befriedigt, so bleibt ihm ein breiter Untergrund, ein fester Niederschlag aus allem Fragen und Ergründen übrig. Er kann nur die geraden Linien nicht leiden, nicht das Einfältige und nicht das Absolute. [...] Die Allgemeinheiten, die Moralisterei und Unentwegtheit konnten ihm nichts sagen. Er war sich der Verschlungenheit, des Wirrsals aller Lebensmächte zu sehr bewußt, um in anderen Worten und Erkenntnissen, als in solchen, die aus der Fülle des Beobachtungs- und Erfahrungsmaterials geschöpft waren, etwas Werthvolles, eine Bereicherung zu erblicken. Er war keiner Sache aus dem Wege gegangen. Er kannte die Hütte wie das Parkett, die Pfütze wie den Silbersee; er wollte das eine nicht vor dem andern übersehen wissen. Aus allem zusammen aber kamen ihm Vertrauen und Hoffnung. Es ging ihm im Zickzack, in Wellenbewegungen, mit Seitensprüngen und Tirailliren, aber es ging ihm zu etwas hin. Auf jedes Vorrücken folgte ihm ein Zurückziehen, aber das Avanciren blieb die Hauptsache. Er stand im einzelnen Falle jenseit von Gut und Böse, um doch im Ganzen gleichsam instinktiv im Geiste einer eingeborenen Fortentwickelung zu leben.

Das giebt all seinem Schaffen das Milde und Versöhnte, das Ausgeglichene und Stärkende. Er kannte die Zwieträchtigkeit, das Zwiespältige des Lebens und wußte doch nichts von der Zerrissenheit, der Wehmuth der Modernen, die nicht gleich ihm einen Fond im Leben gefunden hatten. Er war unbekümmert und guten Muthes; denn zuoberst aller Fragen stand ihm die Eine des Anzengruberschen Dorfphilosophen: ›Was kann mir denn geschehen?‹ Er war Eines in sich. Die kleinen Wellen des Treibens umher kamen wohl und umplätscherten seine Sohlen, er sah entzückt ihrem Glitzern und Schäumen zu, aber am Ende mußte auch die muthwilligste in die große See zurück, die seine Segler schimmernd überkreuzten.«

Paul Mahn: Theodor Fontanes letzter Roman. In: Vossische Zeitung, Erste Beilage, Nr. 493, 21. Oktober 1898, Morgen-Ausgabe

»Jetzt liegt der alte Meister unterm Rasen und schläft den ewigen Schlaf, der ihm nach seinem langen arbeitsreichen Leben wohl zu gönnen ist. Und hier droben freuen sich Tausende und Abertausende des Vermächtnisses, das er allen seinen Freunden und allen Freunden der Literatur hinterlassen hat: des Romans ›Der Stechlin‹, der jetzt, nach dem Tode des Verfassers, herausgekommen ist. ›Der Stechlin‹ ist ein echter und rechter Fontane! Damit ist alles gesagt. Vielleicht ist es kein richtiger Roman, sondern mehr ein in Romanform gebrachtes Brevier mit der Lebensweisheit eines alten, klugen Mannes, der über Welt und Menschen und Verhältnisse seine sehr selbständigen Ansichten hatte und sowohl das ›Nil admirari‹ als das ›Tout comprendre c'est tout pardonner‹ beherzigte; vielleicht ist es eine Sammlung von Plaudereien; vielleicht ... aber was macht das?, es ist eben ein echter und rechter Fontane! [...] Diese Gruppen nun führt uns der alte Fontane in voller Bewegung vor; bald fließen sie durcheinander, bald sondern sie sich zu engeren Kreisen. Und immer erregen sie unser lebhaftes Interesse, obgleich es gar nicht sensationell oder romantisch dabei zugeht. Wir werden nicht aufgeregt, aber angeregt, und das Herz wird uns warm dabei, mögen wir nun einer Causerie im aristokratischen Boudoir lauschen, oder einer Wahl auf dem Lande beiwohnen oder im Portierzimmer den skatspielenden Kutschern zuhören. Denn alle, die uns begegnen, und alle, die uns etwas vorplaudern, sind eben ein Stück vom alten Fontane, und der ist immer liebenswert und interessant. Und wie modern realistisch er ist, der alte Herr! Alles das, was er schildert, hätte genau so passiren können, wie er es schildert, nichts ist unmöglich, nichts unwahrscheinlich. Nur zweimal ist uns auf den 517 Seiten ein kleiner Verstoß gegen das wirkliche Leben aufgefallen: Es gibt in Preußen keine ›Ministerialassessoren‹, und der schwedische Punsch ist kein heißes Getränk, sondern ein kaltes. Das ist aber auch alles. Sonst ist alles echt und wahr bis in die Fingerspitzen, und einerseits die Wahrheit, anderseits die warme Herzlichkeit der Schilderungen werden dem ›Stechlin‹ die Beliebtheit der ›Effi Briest‹ verschaffen.«

Straßburger Post, Nr. 848, 25. Oktober 1898

»›Der Stechlin‹ [...] schließt sich dem Umfang, einer gewissen Breite der Darstellung und der Mannigfaltigkeit der auftretenden Gestalten nach, an des Dichters Erstlingsroman ›Vor dem Sturm‹ an. Nur daß er nicht wie dieser in der Vergangenheit, sondern in der Gegenwart, abwechselnd in der Ruppiner Grafschaft, dem Stück der Mark, das an Mecklenburg grenzt, und in Berlin spielt. Der Aufbau des Romans ist mit wunderbarer Leichtigkeit behandelt, da kein spannend aufregendes Abenteuer durch ihn hindurchgeht, die ewig wiederkehrenden Lebensabschnitte Werbung, Verlobung, Hochzeit und Tod allein die Höhepunkte und Ziele der Darstellung bilden; die Beziehungen und natürlichen, wenn man will, alltäglichen Schicksale einer märkischen Junkerfamilie geben die Kette und die Welt- und Zeitzustände den Einschuß des Gewebes ab. Der Stechlin ist zunächst ein See im Norden von Ruppin, an dem Schloß Stechlin, ›ein gelbgetünchter Bau mit hohem Dach und zwei Blitzableitern‹, der Sitz der Familie v. Stechlin, liegt, deren Namensträger Vater und Sohn, der alte Gutsherr Dubslav v. Stechlin und der Rittmeister Woldemar v. Stechlin, wechselnd als die Helden des Romans erscheinen, wenn bei dieser leichtgeschürzten, ohne jede Anmaßung und Forderung auftretenden Darstellung überhaupt noch von Helden die Rede sein darf.

Daß die alte Heimatliebe Fontanes die märkische Landschaft, wie den Hintergrund von Berlin, soweit er in Betracht kommt, uns zum Greifen deutlich vor Augen stellt, braucht gar nicht erst hervorgehoben zu werden. Die lange Seenkette, nur hier und da mit ein paar alten Dörfern, sonst aber ausschließlich mit Förstereien, Glas- und Teeröfen besetzt, und der Stechlin selbst prägen sich jeder Anschauung rasch ein. [...] Dies Naturbild [die anfängliche

Beschreibung des Stechlin-Sees] ist symbolisch für den eigentlichen Inhalt des Romans. In die weltabgeschiedene Stille der märkischen Landschaft und des märkischen Herrenhauses dringen eben auch die Laute der aufgeregten Zeit und großen Welt herein. Die eigentümliche Weise des märkischen Junkers, die Mischung aus gesunder Einsicht und zäh festgehaltner Überlieferung, ritterlicher Treue und trotziger Widerspruchslust, menschlich warmer Teilnahme für alle mit ihm Lebenden und vorübergehenden selbstischen Regungen ist vielleicht niemals gewinnender, gewiß niemals echter und lebensvoller dargestellt worden, als in der Prachtfigur des alten Dubslav von Stechlin, den Fontane in seiner Einsamkeit und mit allen Wunderlichkeiten eines ausklingenden Lebens Zug für Zug so liebenswert als wahr hinstellt. Die heitre und helle Resignation des verabschiedeten Majors, die tiefinnere Güte und die humoristische Selbsterkenntnis macht ihn zum echten Vertreter einer selbstlosen Fügung in die veränderten Anschauungen und Stimmungen des Tages, zum geborenen Betrachter der Kehrseiten aller Dinge. Nur in einem, in der Gewißheit, daß das schlicht Menschliche und Pflichttreue das Beste alles Lebens einschließe, fügt sich dieser echte Edelmann den Meinungen und Richtungen des Augenblicks und der Weltstadt Berlin nicht. Alle Überheblichkeit bleibt ihm ein Greuel. ›Jetzt hat man‹, sagt er, ›statt des wirklichen Menschen den Übermenschen etabliert; eigentlich aber giebt es bloß noch Untermenschen, und mitunter sind es gerade die, die man durchaus zu einem „Über" machen will. Ich habe von solchen Leuten gelesen und auch welche gesehen. Ein Glück, daß es nach meiner Wahrnehmung immer entschieden komische Figuren sind, sonst könnte man verzweifeln!‹ Solchem Manne gegenüber erscheint es ganz natürlich, daß sich alle tüchtigen und wahrhaften Menschen geben, wie sie sind, und daß er sich ausleben darf, wie es nur echten und freien Naturen gegönnt ist. Höchst glücklich ist das Verhältnis des alten Dubslav zu seinem Sohne Woldemar dargestellt. Anders erzogen, stärker von dem schärferen Hauch der veränderten Zeit berührt, am Ende doch der echte Sprosse seines Vaters, der in die Wege des Alten einlenkt und sich gleich ihm zurückzieht, erscheint der Sohn. [...]

In diesen bescheidenen und doch so köstlichen Rahmen ganz typischer und gleichwohl fein individualisierter Schicksale ist eine überaus große Zahl von Gestalten aller Art, ausgezeichnet beobachteten und mit jedem Zug überzeugenden Gestalten, hineingestellt. [...] es ist eine kaum aufzuzählende Folge von charakteristischen Gesichtern, von beseelten, auch in ihrer Ausdrucksweise voll durchgebildeten Menschenkindern. Zwischen dreien dieser Gestalten, dem alten Herrn von Stechlin, dem milden und klugen Pfarrer Lorenzen und der Gräfin Melusine Ghiberti, die durch ihr unseliges Eheschicksal nicht nur klug, sondern auch innerlich frei geworden ist, hat der Dichter gleichsam seine eigene Seele geteilt, die reife Einsicht und vollendete Selbstlosigkeit, die Fontane zu eigen waren, werfen ihren goldensten Schimmer in das innere Leben der genannten. So reich und geistig bewegt die Charakteristik und demzufolge der Dialog des Romans ist, so beruht die Wirkung doch noch mehr als auf ihnen, auf den anschaulichen und großenteils höchst eigentümlichen Situationen. [...] die ganze Reihe der Scenen, in denen die letzten Tage des alten Stechlin und namentlich seine wachsende Neigung für das Kind Agnes geschildert werden, sind Meisterstücke in Fontanes bester Weise, satt und kräftig in den Farben, von entschiedener Leuchtkraft, doch nirgend überladen oder herausfordernd. Alles in allem aber ist ›Der Stechlin‹ ein letztes und bleibendes Zeugnis, wie mitten in der verworrenen Gärung unserer Tage eine echte Dichternatur den festen, tiefdringenden Blick für das Licht im Zwielicht einer Übergangsperiode, für das Wahrhaftige in den Seelen im Zwange der Zustände bewahrt und bewährt hat. Die vereinzelten Herbheiten in diesem Buche entstammen dem Ernst der Zeit, alles Erwärmende, Versöhnliche und Erhebende der Dichterseele Fontanes.«

Dresdner Journal, Nr. 251, 28. Oktober 1898

»Wie Abendsonnenschein liegt es über diesem letzten Werk des heimgegangenen Dichters Theodor Fontane. Der Abendsonnenschein eines langen und reichen, und endlich in sich selbst harmonisch zum Abschluß gelangten Lebens liegt wirklich über diesem literarischen Vermächtniß, in dem noch einmal Alles, was wir an dem märkischen Dichter schätzen und lieben gelernt haben, in sanftem Glanze aufleuchtet. Dem Dichter ist das Glück zu theil geworden, sein letztes Werk in Muße vollenden und damit sich selbst ein Denkmal setzen zu können. In mehr als einer Hinsicht ist ›Der Stechlin‹ als ein bewußtes Schlußwort zu Fontane's Lebenswerk aufzufassen. Jedem Kenner Fontane's wird es leicht klar, daß der Dichter mit diesem Roman das Facit seines eigenen Schaffens und Erkenntnißstrebens gezogen hat und daß es die Stelle eines Memoirenwerkes vertritt. Wer in diesem Roman den landläufigen ›Roman‹ sucht, wird sich deshalb auch getäuscht sehen, was an Handlung in ihm vorhanden ist, geht in eine Nußschale – aber diese Nußschale weitet sich zur Welt, wenn man sein Augenmerk auf die Summe von Lebensweisheit und Lebenserfahrung richtet, die Fontane in diesem, seinem letzten Vermächtniß niedergelegt hat. [...] um das Geschlecht der Stechlin handelt sich's; ganz besonders um den alten lebensklugen Schloßherrn Dubslaw von Stechlin, den der Dichter zu seinem Sprachrohr macht. Dorf, Schloß und See, der Schloßherr und die wenigen Menschen um ihn steigen so lebendig, plastisch, ja, greifbar nahe vor unserem Geiste empor, daß wir Jahre in der Stechliner Umgebung zugebracht zu haben meinen und nicht nur von den Menschen, sondern von Brücken und Stegen, von Häusern und Waldwegen detaillirte Schilderungen geben könnten. Dies ist nur deshalb möglich, weil der Roman in wahrhaft epischer Breite dahinfließt, sich mit Liebe bei Bäumen und Äckern, bei alten Bauten und alten Anekdoten aufhält, sich nicht genug thun kann im Ausspinnen langer, geistvoller Gespräche, und schließlich weit mehr auf eine Biographie und geistige Zergliederung des alten Stechlin hinausläuft, als auf die Erzählung einer Folge von Ereignissen, wie der ›Roman‹ sie verlangt. Aber auch hier zeigt sich noch einmal die Kunst und der reife, auch im Alter noch jugendlich lebendige Geist des Dichters, denn weit entfernt, daß dem Leser die Breite zu viel werden möchte, er erfreut sich vielmehr an ihr, verweilt lange bei ausgedehnten Schilderungen und kehrt zu ihnen zurück, um ihre innere Schönheit aufs Neue zu bewundern. Obgleich nun der alte Stechlin in seiner Betrachtung vor Welt und Menschen, in seiner knorrigen Art der Lebensführung ohne Zweifel der Dolmetsch unseres Dichters ist, der eigene Charakter ist ihm in wunderbarer Weise gewahrt, er ist ein Landedelmann von echtem Schrot und Korn, der zwar über die Vorurtheile und Mängel der Menschen lacht, ohne selbst aus denjenigen seines Standes heraus kommen zu können. Der eigentlich moderne Mensch, der den bürgerlichen Fortschritt vertritt und in Wahrheit mitten im Leben der Zeit steht, losgelöst von allen Traditionen und Standesrücksichten, kommt in Fontane's Roman nicht vor, kommt *garnicht* in ihm vor – und Das ist nicht nur schade, sondern ein Fehler, eine Schattenseite, weil das geistige Vermächtniß hier eine Lücke aufweist. Adlige, Officiere, Regierungsbeamte, Bauern – hier hört der Kreis dieses Romans auf, doch ist schon gesagt worden, daß der Dichter geistig weit, weit über diesen materiellen Kreis hinausgreift. Das Allerschönste des ganzen Buches ist wohl das Sterben des alten Stechlin, hier erhält die Zeichnung einen Zug ins Großartige, und wer sich durch das körperliche Haschen nach belebenden Heilmitteln, die die alte Wurzelfrau dem Arzte vorzieht, nicht beirren läßt, der erkennt mit Andacht, daß Dies der Tod des Philosophen ist. Es ist, als ob aus dieser Schilderung der Dichter seinem Leser noch einmal wehmüthig die Hand entgegenstreckte zum letzten Abschied. Auf Wiedersehen. Wer weiß es?! Mit Fassung und Ruhe, ein Lächeln auf den Lippen, sterben. Das ist Alles. Ein Thor, wer sich vor einer natürlichen Nothwendigkeit fürchtet oder mit ihr hadert. Was nachher kommt, wir werden's ja sehen – – – oder auch nicht!?«

Hamburger Fremdenblatt, Beilage, Nr. 260,
5. November 1898

»Dies Buch ist in jedem Sinne ein letztes Buch: es ist der Schlußstein im Bau einer dichterischen, einer menschlichen Persönlichkeit. Es ist wieder ein ganz persönliches Buch, aber es ist auch ein Buch Zeitgeschichte. Es ist theilweise sogar ein politisches Buch. Es ist ein Buch über Alt und Neu, von keinem Neuen und von keinem Alten geschrieben, sondern von einem gütigen Mann, von einem Humoristen, der das Beste ist, was man sein kann: Mann und Kind zugleich.

Der ›Stechlin‹ ist alles andere, nur kein Roman. Leser, die

bunte Geschehnisse oder feine Seelenanalyse suchen, werden in dem 517 Seiten starken Buche nicht auf ihre Kosten kommen. Es ist ein Band Gespräche. Aber was für Gespräche! Die Fülle der Erfahrungen, die köstliche Reife der Beobachtung und Menschenkenntnis und die feine Grazie des Künstlers vereinigen sich hier. Die deutsche Literatur hat keinen zweiten Causeur aufzuweisen wie Fontane.
Das Fontane'sche Buch wird sehr geeignet sein, namentlich die Leser in Österreich über eine Menschenclasse andere Begriffe zu geben, die sich eigentlich keines besonders angenehmen Renommées erfreut: das märkische Junkerthum. [...]
›Je älter ich werde, desto demokratischer werde ich,‹ hat Fontane in seinen Erinnerungen (›Von zwanzig bis dreißig‹) bekannt. Und auch dieses Buch trägt einen demokratischen Zug. [...]
Als Fontane an dem ›Stechlin‹ schrieb, sagte er mir einmal: ›Na – die Leute um die „Kreuzzeitung" herum werden Augen machen. Die glauben ja doch, ich gehörte noch immer so ein bißchen zu ihnen.‹ Ja, ich glaube, sie werden sehr große Augen machen, wenn sie die Sätze lesen: ›Daß man all diese Mittelmaßdinge für etwas Besonderes und Überlegenes und deshalb, wenn's sein kann, für etwas ewig zu Conservierendes ansieht, das ist das Schlimme. Was mal galt, soll weiter gelten, was mal gut war, soll weiter ein Gutes oder wohl gar ein Bestes sein ... Aber der „Non soli-cedo-Adler" mit seinem Blitzbündel in den Fängen, er blitzt nicht mehr, und die Begeisterung ist todt. Eine rückläufige Bewegung ist da, längst Abgestorbenes soll neu erblühen. Es thut es nicht.‹
Dubslav Stechlin selbst ist nicht der Typus des bekannten Normaljunkers. Er ist kein Alter, aber auch kein Neuer. Er blinzelt mit ironischen Äuglein in ein dämmerndes Morgenlicht ... Und wie Stechlin, so der Dichter selbst, in diesem socialkritischen Buche, wo Adelige und Geistliche, Künstler und Lehrer, Stiftsdamen und kluge Frauen, Taglöhner und Dienstboten, Bourgeois und Handelsleute ihre Rededuelle ausfechten.
Symbolisch beginnt das Buch und symbolisch schließt es auch. [...]
Symbolisch ist der Schluß des Buches. Stechlin schließt die

Augen für immer, und das uneheliche Kind eines Dorfmädchens legt ihm Blumen auf den Schoß. ›Dat sinn de ihrsten,‹ sagt der alte Diener, ›und wihren ook woll de besten sinn.‹ – – Was lehrt uns also die Symbolik des Sees ›Stechlin‹?

›Alles Alte, soweit es darauf Anspruch hat, sollen wir lieben, aber für das Neue sollen wir recht eigentlich leben. Und vor allem sollen wir, wie der Stechlin uns lehrt, den großen Zusammenhang der Dinge nie vergessen. Sich abschließen, heißt sich einmauern, und sich einmauern ist Tod.‹

Das ›sich abschließen‹ ist der schlimmste Feind der Entwickelung, das Vergessen, ›daß hinterm Berge auch noch Leute wohnen.‹ [...]

Sympathien hat der Dichter – er hat das an mehr als einer Stelle in seinen Schriften bekannt – ganz entschieden für das märkische Junkerthum. Das Buch aber ist eigentlich ein Absagebrief. ›Das Heldische hat nicht direct abgewirtschaftet und wird noch lange nicht abgewirtschaftet haben, aber sein Curs hat nun mal seine besondere Höhe verloren, und anstatt sich in diese Thatsache zu finden, versucht es unser Regime, dem Niedersteigenden eine künstliche Hausse zu geben.‹ Und die Schlußzeilen des Buches lauten: ›Es ist nicht nöthig, daß die Stechline weiter leben, aber es lebe der Stechlin!‹

Immer und immer wieder ist in dem Buche von der großen Menschenliebe die Rede. Und wieder gibt es einen symbolischen Zug dafür: In Rheinsberg ist Reichstagswahl gewesen. Stechlin, der conservative Candidat, ist durchgefallen. Auf der Nachhausefahrt nimmt er in seinen Wagen einen betrunkenen Arbeiter auf, der natürlich für den Socialdemokraten, also gegen ihn, gestimmt hat.

Und dann ist einmal von dem portugiesischen Menschenfreund und Lyriker João de Deus die Rede, der für die Armen gelebt hatte und nicht für sich. ›Unsere Gesellschaft ist aufgebaut auf dem Ich. Das ist ihr Fluch und daran muß sie zugrunde gehen.‹ Darum hält es Fontane auch nicht mit dem Neuesten. [...]

Die große Liebe und die große Bescheidenheit des Dichters, sie durchleuchten auch wieder dieses Buch. Und nur einen großen Haß hat er: ›Gundermann ist ein Bourgeois und ein Parvenu, also so ziemlich das Schlechteste, was einer sein kann.‹

Und eben so zuwider sind ihm die kalten, starren Pflichtnaturen, deren zweites Wort die Pflicht ist und die einen namenlosen Dünkel in sich großziehen. ›Nur die Armen bringen die Mittel auf für das, was jenseits des Gewöhnlichen liegt; aus Begeisterung und Liebe fließt alles.‹
Ergötzlich ist, wie im ›Stechlin‹ die Besitzenden und die Unterdrückten die ›neue Zeit‹ betrachten. [...]
Wie 's werden wird? Der fromme Wunsch wird laut: ›Es wäre das Beste, wenn ein einziger alter Fritzenverstand die ganze Geschichte regulieren könnte.‹«

Paul Linsemann: Der letzte Fontane. In: Die Zeit (Wien), Nr. 214, 5. November 1898, S. 92 f.

»Der letzte Roman! Indem wir das Wort niederschreiben, denken wir wehmüthig der Hoffnungen, die so manches Mal während der vergangenen Jahre neu erregt und verstärkt wurden, wenn der frische Greis wieder durch Früchte seiner Lebens- und Schaffenskraft die Welt erfreut und überrascht hatte. Die Neugestaltung in der ganzen literarischen Physiognomie Theodor Fontane's während seines letzten Lebensviertels war etwas so einzig dastehendes, dieser blüthenreiche Frühling, der zur Winterszeit begann, etwas so merkwürdiges, daß man darüber ganz der Gesetze der Zeitlichkeit vergaß, der alles unterworfen ist. Die frische Trauer darüber, daß der Mund plötzlich verstummt ist, der Worte der Weisheit und Erfahrungsfülle in so liebenswürdig gemüthlichen Plauderton zu kleiden wußte, wird gemildert durch den Gedanken an den harmonischen Abschluß eines schön und reich erfüllten Lebens, an das sanfte Ausklingen, wie es Fontane selbst sich nicht anders wünschen mochte.
Nach seinem Tode ist manches gute und kluge Wort über ihn geschrieben worden, und auch die Bücher, die etwa von ›Irrungen und Wirrungen‹ bis zu den Lebenserinnerungen erschienen sind, haben verständnißvolle und tief eindringende Würdigung gefunden. Fontane's Bücher sind eben wie jene Elemente, die bei der Berührung Elektrizität hervorbringen, sie haben es an sich, daß sie Geist erzeugen, zugleich starke ›Ermunterungen zum Vergnügen des Gemüths‹ und Anregungen für den ›Verstand und Witz‹ sind.

Die Persönlichkeit des Verfassers ganz besonders, die zwischen den Zeilen den Leser freundlich und fröhlich, zuweilen auch ein bißchen ironisch anlächelt, mußte auf Jeden anziehend wirken. Es ist nicht zu viel, wenn auf das Verhältniß eines recht ansehnlichen Theiles des Lesepublikums zu Fontane das Wort angewandt wird: ›Dem Deutschen geht das Herz auf, wenn er von ihm redet.‹

Obgleich Fontane sich noch mit neuen literarischen Plänen getragen hatte, so ist doch der Roman ›Der Stechlin‹ auch in dem Sinne sein letztes Buch, als er sichtlich vieles darin unterzubringen trachtete, was ihm auf dem Herzen lag und was er gern noch sagen wollte. Es ist ein Vermächtniß, ein politisches Testament des Verfassers, seine Stellung zu vielen Fragen des öffentlichen Lebens und der Zeitgeschichte entwickelnd. Damit schließt sich der Roman eng an das Bekenntnißbuch ›Von Zwanzig bis Dreißig‹ an, ja greift zuweilen ganz unmittelbar auf dieses zurück. Von seinen politischen Anschauungen redend, die allerdings ›immer etwas wackelig‹ gewesen seien, sagt er in diesen Lebenserinnerungen einmal, daß sie sich meist mit dem Nationalliberalismus gedeckt haben, und daß er in seinen alten Tagen immer demokratischer geworden sei. Dann fährt er fort: ›Wohin ich auch noch geschoben werden mag, ich werde immer zwischen politischen Anschauungen und menschlichen Sympathien zu unterscheiden wissen, und diese menschlichen Sympathien habe ich ganz ausgesprochen für den märkischen Junker. Die glänzenden Nummern unter ihnen – und ihrer sind nicht wenige – sind eben glänzend, und diese nicht lieben zu wollen, wäre Dummheit; aber auch die nicht glänzenden – und ihrer sind freilich noch mehrere – haben trotz Egoismus und Quitzowthum oder auch vielleicht um beider willen, einen ganz eigenthümlichen Charme, den herauszufühlen ich mich glücklich schätze. Die Rückschrittsprinzipien als solche sind sehr gegen meinen Geschmack, aber die zufälligen Träger dieser Prinzipien haben es mir doch nach wie vor angethan. Vielleicht weil ich – ich glaube manche gut zu kennen – an den Ernst dieser Rückschrittsprinzipien nicht recht glaube. Sie könnten eines Tages total umschlagen.‹ Es mag unerörtert bleiben, wie weit hier Fontane mit den Augen der Liebe und Güte gesehen hat und wie die Wirklichkeit sich zu dem

Bilde verhält. Dem Chronisten und Sänger der Mark und ihrer Schlösser sind die altmärkischen Junker jedenfalls immer von ihrer menschlichsten und liebenswürdigsten Seite entgegengetreten, und es ist gewiß auch ein Stück ästhetischen Wohlgefallens, das sein Urtheil beeinflußt hat. Anderen mochten und mußten sie anders erscheinen.

Der hier angeführten Liebeserklärung für seine premières amours hat Fontane eine noch wirksamere folgen lassen in der Kernfigur des alten Dubslav v. Stechlin. Der ist wirklich eine ›glänzende Nummer‹ seines Standes.

Was ist nun der Inhalt dieses neuen Romans? Eigentlich steht nur ganz wenig drin, vielleicht noch weniger, als in der allerliebsten Milieuschilderung ›Die Poggenpuhls‹. Die Personen treten uns fertig entgegen und erfahren im Verlauf der Handlung keine Entwicklung. Auch fehlt jede Verwicklung, jede Spannung und Aufregung, jeder Konflikt, ja, käme es nicht einmal zu einem heftigen Wortwechsel zwischen dem schnurrigen Musikdoktor Wrschowitz – einem Tschechen, der sich's in den Kopf gesetzt hat, jede Anspielung auf das Slavische als eine persönliche Beleidigung anzusehen – und dem immer feierlich dozirenden Maler Cujacius, zwei famosen Episodenfiguren, dann könnte man sagen, daß es in dem ganzen Roman ohne jedes laute Wort hergeht. [...]

[Der] See mit seinen vornehmen geheimnißvollen Beziehungen wird den Besuchern des alten Herrn v. Stechlin als pièce de résistance der Gegend gezeigt und es werden mancherlei tiefsinnige Betrachtungen über das Hineinragen der Weltereignisse in die entlegensten Stätten und anderes daran geknüpft. Doch wird es dem Leser überlassen, die gewiß bedeutsame Symbolik des Sees sich auszuspinnen, sich die Wechselwirkung zwischen den Dingen, den Zusammenhang der großen mit der kleinen Welt hineinzudeuten. Der erste Besuch, der auf dem Schlosse gemacht wird, gibt in zwangloser Weise Gelegenheit, uns mit dem alten Stechlin und seinem treuen Engelke, mit dem engen Zusammenhalt zwischen dem Schloßherrn und den Dorfbewohnern bekannt zu machen. Wir lernen den altruistischen Idealisten Pastor Lorenzen kennen, den wir später durch die begeisterte Schilderung, die Woldemar von ihm macht, liebgewinnen. Lorenzen stellt seinen Mann und macht aus seinen zuweilen vermessenen Gesinnungen kein Hehl. Sein Ideal ist: ›Einen Brunnen graben just an der Stelle, wo man gerade steht. Innere Mission in nächster Nähe, sei's mit dem alten, sei's mit etwas neuem.‹ Der faunische Superintendent Koselegger mit der weichen Hand, der dem selbstlosen Lorenzen gegenüber die minder sympathische Pastorenart darstellt, erscheint erst später. Wir sehen noch den Emporkömmling Gundermann und seine aufgedonnerte Gattin, auch Katzler, der stattliche Oberförster, kommt zu dem Mahle, das Stechlin seinen Besuchern gibt, während die Oberförsterin, die geborene Prinzessin von Ippe-Büxenstein, wieder einmal, wie regelmäßig seit sieben Jahren, seitdem sie einem Bürgerlichen die Hand gereicht hat, beruflich verhindert ist. Das hält sie eben für ihre Pflicht, weil sie mit dieser Ausgiebigkeit jede Einwendung, daß sie immer noch Prinzessin sein wolle, gründlich zu widerlegen glaubt. Auch der originelle Schulmeister Kripenstappel, der Autodidakt, der sich so manche Kenntnisse und Fertigkeiten zu eigen gemacht hat, erscheint, und in einer gelehrten Unterhaltung kommt das stolze Selbstbewußtsein des aus eigener Kraft zu Wissen und Können gekommenen Mannes vornehmer Aufgeblasenheit gegenüber zum Vorschein. [Im Gespräch über die Heiratspläne seines Sohnes] haben wir den ganzen Stechlin, schnodderig und burschikos in der Redeweise, aber ein ganzer Mensch, der Kopf und Herz auf dem rechten Fleck hat. Und ein heiter in die Welt blickender Mensch ist er auch. [...] die beiden Töchter des Grafen Barby, zwischen denen Woldemar hin und her zu schwanken scheint, sind prächtige, hochsinnige Naturen. Melusine war ganz kurze Zeit an den Grafen Ghiberti verheirathet und wurde dann von dem Unwürdigen geschieden, sie hat sich trotz dieses Schicksals das heitere Gemüth bewahrt, hat ein kluges, scharfes Auge, Welt- und Menschenkenntniß und ein gut Theil von der Fontane'schen Verstandesklarheit. [...] Armgard ist mit dem ganzen Zauber der frischen, unberührten Mädchenhaftigkeit ausgestattet, eine warmherzige, innerliche Natur mit klarem, klugem Kopfe. Beide Schwestern prägen sich uns in ihrer so verschiedenartigen, jede für sich so reizevollen Wesenheit lebendig ein, ohne daß sie besonders geschildert würden. Sie sind da, und wir sehen sie. ›Die

wahre Kunst kümmert sich so wenig um das Entstehen eines Charakters wie das Leben, sie führt ihn ein und läßt ihn sich selber erklären durch seine Thaten und Worte,‹ sagt Karl Hillebrand in seiner vorzüglichen Studie ›Vom alten und neuen Roman,‹ worin er auch die Verse Mussets auf Manon Lescaut citirt, ›die so lebendig wirkt, weil sie nicht beschrieben, analysirt und erklärt wird, sondern einfach erscheint und wirkt‹. An dem entzückenden Schwesternpaare hätte der feine Kenner bei all seiner Abneigung gegen die neueren Romane seine Freude gehabt.
Alle Glieder der Familie Barby sind freie, echte Adelsmenschen mit einem weiteren Blick als die Stechline. [...] Der alte Graf ist mit großer Liebe gezeichnet, er bildet die Folie zum alten Stechlin, dem er in mancher Hinsicht ähnelt. Hat er die größere Weltkenntniß, die umfassendere Bildung, so ist Stechlin, der immer an der Scholle haftete, nie weit aus der Mark herauskam, die urwüchsigere Natur mit dem natürlichen, man möchte sagen, dem Bauernverstand, und nicht umsonst ist es am Stechlinsee gespürt worden, wenn's in der weiten Welt rauschte und wogte. Auch politisch sind sie nicht so gar weit auseinander. [...]
Es geht also wenig in dem Buche vor. Begegnungen, Ausflüge, Verlobung, Hochzeit und Tod. Alles einfach und ohne Aufwand, wie es das Leben bringt. Auch eine Wahlkampagne im Bezirk Rheinsberg-Wutz machen wir mit, bei der der alte Stechlin sich aufstellen läßt, aber dem sozialdemokratischen Kandidaten, dem Feilenhauer Torgelow gegenüber, unterliegt. Das nimmt er dann mit der ›Wurschtigkeit‹ hin, die seiner Natur aufgeprägt ist und die man ebensowohl auch die hohe Goethe'sche Lebenskunst nennen könnte. Eine Episode von allerliebstem Reiz ist der Besuch Woldemars in Kloster Wutz, bei dessen Ausarbeiten es wohl gar oft um die Mundwinkel des Verfassers gezuckt haben mag. Das ganze Milieu ist mit unnachahmlich humorvoller Feder dargestellt, die gestrenge Domina Adelheid, die 10 Jahre ältere Schwester Dubslavs, die diesem immer ein Gefühl des Unbehagens bereitet, und die er in den paar Worten: ›halb Königin Elisabeth, halb Kaffeeschwester, das is 'ne Melange, mit der ich mich nie habe befreunden können‹, so trefflich einführt, auch die schmachtende Schmargendorf und die nur vorbeihuschenden

anderen Insassen. Die Domina ist ein Prachtstück realistischer Darstellungskunst, diese angesäuerte Heilige, bei der die Grazien leider ausgeblieben sind. Ergötzlich ist ihr Zusammenprallen mit den schönen und guten Weltdamen, ein Kabinetstück der Brief, den sie dem Neffen übers Heirathen schreibt, und ganz famos die Art, wie der kranke Dubslav sie fortgrault, indem er sich die kleine Agnes, die Tochter der schlimmen Karlien, ins Zimmer setzte. Den Ton der Leute in der Portierloge, in der Küche und im Dorf weiß der Verfasser so vorzüglich wiederzugeben, daß man hievon das Gefühl der vollen Naturtreue hat, und sie Alle, der Schulze Kluckhuhn, der Kutscher Robinson, die Immes, die so oft ›wechselnde‹ Hedwig und andere theils recht schnurrige Gestalten, Alle haben sie echtes Gepräge. Die vornehmen Leute aber reden bei aller scharfen Individualisirung doch zum Theil etwas gleichmäßig die weisheits- und erfahrungsvolle Fontane'sche Sprache. Diese klingt nicht nur aus dem Munde des alten Dubslav und des alten Barby, wir hören auch Fontane selbst, wenn der junge frische Hauptmann Czako bei dem Vorbeireiten vor dem Hohenlohe-Denkmal auf dem Cremmer Damm die Geschichte dieses Vorfahren der heutigen Hohenlohe, der bei dem Eroberungszug des Nürnberger Burggrafen zuerst fiel, [erzählt.] Woldemar ist ein vortrefflicher, liebenswerther Mensch, ein durch und durch vornehmer Charakter, aber er hat nicht den Charme seines Vaters, es fehlen ihm dessen Schwächen, die das Gesammtbild menschlicher und liebenswürdiger machen. Bis ins hohe Alter hat Fontane sich die Freude an vielem erhalten können, und in dem wunderschönen Gedicht: ›Was mir gefällt‹ unter so manchem, woran er sich immer neu erfreute, auch ›Den alten Moltke, den alten Kaiser ...‹ angeführt. Dem ›alten Kaiser‹ ist im ›Stechlin‹ manches herzliche und gute Wort gewidmet. [...] Noch manches gute und bedeutende Wort, besonders auch aus den prachtvollen Gesprächen vor Woldemars Reise nach London ließe sich anführen. Notirt sei davon eine Liebenswürdigkeit für die Süddeutschen, von Melusine über die Baronin Berchtesgaden gesagt: ›All die Süddeutschen sind überhaupt viel netter als wir, und die nettesten, weil die natürlichsten, sind die Bayern.‹ Vieles aus diesen Gesprächen wäre ja, ohne daß der organische

Bau des Romanes darunter litte, wegzudenken, aber um ihrer selbst willen werden sie uns lieb. Über das Wesen und die Denkweise des Helden hinausgehend und ganz dem Verfasser angehörend, ist die kühne Betrachtung Dubslavs, der er sich auf seinem letzten Lager hingibt: ›Auf dem Sinai hat nun schon lange keiner mehr gestanden, und wenn auch, – was der liebe Gott da oben gesagt hat, das schließt eigentlich auch keine großen Rätsel auf. Es ist alles sehr diesseitig geblieben: du sollst, du sollst, und noch öfter: du sollst nicht. Und klingt eigentlich alles, wie wenn ein Nürnberger Schultheiß gesprochen hätte‹, und ganz menschlich ist das Angstgefühl: ›Das Leben ist kurz, aber die Stunde ist lang.‹

Als der Unterzeichnete vor ein paar Jahren ›Die Poggenpuhls‹ an dieser Stelle besprach und seiner Freude über dieses liebenswürdige Büchlein Ausdruck gab, da wurde ihm von hochverehrter und – wie kaum eine zweite – berufener Seite[2] vorgehalten, daß in dieser Kritik nicht im Namen einer höheren Kunst gegen das Übergewicht des Milieus, die bloße Stimmung, den Mangel einer in sich geschlossenen Komposition und folgerichtigen Entwicklung Protest erhoben wurde. Alles das läßt sich gegen das neue Buch auch einwenden, und es wird viele Leser geben, die im Namen der Gesetze der Kunst diesen Mangel nachdrücklich betonen zu müssen glauben, die an den vielen Mosaikbildchen, wie schön, ja entzückend sie auch sein mögen, doch auszustellen haben, daß es eben Mosaiken sind. Und dennoch ist es ein Buch, das man liebgewinnen und liebbehalten wird. Darf ›Frau Jenny Treibel‹ als das künstlerisch abgerundetste Werk Fontane's bezeichnet werden, ist Effi Briest dasjenige seiner Bücher, in dem er das Menschliche mit der siegreichen Kraft der Liebe und Barmherzigkeit behandelt und in dessen Heldin er eine der interessantesten Figuren der neueren erzählenden Dichtung, eine Persönlichkeit voll tiefsten Reizes geschaffen hat, so ist ›Der Stechlin‹ sein allerpersönlichstes Buch, in dem der Verfasser selbst am direktesten und deutlichsten zu uns spricht. Kein Buch, das man mit heißen Wangen, mit fliegendem Athem liest, ein Buch, das man jederzeit ohne Aufregung zuklappen und

2 Vermutlich Paul Heyse, der sich in privater Korrespondenz mit dem Rezensenten abfällig über die »Poggenpuhls« geäußert hat.

aus der Hand legen kann, aber – und das ist das beste, was man von einem Buche sagen kann – ein solches, das man auch jederzeit gern wieder zur Hand nehmen und an dem man sich immer wieder aufs neue erfreuen wird.«

Sigmund Schott: Theodor Fontane's letzter Roman. In: Allgemeine Zeitung (Augsburg), Beilage, 11. November 1898, S. 2–5

»Theodor Fontane's letzter Roman, der, nachdem er zuerst in ›Über Land und Meer‹ erschienen, soeben als Buch herausgekommen ist, bildet einen wundervollen Abschluß der Laufbahn dieses Dichters. Er ist nämlich nicht ein bloßer Episodenroman, wie Alles, was F. seit der ›Adultera‹ geschaffen, sondern ein annähernd allseitiges Zeitgemälde und schließt sich so an des Dichters überhaupt ersten Roman, den historischen ›Vor dem Sturm‹ an, der bekanntlich eine zwar nur lose zusammenhängende, aber dafür auch weite und treue Darstellung der Menschen und Dinge unmittelbar vor dem Beginn der Befreiungskriege bringt. Wie in diesem Werke giebt auch im ›Stechlin‹ ein einsames märkisches Schloß den Mittelpunct des Ganzen ab, das an dem merkwürdigen See Stechlin gelegene gleichnamige Schloß, auf dem die gleichnamigen Herren wohnen. Der See ist insofern merkwürdig, als er unterirdisch mit den durch vulkanische Thätigkeit bekannten Orten der Erde zusammenhängt und sich ebenfalls regt, wenn irgendwo ›etwas los‹ ist. Das wird denn im Roman symbolisch benutzt, und in der That vermag F., obwohl er den Boden der heimischen Mark, speciell den der Grafschaft Ruppin und Berlins kaum verläßt, so ziemlich alle Zeitströmungen in seinem Roman, wenn nicht gerade darzustellen, doch irgendwie zu beleuchten. Zu dem Zweck muß er freilich auf eine eigentliche Handlung verzichten und eine Menge Menschen, die vielfach wenig mit einander zu thun haben, einführen, sein Hauptkunstmittel wird das charakterisierende Gespräch, aber dieses weiß er auch, trotzdem alle seine Menschen fast völlig gleich reden, mit großer Meisterschaft zu gebrauchen, fast kein Charakter bleibt leblos, und auf die Zustände fallen höchst bezeichnende Lichter. So entsteht nun zwar kein Romankunstwerk, eher etwas, was man eine Romanplauderei oder einen Plauderroman nennen könnte, aber an

Fülle und Treue des Details sucht ›Der Stechlin‹ seines gleichen, und durch die Hauptcharaktere (der ›Held‹ ist der ältere Stechlin, Dubslav, ein echter märkischer Edelmann der weicheren Richtung) wird immerhin eine Art Zusammenhang erreicht. Dem Gehalt nach gehört der Stechlin unbedingt zu den reichsten, wenn auch nicht zu den tiefsten der deutschen Literatur, und er ist durchaus modern, ein Hauptwerk der modernen Beobachtungskunst, das zu schreiben es nicht bloß dichterischer Anschauung, sondern auch unendlicher Erfahrung und geistiger Altersreife bedurfte. Den subjectiven Reiz des Buches bildet dann die hervorragende Liebenswürdigkeit seines Verf.'s und dessen ungenierte Weise.«

A. B.: Literarisches Centralblatt, Nr. 45, 12. November 1898, Sp. 1798 f.

»Im Jahre 1878 erschien Fontanes erster Roman: ›Vor dem Sturm‹, – zwanzig Jahre später, nach seinem Tode, sein letzter, ›Der Stechlin‹. Beider Schauplatz ist die Mark, in jenem der Barnim-, in diesem der ›Ruppiner Winkel‹, die Heimath des Dichters. Der erstere spielt in Preußens trübster Zeit (1806–13), der andere in der heutigen mit dem Hintergrunde der ruhmvollen Vergangenheit, aber auch mit dem Vorblick auf eine nicht sturmfreie, soziale Zukunft. In beiden Romanen tritt uns derselbe herzenswarme Freund seiner märkischen Heimath entgegen. Fontane, als Kenner von Land und Stadt, von Adel und Bauer, von Geschichte und Sitte der Mark ist etwas Selbstverständliches. Aber seit W. Alexis haben wir keinen Schriftsteller gehabt, der diese Mark auch so geliebt hätte, wie Fontane. Und diese seine Liebe hat so gar nichts ›Modernes‹ an sich, sie ist so gar nicht erkünstelt, aber noch viel weniger ›naturalistisch‹. Die Figuren seines Romanes sind nach der Natur gezeichnet, nicht *photographirt.* Jeder, der gleich Fontane für die märkische Eigenart Auge und Verständniß hat, kennt solche märkische Junker, wie den alten Stechlin, solche preußische Offiziere, wie den ›Alexandriner‹ und den von den ›Ersten Garde-Dragonern‹, solche Pastoren wie den christlich-sozial angehauchten Freund des Stechliners, solche Lehrer und auch solche – Juden! Aber natürlich sind sie von dem zarten Schimmer des Idealismus umwebt, keine nackte

Alltagsmenschen, denn Fontane kennt sie nicht nur, sondern er liebt sie, er denkt und lebt mit ihnen. Ganz gewiß, der ›Stechlin‹ ist kein Roman im üblichen Sinne der Schablone. Es sind, zum Theil lose, Bilder aus der Provinz und aus Berlin. Ja Fontane hat sich hie und da auch nicht gescheut, Episoden etwas an den Haaren herbeizuziehen. So hat eigentlich die Dampfschiffspartie von der Jannowitzbrücke nach dem Eierhäuschen mit dem Gang der Erzählung wenig zu thun; wer aber möchte sie missen? Sie ist ein ebenso charakteristisches Bild Berliner Lebens, wie die Familienscenen im Portierstübchen des Kronprinzenufers. Dazu kommt, daß es Fontane in diesem Roman offenbar darauf ankam, nicht sowohl, wie man wohl behauptet hat, seine *eigene* Lebensanschauung darzulegen, als vielmehr zu zeigen, wie die religiösen, politischen, sozialen Fragezeichen der Gegenwart in den Charakterfiguren des märkischen Lebens ihre Antwort finden. Und welch herrliche Persönlichkeit ist der alte Stechliner, der ehemalige sechste Kürassier, der Landjunker voller Humor, ja leiser Selbstironie, voller thätiger Sorge um seine ehemaligen ›Hintersassen‹, voller Königstreue, die ihn aber nicht hindert zu bekennen, daß unsere richtigen Junker alle ein Stück Sozialdemokratie im Leibe haben! Daneben die nicht gerade liebenswürdige Schwester, die ›Domina‹ des adligen Fräuleinstiftes, die sich zwar gern von ihrem Rittmeisterneffen belehren läßt weshalb die Ersten Garde-Dragoner noch ›vornehmer‹ seien als die zweiten, ihm aber, als sie merkt, er trage sich mit Heirathsgedanken, den schönen Satz in einem auch sonst interessanten Brief schreibt: ›Heirathe heimisch, heirathe lutherisch und nicht nach Geld; denn Geld erniedrigt‹. Daß hie und da kleine Irrthümer mit unterlaufen – so bei der höchst ergötzlichen Reichstagswahl, in der der Sozialdemokrat über Stechlin siegt, daß alle Wähler des Kreises nach Rheinsberg fahren, statt zu Hause zu wählen – ist sehr entschuldbar; wäre doch ohne dies ›Versehen‹ die ganz wirklich vorzügliche Wahlepisode unmöglich geworden.

Doch wir wollen nicht weitläufig werden. Uns hat es immer leid gethan, zu beobachten, daß Fontanes *erster* Roman ›Vor dem Sturme‹ nicht die Beachtung mehr fand, die er vor manchen seiner späteren Romane, wie z. B. l'Adultera, Graf Petöfy, Cécile, Stine, Frau Jenny Treibel, unserer Ansicht nach wohl verdient. Möge dem letzten seiner Werke nicht ein ähnliches Schicksal zu Theil werden, mögen ihm vor allem unsere Märker, vornehm wie gering, die Theilnahme entgegenbringen, deren er im hohen Grade werth ist. Uns, die wir freilich etwas sehr märkisch und sehr altmodisch fühlen, hat er beim Lesen das Herz warm und froh und dankbar gemacht.«

Neue Preußische Zeitung, Morgen-Ausgabe, Nr. 533, 13. November 1898

»Manch Einer von uns, die wir bei Lebzeiten Theodor Fontanes eine freie und zwanglose Fontane-Gemeinde[3] gebildet haben, mag zögernd daran gegangen sein, das nachgelassene Werk des verehrten Mannes zu lesen. Da störte zunächst die Scheu, mit welcher man immer das Erbe eines lieben Todten empfängt. Da kam weiter der Zweifel, ob ›Der Stechlin‹ auch dem Tone entsprechen werde, der vor wenigen Wochen erst in vielen Nekrologen angeschlagen worden war. Die den alten Fontane am besten kannten, hatten an seinem Sarge von ihm mit ungeheuchelter, fast kindlicher Liebe als von einem außerordentlichen Menschen, einem feinen Künstler und einem Schalk gesprochen; sie hatten sich wohl gehütet, große Worte zu gebrauchen und den Unvergleichlichen durch eine literarhistorische Vergleichung mit unseren Dichterfürsten in ein falsches und ungünstiges Licht zu stellen; Fontane selbst konnte ganz kribblig werden, wenn ihm gelegentlich eine solche scheinbar ehrenvolle Behandlung widerfuhr. Geschätzte Kollegen jedoch, die ihn weniger genau kannten und darum weniger liebten, hatten in ihren Todtenklagen wohlmeinend die größten Worte bemüht und den stillen Fontane in einem prunkvollen Sarkophage irgendwo in einer Fürstengruft beigesetzt. Es war möglich, daß ›der Stechlin‹, den nun die Neugierde zunächst zu lesen verlangte, einer so pathetischen Bewunderung nicht entsprach. Da flüsterte man uns endlich zu: ›Der Stechlin‹ ist wirklich nicht auf der Höhe, ist das Werk eines Greises, ist zu breit angelegt, ist nicht spannend.

3 Vgl. Frederick Betz: Die Zwanglose Gesellschaft zu Berlin. Ein Freundeskreis um Theodor Fontane. In: Jahrbuch für brandenburgische Landesgeschichte 27 (1976) S. 86–104.

Das brauchte man gar nicht zu flüstern; das Andenken Fontanes kann die lautere und kann die laute Wahrheit vertragen. Es ist ganz richtig: Fontanes letzter Roman ist nicht spannend, ist kein Leihbibliotheksfutter. Was will das sagen? Wenn Kaviar nichts für das Volk ist, so kann das schlimm sein für das Volk, keinesfalls für den Kaviar. So ein heißhungriger Massenleser, der jahraus jahrein täglich einen Band englischer, französischer oder deutscher Romanfabrikate verschlingt, der trotzdem den Namen Theodor Fontane vielleicht zuerst aus Anlaß der zahlreichen Todtenfeiern vernommen hat, und der nun unvorbereitet den ›Stechlin‹ herunterlesen will wie irgend einen spannenden Kriminalroman, der muß allerdings irre werden an seinen literarischen Berathern und sich zurücksehnen zu seinen Marlittiaden. Da blättert man im ›Stechlin‹ hundert, zweihundert, dreihundert Seiten um, und immer noch kein Mord, kein Diebstahl, keine Liebesgeschichte. Eine entzückende Darstellung? Aber um deren willen lesen wir doch keinen Roman!

Wir Anderen haben Fontanes ›Irrungen, Wirrungen‹ und ›Effi Briest‹ genossen, dankbar für das ergreifende Menschenschicksal, welches wir kennen lernten, noch dankbarer für die Fontanesche Kunst, mit welcher uns diese Schicksale erzählt wurden. Wir genießen den ›Stechlin‹ langsamer, weniger ergriffen, mitunter kopfschüttelnd über das allzu behagliche Geplauder, wir legen das Buch ab und zu bei Seite, weil auch wir Anfangs nicht recht ›gespannt‹ sind auf die Fortsetzung, – bis wir plötzlich gefaßt werden von einer Rührung, gegen die die gewöhnliche Poesiewirkung gar nicht aufkommen kann, bis wir uns erschüttert sagen: das ist ja trotz alledem und alledem ein Fontane ersten Ranges, das ist nicht mehr und nicht weniger als das Testament Theodor Fontanes. Fontanes letzte Gedanken über Gott und die Welt, über Bismarck und den alten Fritz, über Preußen und die Mark Brandenburg, über die soziale Frage und über die Armee, über Mannesseelen und über Frauenherzen. Nicht die letzten Gedanken einer philosophischen Weltanschauung, aber die letzten Gedanken eines Fontane, was sehr viel sagen will. Und am Ende haben wir gar etwas wie den Abschluß seiner Selbstbiographie vor uns. Fontane hat sein Leben nur etwa bis zu seinem dreißigsten Jahre beschrieben; viele Rücksichten hielten ihn davon ab, in ebenso getreuer Weise zu berichten, wie er die Menschen und Dinge in den folgenden fünfzig Jahren gesehen hatte. Er liebte den lästigen Zuruf ›Namen nennen!‹ in der Öffentlichkeit nicht. Man kann ja die Geschichte seiner Zeit schreiben, ohne persönlichen Klatsch, ohne zu verrathen, was für drollige Gesellen Freund Schulze und Freund Müller gewesen sind. Man setzt an Stelle von Theodor Fontane irgend einen anderen vornehmen Märker, z. B. den Krautjunker Dubslav von Stechlin und läßt ihn von 1848 bis in die Gegenwart hinein innerlich erleben und Fontanesch aussprechen, was Theodor Fontane im eigenen Namen zu verkünden keine Lust hat.

Für ein solches letztes Bekenntniß eine hübsche Romanfabel zu erfinden, wäre beinahe ebenso geschmacklos, wie wenn Jemand sein Testament auf eine Ansichtspostkarte schreiben wollte. Nur typische Menschen gehörten auf das Bild, nur ein typisches Menschenschicksal durfte den Mittelpunkt bilden. Fehlte dann die aufregende Kriminal- oder Liebesgeschichte, so stellte sich dafür Werthvolleres ein, ein symbolischer Träger der Zeitgedanken.

Dubslav von Stechlin hat sicherlich manches erlebt, was den Stoff zu einer kleinen Novelle hätte abgeben können. Doch nur leise, ganz leise verräth Fontane solche Züge; was wir deutlich erfahren, ist alltäglich wie die lebendige Wahrheit. In der Grafschaft Ruppin, am See Stechlin, bewirthschaftet Dubslav sein Gut, ein bischen ordentlich, ein bischen verschuldet, ein bischen konservativ, eigentlich aber kritisch und frei wie ein rechter Märker. Sein Sohn Woldemar steht in Berlin bei der Gardekavallerie, ein guter, schlichter Mensch mit liberalen, fast sozialistischen Neigungen. Woldemar heirathet eine liebenswürdige junge und reiche Gräfin, Dubslav stirbt, und Woldemar übernimmt das Gut am See Stechlin. Auch er wird die Grafschaft nicht auf den Kopf stellen, er wird Wasser in den Wein seiner Überzeugungen gießen, denn die Weltgeschichte wird nicht von Einzelnen gemacht, und die Menschen am See Stechlin leben und sterben, wie der Gang der Weltereignisse sie leben und sterben heißt. Frei sind die Gedanken, unfrei sind die Thaten der Menschen.

Das scheint mir der Sinn des merkwürdigen Symbols zu sein, das wie ein rother Faden das nachdenkliche Buch durchzieht. Der See Stechlin hat was Besonderes. Wenn unterirdische Katastrophen irgendwo Erdbeben oder Vulkanausbrüche veranlassen, dann regt's sich auch im See der Grafschaft Ruppin, ein Wasserstrahl springt auf und sinkt wieder in die Tiefe. Die Leute, die den Stechlin umwohnen, wissen noch mehr: ›Das mit dem Wasserstrahl, das ist nur das Kleine, das beinahe Alltägliche; wenn's aber draußen was Großes giebt, wie vor hundert Jahren in Lissabon, dann brodelt's hier nicht blos und sprudelt und sprudelt, dann steigt statt des Wasserstrahls ein rother Hahn auf und kräht laut in die Lande hinein.‹ Dubslav weiß, daß dieser märkische See, der für gewöhnlich so wohldisziplinirt daliegt, im Grunde ein Revolutionär ist, der gleich mit rumort, wenn irgendwo was los ist. An wen sollen wir dabei denken? An die Mark Brandenburg? An den Junker Dubslav? An Theodor Fontane?

Fontanesche Lebensweisheit sprechen freilich alle Personen des Romans. ›Alles Alte, soweit es Anspruch darauf hat, sollen wir lieben, aber für das Neue sollen wir recht eigentlich leben.‹ – ›Das Leben ist kurz, aber die Stunde ist lang.‹ – ›Es giebt wenig ernste Sachen, die nicht auch eine komische Seite hätten.‹ – ›Alles, was mit Grammatik und Examen zusammenhängt, ist nie das Höhere. Waren die Patriarchen examinirt, oder Moses oder Christus?‹ Bald Diesem, bald Jenem werden solche Sprüchlein in den Mund gelegt, am liebsten jedoch dem alten Dubslav, den Fontane ganz nach seinem eigenen Ebenbilde geschaffen hat. ›Sein schönster Zug war eine tiefe, so recht aus dem Herzen kommende Humanität, und Dünkel und Überheblichkeit (während er sonst eine Neigung hatte, fünf gerade sein zu lassen) waren so ziemlich die einzigen Dinge, die ihn empörten. Er hörte gern eine freie Meinung, je drastischer und extremer, desto besser. Daß sich diese Meinung mit der seinigen deckte, lag ihm fern zu wünschen.‹

Fontane sagt, was er seinen Geschöpfen, was er insbesondere seinem Liebling Dubslav aus Eigenem gegeben hat. Nur Eins verschweigt er, das Beste: den leisen, ganz leisen, goldenen Schimmer von Poesie, der das Ebenbild Fontanes umschwebt, wie das rosige Licht der untergehenden

Sonne, im See sich widerspiegelnd, wohl auf den alten Kiefern der märkischen Haide ruht.«

Fritz Mauthner: Fontanes letzter Roman. In: Berliner Tageblatt, 18. November 1898

»Wenn wir am Todtensonntag derer gedenken die uns, die unserem Volke, unserer gebildeten Welt entrissen wurden, dann müssen wir in erster Reihe wehmüthig Theodor Fontane's gedenken. [. . .]
Heute vor zwei Monaten schloß Fontane die guten, hellen, freundlichen Augen, die noch so scharf in die Welt blickten. Da mag es denn an der Zeit sein, nicht mehr den *Verlust* in Betracht zu ziehen, den unvermeidlichen, den nach allen Gesetzen unseres Erdendaseins unausbleiblichen, sondern den bleibenden Gewinn, der aus seinem Leben und Wirken unserem Culturbesitz erwachsen ist.
Für heute wollen wir indeß nicht die Summe seines Schaffens, nicht die Gesammtheit seiner Werke in Betracht ziehen, die ist bekannt und genugsam gewürdigt. Das *Vermächtniß* Fontane's soll uns beschäftigen, das Legat, das er uns allen zugewiesen hat. [. . .]
Theodor Fontane hat sich hier sein eigen Denkmal errichtet – so könnte und müßte man sagen, wenn derlei runde, volle, schwunghafte Worte zum Wesen unseres Dichters nicht so schlecht paßten. Das aber ist sicher und allem Zweifel entrückt: in diesem Roman, der wohl kaum einer ist, hat Fontane sich *selbst* uns gegeben, wie in keinem anderen Werke zuvor. Ihn und immer wieder ihn hören wir auf jeder Seite, und all sein Denken schüttet er hier aus, all sein verborgenes Fühlen läßt er frei vor uns hinströmen, wie nie zuvor.
Ein Roman! Die meisten Stammgäste der Leihbibliotheken werden – fürchten wir – leer ausgehen. Wer auf Spannung Jagd macht, der lasse das dicke Buch nur liegen, er wird nie in fieberhafte Aufregung gerathen, nie die Neigung fühlen, vorzeitig den Schluß zu naschen und in die letzten Seiten verstohlen zu blinzeln. Im Gegentheil. Ungern schwer trennen wir uns von jeder der 520 Seiten und nur mit dem Vorsatze, zu ihr zurückzukehren. Der Thatsachen-Gehalt, die Fabel, wäre in zwanzig Zeilen wiedererzählt, wenn das überhaupt der Mühe lohnte. Fontane

hat hier eben mehr noch als sonst die eigentliche Handlung mit überlegener Geringschätzung behandelt. Aber in jedem Worte erkennen wir ihn selbst. Den ganzen Ertrag an Erfahrungen, an Ideen, freien Beobachtungen hat er hier eingespeichert. In diesem Betracht wiegt sein Buch eine Bibliothek auf.

Der Fortsetzung, dem Ende zuzustreben, wird sich bei ›Stechlin‹ kein Leser verlockt fühlen. Der *Weg* ist hier das eigentliche Ziel. Es ist, als ob wir durch einen üppigen Wald, einer morgenfrischen Landschaft, irgend einem gleichgiltigen Dorfe zustrebten, in der uns nichts lockt. Insbesondere ist Stechlin eine Art Compendium des Märkerthums, das hohe Lied des Preußenthums. [. . .]

In [dem Ruppiner und Berliner] Milieu findet Fontane reichlich Gelegenheit, sich über die alten preußischen Könige zu verbreiten und in der Zärtlichkeit, mit der er Friedrich den Großen immer wieder so interessant in die Debatte zieht, den Adolf Menzel der Feder zu bewähren. Wenn Fontane Gelegenheit hat, von den Garde-Regimentern zu sprechen, von der alten Wachtparade, von den Großen und Kleinen am Hofe, dann ist er in seinem Element und weiß so fein zu kennzeichnen, so plastisch, greifbar darzustellen, mit so gesund-behaglichem Humor zu schildern, daß es eine Lust ist.

Bei aller warmen Sympathie für das neue Reich läßt Fontane seinen Helden doch eine stille, tiefe Vorliebe für das vor-reichliche alte Preußen hegen und immer wieder betonen. Wenn sein Schloß-Factotum Engelke an die alte, schwarzweiße Fahne einen rothen Streifen nähen lassen will, sagt der alte Stechlin wie symbolistisch: ›Laß! Ich bin nicht dafür. Das alte Schwarz und Weiß hält gerade noch. Aber wenn du einen rothen Streifen daran nähst dann reißt es.‹ [. . .] Daneben findet der alte Stechlin, eine behagliche Vollnatur, innerlich freier als er selbst in seinem conservativen Parteigefühl ahnt, reichlich Gelegenheit das Streber- und Muckerthum scharf zu ironisiren. Mit gutem Humor verspottet er gelegentlich auch sich selbst und gegen seinen Vater ereifert er sich oft, weil ihm dieser, der pommerschen Mutter zulieb den Vornamen *Dubslaw* gegeben. [. . .]

Die Lebendigkeit der Darstellung, die anschauliche Sprache

in ihrem Reichthum an farbigen Bildern, die Anschaulichkeit macht einen besonderen Reiz des Romans aus, in dem wir uns stets in Fontane's persönlicher Gesellschaft fühlen, seines besonderen Vertrauens theilhaftig. Das eigentlich Romanhafte vernachlässigt er dabei so sehr, daß er keinen Anstand nimmt, in den entsprechenden Partien des Buches abgenutzte Roman-Phrasen wie ›Sehrr warr, sehrr warr, gnädigste Comteste‹, *verbeugte* sich Waschowitz zu brauchen (Seite 168). Ob Woldemar v. Stechlin und Comtesse Armgard sich heirathen, – beim Namen Armgard erinnert sich Fontane an die Wilhelm Tell-Armgard des königlichen Schauspielhauses, an Frau Stollberg, für die grund-*persönliche* Art Fontane's ist auch das charakteristisch – ob Woldemar und Armgard also ein Paar werden, das interessirt denn auch die Leser des Buches nur so nebenher. Das Werthvollste ist und bleibt, daß Fontane seine prächtige Persönlichkeit in diesem Buche für alle Zeiten festgehalten, daß er uns hier *sich selbst vermacht* hat.«

J. L.: Theodor Fontane's Vermächtniß. In: Berliner Börsen-Courier, Nr. 543, 20. November 1898

»Dem alten Dubslav v. Stechlin, dem Helden des Romans, legt Fontane die wehmüthigen Worte in den Mund: ›Vielleicht erstes Zeichen von Hydropsie. Kann eigentlich Fremdwörter nicht leiden. Aber mitunter sind sie doch ein Segen. Wenn ich so zwischen Hydropsie und Wassersucht die Wahl habe, bin ich immer für Hydropsie. Wassersucht hat so was kolossal Anschauliches!‹ Ob der Schriftsteller, als er das niederschrieb, nicht mit heimlichem Bangen an seine eigenen 77 Lebensjahre gedacht haben mag? Aber der Himmel hat es gut mit ihm gemeint. Ohne schmerzlichen Kampf, ohne lange Krankheit ist er dahingegangen. Und daß er den ›Stechlin‹ noch hat vollenden dürfen, ehe der Tod ihm die fleißige Feder aus der Hand nahm, auch das war eine Gnade des Schicksals. Denn darin tritt noch einmal der ganze alte biedere, kernhafte Märker vor uns hin, und Alles, was er noch auf seinem ehrlichen Preußenherzen gehabt hat, Alles, was er dem lebenden und dem künftigen Geschlechte noch hat mahnend vorhalten wollen, das hat er sich von der Seele geredet. Seiner alten, innig geliebten Heimath, der Mark, ist er wieder treu geblieben; ganz nahe seinem Geburtsorte liegen Schloß und See Stechlin. Aber trotz dieser Beschränkung in der Wahl des Schauplatzes giebt der Dichter ein Gesammtbild der Gegenwart, in dem wohl kein wesentlicher Zug fehlt. Die Menge der auftretenden Gestalten hat auf den ersten Blick etwas Verwirrendes. Aber da ist keine, die nicht mit ihrem Wesen fest im Boden des Vaterlandes wurzelte, und in dem alten Dubslav hat der Dichter einen prächtigen märkischen Edelmann aus der guten alten Schule hingestellt, mit der ganzen Ehrenhaftigkeit und Vornehmheit seiner Rasse, einen Aristokraten im besten Sinne des Wortes. Die Fontane angeborene, aber durch Übung zur Virtuosität gesteigerte Kunst scharfer Beobachtung von Menschen und Dingen, die hohe sittliche Anschauung, die echte Wärme der vaterländischen Empfindung, die voll ausgereifte Lebenserfahrung – Alles das zusammen macht den ›Stechlin‹ zu einer der erfreulichsten Erscheinungen der Romanliteratur der Gegenwart und zu einem kostbaren Vermächtniß des dahingeschiedenen Dichters an das deutsche Volk. Wenn einmal eine Geschichte des Preußenthums in der Literatur geschrieben wird, so gebührt darin Theodor Fontane einer der ersten und ehrenvollsten Plätze. Denn in ihm ist der brandenburgisch-preußische Geist mit seinem starken Pflichtbewußtsein und seiner sittlichen Tüchtigkeit, mit seiner geistvollen und manchmal schroffen Schärfe und seiner unbezwinglichen Neigung zu überlegenem Spotte verkörpert wie kaum in einem anderen Schriftsteller. Und der ›Stechlin‹ ist als abschließendes Werk, obgleich die Kunstform des Romans darin nicht streng gewahrt ist, eine Bekrönung von Fontane's literarischer Lebensarbeit, wie man sie sich vollendeter und wohlthuender nicht wünschen könnte. Wir sind der Meinung, der ›Stechlin‹ und ›Vor dem Sturm‹ (1878), jenes ergreifende Bild der gewaltigen Bewegung der Geister vor dem Ausbruche des Freiheitskrieges, werden als Theodor Fontane's Hauptwerke gelten.«

R. B. [Richard Béringuier?]: Leipziger Zeitung, Jg. 238, Nr. 272, 24. November 1898, S. 4564

»Das hinterlassene Werk Theodor Fontanes ist es, das vor allem gegenwärtig die Literaturfreunde beschäftigt. ›Der Stechlin‹ betitelt es sich und es ist als ›Roman‹ bezeichnet. Einzelne Kritiker haben bereits hohe Loblieder gesungen, als handelte es sich um die bedeutendste Kunstleistung des verstorbenen Dichters. Sie folgten dabei der alten deutschen Methode, für die ein Dichter oder Künstler erst dann in vollem Glanze strahlt, wenn ihn die Erde deckt. Nie, so lange er unter uns lebte, ist Fontane von diesen Leuten so gerühmt worden, wie jetzt nach seinem Tode. Nun ist ›Der Stechlin‹ ein prächtiges, ein höchst originelles Buch, ein echter Fontane, aber trotz alledem künstlerisch nicht das Beste, was der Alte geschrieben hat. Auch bei einer sehr liberalen Auslegung der Grundbedingungen der Romantechnik wird man doch den Leser nicht in der Täuschung lassen dürfen, er fände in dem Werke Fontanes das, was er in einem Romane sucht, und unsere jungen Schriftsteller muß man gradezu davor warnen, sich dieses zum Vorbild der Romancomposition zu nehmen. Wir haben ein breites Sittengemälde des altbrandenburgischen Adels, der sogenannten Junkergesellschaft, und Fontane lebt darin seine besondere Vorliebe für diesen eigenartigen deutschen Menschenschlag aus. Der Stechlin ist ein See, der seltsamerweise mit den fernen vulcanischen Bewegungen in Verbindung steht, so daß, wenn irgendwo in der Welt eine solche im Gange ist, er an einer bestimmten Stelle eine Wassersäule emporsendet. Die Volkssage behauptet sogar, ein Hahn fliege dann aus dieser Wassersäule empor. In der Nähe dieses Sees liegt aber auch das bescheidene Schlößchen der Herren von Stechlin, von dem verwitweten alten Herrn von Stechlin bewohnt, dessen Sohn bei der Gardecavallerie in Berlin Officier ist. Dieser alte Herr von Stechlin, ein in etwas engen Verhältnissen lebender, in vielen Dingen liberal angehauchter, dann wieder gewissermaßen instinctiv conservativer, liebenswürdiger, humorvoller Lebensphilosoph ist der ›Held‹. Eine Abgeordnetenwahl, bei der er candidirt und durchfällt, die Hochzeit des Sohnes, der eine junge Aristokratin diplomatischer Kreise heiratet, und endlich des alten Herrn Tod bilden die magere Handlung. Die Hauptsache sind die Gespräche, die bei allerlei Gelegenheiten von allerlei typischen Personen, vor allen vom edlen Stechlin geführt werden und sich über die verschiedensten Gegenstände, Religion, Politik, gesellschaftliche Sitten, Geschichte u.s.w. erstrecken und in denen offenbar der Verfasser selbst sich mit breitem Behagen ausgehen läßt. Einige unsympathische Persönlichkeiten laufen nebenher, in der Hauptsache aber haben wir es nur mit höchst liebenswürdigen, kerntüchtigen Menschen, Männern und Frauen, zu thun, die in ihrer Gesamtheit eine ›Verherrlichung‹ des Altpreußentums und des norddeutschen Adels um so mehr bilden, als sie ihre und ihrer Heimat Schwächen selber gelegentlich zu belächeln wissen. Eine reiche Fülle köstlichster Einfälle, Beobachtungen, Urteile und Lebensmaximen tritt demjenigen entgegen, der still beschaulich sich an diesen hin- und herschweifenden Unterhaltungen ergötzen will, und sie vereinen sich schließlich zu einem Zeit- und Culturbild von tiefer Bedeutung, die ganz besonders auch durch den warmen Humor, der über alle Dinge gebreitet liegt, herbeigeführt wird. Die Schilderung der letzten Krankheit und des Todes des alten Herrn v. Stechlin gehört zu den feinsten Blüten der humoristischen Kunst. So ist das Buch ein Kunstwerk im einzelnen, wenn es auch als Ganzes kein kunstgemäßer Roman ist und ein Nachlaß des Verstorbenen, der ganz besonders geeignet ist, das Bild seiner liebenswürdigen Persönlichkeit im Gedächtnis festzuhalten. Es ist nebenbei auch gerade gegenüber der meist über das Ziel hinausschießenden Schärfe und Bitterkeit der Anschauungen des jungen Geschlechts über Zeit und Zeitgenossen eine sehr gesunde Geistesnahrung.«

Kölnische Zeitung, 27. November 1898

»Es ist das Buch eines alten und – leider – auch eines verstorbenen Herrn, das wir in Folgendem besprechen wollen; eines alten und gestorbenen Herrn in doppelter Hinsicht: denn es ist das letzte Kind der Fontane'schen Muse und ein Posthumus obendrein, das Vermächtniß dieses großen Dichters an seine Nation; und es ist auch die Geschichte eines alten Herrn, des Herrn von Stechlin, die uns Fontane erzählt, und den wir sterben sehen müssen, so lieb wir ihn auch gewonnen haben.
Denn dieser alte Junker, dieser Ost-Elbier von echtem

Schrot und Korn, nimmt uns bald mit seinen klugen, preußischen Worten gefangen, die eigentlich den Hauptinhalt dieses recht wohlbeleibten Buches bilden. Und er spricht über alles Mögliche, über Kaiser und Reich, über Religion und Socialismus, über Liebe und Ehe, und es ist immer ein Vergnügen, an seinen Lippen zu hängen, in seinem Gesichte zu lesen, das dem Bismarck's ähnlich gewesen sein soll. Er ist ein wenig zurückgeblieben in der äußeren Cultur und nur wenig von seinem kleinen Schlosse in die Welt gekommen, von diesem Schlosse, das ebenso wie der See, daran es liegt, den Namen Stechlin trägt. Aber dieser See hat eine berühmte Eigenthümlichkeit [...]. Und wie es mit dem See ist, so ruhig, weltabgeschieden und ost-elbisch conservativ er auch daliegen mag, so ist es mit seinem Besitzer: es gibt kein Rollen und Grollen draußen in der Welt, das nicht ein Echo im Herzen dieses alten Ehrenmannes wecken würde; der zwar ein wenig stolz darauf ist, schon ›vor den Hohenzollern dagewesen zu sein‹, der aber so liberal ist und auf der Höhe der Zeit steht, wie – Fontane selbst, den die Alten in der Literatur verehren und den die Jungen vom Schriftthum lieben, weil er immer mit der Jugend ging.

Man hat viel und oft darüber gestritten und geschrieben, woher Theodor Fontane seine entzückende Art zu plaudern habe, jene scheinbar hausbackene Manier die aber doch über den Altklugheiten der Frau Buchholtzen[4] so hoch steht, wie ein Kaffeeklatsch über wirklicher Poesie, und hat seine französische Herkunft herangezogen, die die Grazie zu seiner deutschen Tüchtigkeit geliefert habe. Aber auf uns Österreicher wirkt doch jedes Buch – wer hat sich nicht an ›Frau Jenny Treibel‹, an ›Effi Briest‹ entzückt, wer von den Wenigen, die seine ›Gedichte‹ gelesen haben, schwört nicht auf den ›Lyriker‹ Fontane – auf uns Österreicher, sage ich, wirkt jedes neue Buch Fontane's doch immer wieder deshalb so stark, weil es uns den Eindruck des specifisch Preußischen, Märkischen macht. Grazie und Freude am Plaudern haben wir in unserer Heimath auch; aber das Bodenständige, das urwüchsig Berlinerische hat von allen deutschen Schriftstellern keiner so gehabt, wie

4 Hauptfigur aus Julius Stindes Berliner Romanen.

Fontane. Mit allen Vorzügen und aller Lust am Paradoxen, Witzelnden. ›Unanfechtbare Wahrheiten gibt es überhaupt nicht, und wenn es welche giebt, so sind sie langweilig‹, sagt der alte Stechlin. Und das ist wohl auch die Ansicht Fontane's gewesen.

Man muß nur hören, was der alte Stechlin sagt, nachdem er einen Schuljungen gefragt und richtige Antwort bekommen hat, wann Fehrbellin, wann die Schlacht bei Leipzig war: ›Sehen Sie‹, sagt er zu seinem Begleiter, ›Sie sind ein bißchen ein Spötter, so viel hab' ich schon gemerkt; aber so muß es gemacht werden. Der Junge weiß von Fehrbellin und von Leipzig und hat ein kluges Gesicht und steht Red' und Antwort. Und rothe Backen hat er auch. Sieht er aus, als ob er einen Kummer hätte oder einen Gram ums Vaterland? Unsinn. Ordnung und immer feste.‹

In diesen paar Worten liegt, will es uns dünken, mehr Culturgeschichte Deutschlands aus unseren Tagen, als in manchem dickleibigen Buche; und ein Seufzer entringt sich unserer österreichisch fühlenden Seele. Wir wünschten, *wir* könnten einen Fontane haben! [...]

Aus dieser Mischung des Märkisch-Preußischen mit dem Humor eines ins Gleichgewicht gekommenen Greises setzt sich die Eigenart der letzten Fontane'schen Werke zusammen. Und vor Allem der überlegene Werth des Romans ›Stechlin‹. Denn wenn dies Buch auch Roman heißt: etwas Romanhaftes oder gar Romantisches geschieht wahrhaftig nicht darin. Da ist der alte Stechlin, wie wir ihn eben sprechen hörten, und so ist er auch, sein Sohn, der auszieht eine Frau zu erobern und sie ohne geringste Schwierigkeit erobert, ganz ohne Abenteuer. Eine Schwester des alten Stechlin, die Familie der Braut, die Freunde des jungen Stechlin, Leute aus dem Orte Stechlin: und es geschieht im ganzen Roman eigentlich nicht viel mehr, als daß wir diese Menschen kennen lernen. Aber wie wir sie dafür kennen lernen! Das ist eben die Kunst Fontane's. Denn daß der alte Stechlin nebenbei sich für den Reichstag candidiren läßt und gegen den Socialdemokraten durchfällt, daß der junge Stechlin eine Reise macht, Alles das ist ganz nebensächlich, die Hauptsache bleibt doch, daß wir den lieben, lieben Papa Fontane sprechen, raisoniren und seine, seine Fontane'schen Gedanken über die Welt äußern

hören können. Und es fällt ihm auch nicht im Traume ein, in die gradlinige Geschichte etwas ›Spannung‹ hineinzwingen zu wollen, dem jungen Liebespaare vielleicht Hindernisse in den Weg zu legen; gar keine Idee! Die jungen Leute sollen sich nur ruhig heirathen; es gibt soviel wichtige Dinge neben der Liebe, darüber man reden kann, daß solche Kleinigkeiten daneben verschwinden. Und daß sich am Ende vielleicht nur der Kritiker darüber wundert, was für einen seltsamen Roman er da gelesen, und – wie wohl er sich dabei gefühlt hat!
An einer Stelle des Romans sagt der alte Stechlin: ›Es gibt so viele Menschen, die haben einen natürlichen Haß gegen Alles, was liebenswürdig ist, weil sie selber unliebenswürdig sind.‹ Das wollen wir auch auf den ›Stechlin‹ anwenden: wer nicht unliebenswürdiggelten will, wird ihn lieben; und Theodor Fontane mit ihm!«

-o-s.: Prager Tagblatt, Nr. 334, 4. Dezember 1898, S. 18

»Stechlin, der letzte Roman Theodor Fontane's, ist kein posthumes Werk, wenn auch die Buchausgabe erst nach des Dichters Tode herausgekommen ist. Es erschien in der illustrirten Wochenschrift ›Über Land und Meer‹. Und der Dichter hat gewiß bei seinen Lebzeiten hier und da Zeichen und Botschaften erhalten, wie das Werk wirkte. Die Unbefangenen, die Kenner und die literarischen Feinschmecker freuten sich daran, genossen die Meisterschilderungen von Charakteren und Situationen und ärgerten sich nicht daran, daß der Dichter in seinem Weltspiegel Personen und Typen in anderer Beleuchtung zeigte, als sie der oder jener am liebsten sieht. Nun hat der Tod mit sanftem Drucke die Hand des liebenswürdigen Menschen, des wahrhaftigen und echten Dichters für immer fest gehalten; die Hand, die alle die witzigen, anmuthigen und poetischen Kunstwerke niederschrieb; die Hand, die so bereit war, jeden Gruß, jeden guten Wunsch, jede Frage zu beantworten.
An Kalenderjahren war Th. Fontane ein alter Mann. An Schärfe der Beobachtung, überlegener Kunst, graziöser Darstellung, die auch beim absichtlichen Sichgehenlassen anmuthig blieb, an Wahrhaftigkeit der Gesinnung, an

muthigem Einstehen für seine Meinung und an Herzenswärme nahm er es mit jedem Jüngsten auf. Er war kritisch und sah an allen Dingen auch die ›andere Seite‹ und nicht nur die Schauseite. Und gerade so setzt sein alter Herr von Stechlin hinter jedes ›Kannsein‹ ein ›Kannauchnichtsein‹ und hat ein spöttisches Mißtrauen gegen Prätensionen irgendwelcher Art und Phrasenhaftigkeit. Aber bei aller Objektivität blieb er nicht kühl, und bei allem, was er als ›bourgeoishaft‹ bezeichnet, ging er mit schneidender Ironie vor; für das ›Marchandiren‹ war er nicht zu haben. – Keine Kritik, nur ein Hinweis, wollen diese Zeilen sein. Der Dichter hat sein Werk selbst als Roman bezeichnet. Aber von dem, was ›romanhaft‹ ist, von rührsamen Liebesgeschichten, verschwundenen Testamenten, Duellen und anderen aufregenden Begebenheiten, von alle dem wird der Romanleser aus Neigung – auch Romanschlinger genannt – nichts finden.

Stechlin, so heißt ein märkischer Edelmann, und Stechlin heißt ein kleiner, wundersamer See auf seinem Gebiete. Der alte Herr von Stechlin ist das, was Th. Fontane einmal in irgend einer Theaterrezension verlangte: ›eine Individualität innerhalb des Typus‹. Er ist ein Edelmann, und ein märkischer obendrein, der Typus ist unverkennbar; aber er ist eine Individualität. Und als solche hat er sicher eine überaus große Ähnlichkeit mit seinem Biographen und Dichter. Was Wunder, daß man ihn von Etappe zu Etappe lieber gewinnt. Der ›Individualitäten im Typus‹ giebt es in dem Romane noch mehr, und einige absolute Originale noch dazu, aber so sehr hat kein anderer noch von des Dichters Geiste den Hauch verspürt, wie der alte Herr in seiner Riesenkate mit der großen Glaskugel davor. Allenfalls noch der Pastor Lorenzen, der Ästhetikus und Anhänger der neuen Richtung. – Wir lernen den alten Herrn von Stechlin nur in den letzten Monaten seines Lebens kennen, so von den letzten Krammetsvögeln bis zu den ersten Schneeglöckchen. Wir machen die Bekanntschaft seines Sohnes, seiner Gäste, seiner Nachbarn und Gutsangehörigen, der anzuheirathenden Familie des Sohnes und deren Anhang. Das ist eigentlich Alles. Und doch ist dieser Roman, der nach landläufiger Klassifikation eigentlich keiner ist, ein echt zeitgeschichtlicher Roman, und historischer als mit Stempel und Siegel versehene Gliedermänner, die ›so geduldig stillhalten, wenn die Natur gegen den Schneider sich wehrt‹.

Mit der gleichen Vertheilung von Witz und Behagen spielt des Dichters Laune auf dem modernsten Saitenspiele. Er selbst hat das Verglichenwerden nicht geliebt und einmal ganz zornig gerufen: ›Ein jeder Einfall, statt ihn zu loben, wird einem anderen untergeschoben.‹ Wollte man seine Art der Schilderung aber doch mit der eines anderen Romandichters vergleichen, so läge wohl *Thackeray* am nächsten. Die beschauliche Breite in der Komposition, das Verweilen beim Kleinen, der scharfe Blick für die Wechselbeziehungen zwischen Personen und Verhältnissen, die geniale Gabe, das Geschaute plastisch zu schildern: das ist dem deutschen Dichter wie dem Engländer zueigen. Nur daß Thackeray mehr Richter ist und Fontane mehr Dichter. Er rechnet nicht so sehr ab mit der Gesellschaft; er betrachtet sie sich. Er kann sich allem ›bequem bequemen‹, nur ... ›feierlich kann er's nicht nehmen‹. Er, dem man gelegentlich den Vorwurf gemacht, er ließe seine graziöse Feder nicht ungern an gewagten Stellen spazieren und ginge intrikaten Sachen nicht genug aus dem Wege, er hat, gerade wie sein Pastor Lorenzen, die ›Schamhaftigkeit des Herzens‹ und mischt die heiligen Dinge nicht in die Alltäglichkeit, ebenso, wie ihm alles Sichaufspielen mit poetischen Motiven und sogenannter schöner Sprache zuwider ist.

Der alte Stechlin steht seitab vom Weltgetriebe; er betrachtet das Tanzen auf dem Balle, aber er läßt die Anderen tanzen. Er hat sich seine eigene Philosophie zurechtgemacht. Und als er beinahe das Reichstagsmandat bekommen hätte, und Feilenhauer Torgelow ihm doch den Rang abläuft, da trägt er an dieser Enttäuschung nicht eben schwer. Er weiß sich zu bescheiden. – Es ist eine eigenthümliche Kunst Th. Fontane's, zu zeigen, wie sich Ansichten und Meinungen in der Auffassung der verschiedenen Individualitäten wandeln. Eines der ergötzlichsten Beispiele dafür ist des alten Herren von Stechlin Schwester, die Domina, und die Unterhaltung zwischen ihr und den Berliner Gästen im Stechliner Herrenhause ist ein wahres Meisterstück. Ja, die Unterhaltungen überhaupt! Es geschieht ja nicht viel, aber die Leute unterhalten sich. Sie

unterhalten sich über Politik und Kunst, über Literatur und Schule, über die verschiedenen ›Richtungen‹, erzählen Anekdoten und reden auch ein wenig von Gott und der Welt; aber davon nur wenig. Und wenn sie auch mehr oder weniger ›fontanisch‹ reden, so kann das dem Leser nur recht sein. Es fällt dem Dichter erstens nie ein, schlichte Leute nie anders als schlicht und kluge Leute anders als klug reden zu lassen, und wenn er, zweitens, doch hier und da ein Korn von seinem Salze einstreut, so wollen wir das doch dankbar genießen. Breiter Bettelsuppen für das ›groß Publikum‹ giebt es gerade genug.
Aber wenn der Roman ›Stechlin‹ nun nicht romanhaft spannend ist und nicht auf Effekte hinarbeitet, was für eine ›Tendenz‹ vertritt er denn eigentlich? Er soll ein Zeitbild sein, aber kein eigentlich historischer Roman, ein Bekenntniß, aber kein frommes Buch; eine amüsante Lektüre, aber nicht komisch?! – Goethe hat einmal in einem Streite über seinen Wilhelm Meister gesagt: ›Ich sollte meinen, ein reiches mannigfaltiges Leben, das unsern Augen vorübergeht, wäre auch an sich etwas, ohne ausgesprochene Tendenz, die doch nur für den Begriff ist.‹ Und dieser Meinungsausdruck des Altmeisters Goethe paßt auch auf den Meister Fontane, dem ein Band Goethe allezeit eine gute Wehr und Waffen gewesen, und paßt auf sein Lebensbuch ›Stechlin‹.«

L. Kr.: Stechlin. Roman von Theodor Fontane. In: Posner Tageblatt, 11. Dezember 1898

»Es ist nicht nachsichtige Milde, sondern Überzeugung und dazu ein Verdienst des ›Stechlins‹, wenn ich das bekannte Wort bei dem nunmehr auch heimgegangenen Fontane im vollen Umfange bewahrheite. Von diesem seinen letzten Werke kann ich nur Gutes sagen, und eben dessen bedarf es für den Dichter kaum mehr. Seine litterarische Persönlichkeit steht nachgerade fest, ebenso Wert und Eigenart seines Schaffens, die jüngst erst in Nr. 43 dieser Blätter zum Gegenstand eingehender Betrachtung gemacht wurden und eine schöne Würdigung erfuhren. Ich brauche also nicht von der Eigentümlichkeit Fontanes bei der Gestaltung der Fabel zu sprechen, verzichte auch auf eine Inhaltsangabe – sie fiele übrigens kurz aus –, wie darauf, mein günstiges Urteil durch Einzelheiten zu begründen. Dafür

möchte ich recht nachdrücklich die Bedeutung betonen, die dieses gedankenvolle Buch als Erzeugnis schönster Geistesreife und Geistesfreiheit für gebildete Leser und Freunde anregender Lektüre hat. Ich greife dazu einige der Betrachtungen und Urteile heraus, die Fontane aus dem Schatze seiner Lebenserfahrung spendet: Selbständigkeit ist ihr kennzeichnendes Merkmal, mag der Dichter mit liebenswürdiger Epik über sonst etwas plaudern. [Es folgen Zitate aus dem Gespräch zwischen Dubslav und Barby über Kaiser Friedrich und Kaiser Wilhelm I., sodann Ausschnitte aus Lorenzens Kommentar über den »Hauptgegensatz alles Modernen gegen das Alte« sowie seiner Auffassung des Heldischen.]
Ich denke, diese Beispiele werden die Empfehlung des ›Stechlins‹ als eines Buchs für denkende Menschen hinreichend rechtfertigen.«

Richard Friedrich: Neue Romane. In: Blätter für litterarische Unterhaltung, 1898, S. 828 f.

»Dieser ›Stechlin‹, der erst jetzt nach dem Tode des Dichters in unsere Hände kommt, ist vielleicht das Fontanescheste aller Bücher, die Fontane geschrieben. Seine Schlichtheit ward schlichter. All dem, was man Handlung, äußere Spannung, Verwicklung nennt, ist Fontane ganz geflissentlich aus dem Wege gegangen. Er führt in das Schloß des Herrn von Stechlin, am gleichnamigen See gelegen, und man lebt mit dem Hausherrn, der ein Prachtmensch und ein wundervoller Causeur zugleich ist und den Fontane nach seinem eignen Bilde (und ein wenig auch nach dem seines Vaters, versteht sich) geschaffen, und man freut sich mit ihm des Besuchs seines Sohnes, des Rittmeisters von Stechlin von den Garde-Ulanen. Und dann spinnen sich die Fäden mit dem Schicksal dieses Sohnes weiter. Er findet nach scheinbarem, aber eben auch nur scheinbarem Schwanken zwischen zwei Schwestern, die Frau, die sein Lebensschifflein mit sanfter Hand sicher weitersteuern wird, und die Hochzeit, die in Freuden gefeiert wird, wird zugleich Anlaß zum Ausbruch der Todeskrankheit, die des alten Herrn von Stechlin harrt. Der stirbt, nachdem er seinen Frieden gemacht hat, still und sanft, wie der alte Fontane selbst still und sanft vom Tode wie von Freundeshand hinübergeleitet worden ist. Das junge Paar aber, das nunmehr auf Schloß Stechlin einzieht, wird nicht, wie zu fürchten stand, dem guten Alten und Bewährten ein böses Ende bereiten, nein, es wird alles still seinen Gang weitergehen. Und das ist von Wichtigkeit. Denn der ›Stechlin‹ ist ein politischer Roman, nicht im landläufigen Sinn, doch darin, daß der alte Fontane die neuen Ideen, die umgehen, hat Revue passieren lassen und auf ihren Wert hin geprüft hat. Und das Endurteil lautet: alles ist gut; aber für den märkischen Junker ist's vielleicht am besten, wenn er sich um die Ideen des Tages wenig kümmert und ruhig den Weg fortgeht, den ihm Charakter und Tradition weisen. So wenigstens der alte Fontane in seinem ›politischen‹ Roman. Und in einer eigenartigen Symbolik hat er die Ideen dieses seines letzten Romans zum Ausdruck gebracht. Der stille Landsee, an dem das Schloß derer von Stechlin gelegen, ist ein seltsamer See. Vulkanische Eruptionen und Erdbeben in der entgegengesetzten Zone der Erde macht er in seiner Weise mit: Wassersäulen steigen dann aus dem stillen Becken, und zuweilen erscheint selbst der ›rote Hahn‹. Und nicht viel anders ergeht es den Menschen, deren Schicksale sich erschließen: die Ideen, die draußen in der Welt umgehen, müssen sie jeder in seiner Weise mitmachen. Aber es findet sich schließlich doch auch jeder in seiner Weise zurecht. Denn es ist ein Buch des Friedens, das uns der alte Fontane als sein Vermächtnis hinterlassen hat.«

Die Frau. Monatsschrift für das gesamte Frauenleben unserer Zeit. 6,3 (1898) S. 187

»Überall in der Welt regt sich's, und neue Wahrheiten kommen zu Tage, machen ein freundlich Gesicht und werben Anhänger. Und auch in der Mark, in Fontanes alter Mark, gucken sie in die Fenster der Hütten und schleichen sie über die Rampen der Schlösser. Und da liegt ein See in der Mark, nicht weit von Rheinsberg, der heißt der Stechlin. [...] Er macht die Weltereignisse mit, in seiner Art, der kleine Landsee auf märkischem Boden. Und darum ist Theodor Fontane bei ihm eingekehrt, in seinem Spiegel zu sehen, was draußen vorgeht und ob es das märkische Wasser trübt. Den Herren von Stechlin, denen der See gehört und die ein sehr unschloßmäßiges Schloß an seinem

Ufer bewohnen, geht's auch nicht viel anders als ihrem See. Sie haben gut märkische Junker sein, der neuen Zeit und ihren ›Wahrheiten‹ müssen sie doch den Herzens- und Verstandestribut zahlen. [...] Das alles ist mit jener Kunst geschildert, für die der Name Fontane so gut steht wie ein ästhetisches Urteil; oder vielmehr besser. Zwei Höhepunkte aber giebt es meinem Empfinden nach, an denen diese Kunst in ihrer einzigartigen Intimität und reichen Innerlichkeit wie Offenbarung wirkt. Das ist einmal die Verlobung. Armgard hat den Rittmeister hinausgeleitet, und sie sprechen von Gräfin Melusine. ›Sie werden mich eifersüchtig machen,‹ sagt sie. – ›Wirklich, Komtesse?‹ Das ›Wirklich?‹ steht an Stelle vieler Worte und *ist* die Verlobung. Und die gleiche innerliche, Worte verschmähende Kunst beim Sterben des alten Stechlin. Engelke, der Diener und treue Kamerad, schickt das Mädchen, das dem Alten die letzten Lebenstage erheitert hat, in den Garten, ein paar Blumen für den Herrn zu pflücken. Und sie legt sie ihm auf den Schoß, still, seinen Schlaf nicht zu stören; denn sie glaubt, daß er schläft. ›Dat sinn de ihrsten,‹ sagt Engelke, ›un wihren ook woll de besten sinn.‹

Ein politischer Roman, dieser neue Roman von Theodor Fontane. Denn der stille märkische See muß ja die großen Weltereignisse da draußen mitmachen. Und doch so gar nicht ein politischer Roman; besser, ein Buch politischer Weisheit. Nicht auf das Alte, sondern auf das Neue kommt es an. ›Ja, herabgestiegen ist alles, und es steigt immer weiter nach unten. Das ist, was man neue Zeit nennt, immer weiter runter.‹ Das Schwergewicht hat sich verlegt, nach unten verlegt, und die soziale Frage möchte gern den ›roten Hahn‹ im stillen Stechliner See spielen. Die adligen Familien sind bei Seite geschoben worden und – machen mit. Sie gönnen sich allerlei Gesinnungsluxusse, wie der alte Fontane sagt. Dem einen wird das Neue zu innerlichem Liberalismus, andere führt's zum Bebel-Mode-Mitmachen.

In einer lustigen und einer ernsten Szene hat Fontane die soziale Gegensätzlichkeit verdichtet. In Berlin, am Kronprinzenufer, geben sich die Kutscher eine Gesellschaft, während die Herrschaft zur Landpartie in's Eierhäuschen ist. Und da sieht man die Dinge, die man sonst von oben zu sehen gewohnt ist, sich einmal von unten an. Da sehen sie anders aus. Und die ernste Szene: Herr von Stechlin, der alte, gute Stechlin hat sich in seinem lieben Kreise zur Wahl aufstellen lassen, und fällt gegen den ersten, schlechtesten Sozialdemokraten durch. Und nach der Wahl fährt er heim, und da liegt auf dem Wege ein Landarbeiter, ganz betrunken, und der kommt auch von der Wahl. Natürlich hat er für den Sozialdemokraten gestimmt. Und der alte Stechlin läßt ihn auf seinen Wagen setzen und fährt ihn heim. Giebt ihm auch noch eine Kleinigkeit zur Versöhnung. Ganz symbolisch mutet die Szene an. Aber andererseits: der alte Stechlin hat einen jungen Arzt in seiner letzten Krankheit als Vertreter seines Hausarztes bekommen. Der kommt frisch aus Berlin und ist sehr für das Neue und voller Sympathien für die Sozialdemokratie. Und den setzt der alte Stechlin vor die Thür; will mit ihm nichts zu schaffen haben. Der junge Mann schließt daraus auf Junkertum und ist auch ganz in seinem Recht. Und zwischen zwei ganz vernünftigen, wohlgesinnten Menschen entsteht das, was man politische Gehässigkeit nennt.

Wer Theodor Fontane *nicht* kennt, der möchte fragen: in welchem Lager wohnt das Recht? – Nicht bei der Bourgeoisie. Mit der will Fontane nichts zu schaffen haben. Die denkt nur an sich und tanzt um's goldene Kalb. ›Oberklasse gutt, Unterklasse serr gutt; Mittelklasse *nicht* serr gutt,‹ sagte Freund Wrschowitz, der Ungar. Recht hat das freie volle Menschentum, wie's sich auch stellt, diesseits und drüben. Und Typen dieses Menschentums, das innerlich Recht hat, hat Theodor Fontane in seinem neuen Roman fest und klar hingestellt, mit reicher Schaffenskraft und aus reichem Herzen. Es sind noch mehr Fontanesche Menschen in seinem neuen als in den meisten seiner früheren Bücher. Menschen mit klarem Kopf und warmem Herzen, liebenswürdige Causeurnaturen und voll der inneren Tapferkeit, auf die es ankommt. Und die haben auch in politischen Dingen immer Recht. Und wo die nicht aussterben, wird auch das Neue das Alte nicht verdrängen, das Überkommene das Junge nicht ersticken. Denn das Menschliche bleibt sich in allen Wandlungen doch gleich. Und in dem Sinne ist das junge Paar, das in Schloß Stechlin einzieht, ein altes, ein innerlich erprobtes Paar.

Man kann dem neuen Roman von Fontane zum Vorwurf machen, daß er eigentlich gar kein Roman ist. Handlung werden die einen vermissen und Ökonomie die andern; und haben damit auch Recht. Aber es giebt so viel Romane und so wenig gute Bücher, daß ich's dem alten Fontane verzeihen möchte, daß er diesmal ›nur‹ ein gutes Buch gegeben. Ein liebes, gutes und reiches Buch.«

Ernst Heilborn: Das litterarische Echo, 1 (1898/99) Sp. 57–59

»Das vergangene Jahr hat die deutsche Litteratur in doppelte Trauer versetzt. Konrad Ferdinand Meyer starb, und Theodor Fontane starb, die beiden entgegengesetztesten Vertreter deutschen Wesens, die kaum noch derselben Race anzugehören scheinen, der strenge Bildner, der aristokratische Künstler, der unter südlichem Himmel seine Sprachdenkmäler wie aus glattem Marmor formte, und der schlichte nordische Poet, der Typus sorgloser Vornehmheit und, mehr als Künstler, ein Freund, ein Weiser und ein großer Mensch. Die beiden Grenzhüter deutschen Wesens, die Thürmer der nördlichen und der südlichen Warte sind gefallen, und in dem weiten Reiche zwischen Eider und Adria ist mehr als Trauer um zwei Männer, ist ein Gefühl der Trostlosigkeit, des Beraubtseins, wie das des Wanderers, der den letzten Abendschimmer auf den Gipfeln der Berge verblassen sieht und noch lange unabgewandten Auges in die dunkle, leere Ferne starrt. Die beiden Dichter haben sich schwerlich gekannt, haben nie von einander gesprochen, und niemand wird sie sich je durch eine zwanglose Beziehung verbunden vorgestellt haben; man kann sich nur mit einer gewissen Mühe vergegenwärtigen, daß beide in derselben Sprache schufen, der Oberdeutsche, ein Höhenmensch, der dem alten germanischen Wandertriebe folgend unter der italienischen Sonne brennendere Farben, reinere Formen sucht, der sich als Geistesverwandter in das Lebens- und Kunstideal der älteren romanischen Kultur hineinlebt, und der Sohn der norddeutschen Tiefebene, der sich den kargeren, dunkleren, formloseren Reizen seiner Heimat andächtig hingiebt und seinem Wesen nach ganz nach Norden gewandt die englischen Vettern gern besucht und Klänge germanischer Vergangenheit aus den wilden Strophen schottischer Balladen erlauscht. Die ungeheure Entfernung, die zwischen der nördlichen Natur des einen und der südlichen des anderen fast jede Verbindung aufhebt, giebt uns eine Anschauung von der weiten Verzweigtheit deutschen Geisteslebens, läßt uns eine Fülle von Möglichkeiten ahnen, die sich aus der Ausgleichung dieser seit Goethes Tode mehr denn je divergierenden Kräfte für den Fortgang unserer Kultur ergeben müssen. Es ist kein Zweifel, daß wir uns heute mehr nach Norden orientieren, daß wir näher an Fontane sind als an Meyer, näher an Immermann als an Platen, wie es uns der Rembrandt-Deutsche[5] schon vor einigen Jahren zum Bewußtsein gebracht hat, aber in diesen Tagen kommt auch aus dem deutschen Süden das von romanischer Bildung übernommene Kunstideal des l'art pour l'art, und der Nietzschesche Herrenmensch kann die außerdeutsche südlich-romanische Eigenart seines Individualismus nicht verbergen, er widersetzt sich mit jedem Zuge dem nordisch-germanischen Geistesleben, das in diesem Jahrhundert alle tieferen europäischen Bewegungen geführt und das seit dem Mittelalter behauptete Übergewicht romanischer Kultur gebrochen hat. Noch ist unser Besitz zerstreut, verteilt, der deutsche Schriftsteller ist selten eine europäische Erscheinung, und selbst in seinem Lande vertritt er meistens eine geistige Provinz für sich. So sind auch die beiden dahingegangenen Männer echte Partikularisten in ihrer Kunst, in diesem Partikularismus liegt die Kraft und auch die Grenze ihres Wirkens.

Fontane, der Preuße, hat uns als sein Vermächtnis den ›Stechlin‹ hinterlassen, in dem er von allem, was ihm lieb war, noch einmal Abschied genommen hat, von der märkischen Heimat und von allem, was in ihrem Sande so trefflich fortkommt, Edelleuten, Pastoren, Dorfschulzen, Schullehrern, von seinem lieben Berlin mit dem Alexanderregiment und den Ersten Dragonern, von der demokratischen Oberspree, über der der Rauch aus den Schornsteinen der Kattunfabriken dahinzieht, und von den stillen, vornehmen Häusern am Kronprinzenufer, wo in allen Etagen, von der Portiersloge bis zum Giebel so klug Berlinisch, so

5 1890 veröffentlichte Julius Langbehn sein nationales Erziehungsbuch anonym unter dem Titel »Rembrandt als Erzieher. Von einem Deutschen«.

wundervoll Fontanisch gesprochen wird. In diesem Roman wird erzählt, wie der junge Stechlin sich verheiratet und wie der alte Stechlin stirbt oder vielmehr sich gelassen ins Jenseits hinüberplaudert. Das ist der Inhalt, wenn man nicht eben als Romansujet die hauptsächlich von den Portiersleuten des Gräflich Barbyschen Hauses erörterte Frage hinnehmen will, ob der junge Stechlin nicht doch die ältere Schwester Wittwe statt der jüngeren Schwester Jungfrau nehmen wird. Dieser Roman ist nichts, will nichts sein als Plauderei, oder wem das besser klingt, Causerie, und diese Form möchte heute als die einzig passende für einen ernsthaften Menschen erscheinen, der sich überhaupt noch entschließen mag, einen Roman zu lesen. In dieser Hinsicht ist das Werk vorbildlich, nicht durch die Absicht des Verfassers, der sich dem laisser aller anvertrauen durfte, vielleicht aber doch nicht ganz unabsichtlich, wenn man sich der eigentümlichen Verschämtheit erinnert, mit der in ›Effi Briest‹ das eigentlich Romanhafte behandelt, der offensichtlichen Widerwilligkeit, mit der irgend ein Zufall zur Herbeiführung der Katastrophe bemüht wird. Im ›Stechlin‹ giebt es dergleichen nicht, es geht alles sehr normal zu, und der reizende alte Blagueur, der Fontane ist, hütet sich wohl, den Stechliner See, von dem berichtet wird, daß er einen Wasserstrahl aufschießen läßt, wenn in der Welt irgendwo was ›los‹ ist, von seinen geheimnisvollen Kräften eine Probe geben zu lassen. Wer sich heute an einen der Balzacschen oder Zolaschen Romane macht, die, wie man in Frankreich sagt, in gewissem Sinne immer Maschinen sind, der muß mit viel Gutmütigkeit und Gutgläubigkeit auf die Voraussetzungen des Autors eingehen, er muß wie in Zola's ›Paris‹ dem Anarchisten mit seiner Dynamitbombe in die Krypte der Sacré Coeur-Kirche auf Montmartre folgen, er muß sich spannen lassen, obgleich er weiß, daß aus dem Attentat nichts werden wird, da ja die Kirche noch steht. Derartiges ist bei Fontane nie und am wenigsten in seinem letzten Romane zu überwinden. Unsere Intelligenz weiß sich sicher bei ihm, und aus diesem Gefühl der Sicherheit stammt wohl zum Teil das unbeschreibliche Wohlsein nicht nur des Herzens sondern auch des Kopfes, das er uns in jedem seiner Bücher empfinden läßt. Er verlangt kein sacrificium intellectus, er begiebt sich eines Privilegs, das die

Gewohnheit den Poeten eingeräumt hat und nicht zum mindesten den sogenannten Wirklichkeitsdarstellern, die wie Balzac oder Zola meistens große Phantasten gewesen sind. Fontane hat von der ›Adultera‹ bis zum ›Stechlin‹ seine Technik in ähnlicher Weise herausgebildet wie bei unseren Nachbarn Anatole France, der ihm als Stilist überlegen ist, sich aber an eigener, tiefer Schöpferkraft nicht mit ihm vergleichen kann. Anatole France hat sich die Gemeinde der feineren, nachdenklicheren Leser allmählich erobert und, seitdem er auf alles Romanhafte verzichtend ganz Causeur geworden ist, hat er die Alleinherrschaft Zolas mit gefährlicher Rivalität zu erschüttern begonnen. Da unsere jüngstdeutsche Bewegung es ihrer Zeit versäumt hatte, einen Zola hervorzubringen, so brauchten wir nicht erst zu wählen. Die beiden Schriftsteller, der Deutsche wie der Franzose, haben die gleiche Abneigung gegen die Darstellung der plumpen Gewalt der Dinge, sie begnügen sich, die Gegensätze zu sublimieren, zu ihrer feinsten Wesenheit zuzuspitzen, sie lassen sie durch den Mund charakteristischer Vertreter aussprechen, indem sie jedem seine besten Gründe, seine innerliche Selbstberechtigung geben. Anatole France erscheint in seinen letzten Romanen selbst als der überlegene Räsonneur, der um alles zu erklären, alles in seiner Skepsis auflöst. Fontane als der stärkere Bildner und reichere Schöpfer ist in *allen* seinen Figuren, die nicht die Welt sondern nur sich selbst erklären wollen, die immer in der ihnen zukommenden Atmosphäre leben und daher trotz ihrer höchst individuellen Färbung auch repräsentative Gestalten sind. ›Ich bin überhaupt gegen alle falschen Mischungen. Auch bei den Menschen.‹ Seine Menschen sind niemals problematische Naturen, sie gelten ihm nur, soweit sie pflanzenhaft, festgewurzelt und eigengewachsen sind, daher sprechen sie trotz ihrem scheinbaren Sichgehenlassen und trotz ihrer unermüdlichen Schwatzlust auch nie nebenbei und immer wenn sie reden, thuen sie, wie Goethe sagt, ›bedeutend‹ den Mund auf. Diese Gespräche, diese Plaudereien sind nicht wie bei Anatole France Räsonnements oder Diskussionen, bei denen der eine oder der andere Recht bekommt, sondern sie gehen tiefer, sie sind Vergleichungen von Instinkten, und Fontanes Figuren sind wie ihr Schöpfer selbst Instinktmenschen. Zum Gutsherrn Stechlin gehört der Pastor, auch wenn er immer anderer Meinung ist, ebenso der knorrige Schullehrer und auch die kräuterkundige Alte, die das Wasser aus den Beinen mit Wasser vertreibt, aber der moderne Konsistorialrat gehört nicht dazu, so wenig wie der Assessor und Reserveleutnant, der in der kirchlichen Bewegung steht, von dem Dr. Moscheles ganz zu schweigen, der ein ganz braver Mann sein kann, der aber den Stock in der Mitte anfaßt, woran sich der alte Stechlin nicht gewöhnen kann. So ein Kreis, von Fontane gezeichnet, läßt Jahrhunderte sozialer Zusammengehörigkeit und Zusammenarbeit empfinden, läßt uns der stillen Wirkung sozialer Urkräfte auf den Grund sehen und die geheimen Sympathien und Antipathien in den Tiefen der Volksseele verstehen. Man muß fein hinhorchen, um zu erkennen, was alles in diesen Plaudereien steckt. Da sprechen nicht nur Menschen miteinander, die sich durch die Verschiedenheit ihrer Anschauungen oder ihrer sozialen Stellung unterscheiden, sondern auch solche, die ihrem Wesen nach durch Jahrhunderte getrennt sind. Alle Epochen haben in diesem kleinen Kreise ihre Spuren zurückgelassen, Alt und Neu sind hier nicht die Gegensätze des Tages sondern ganzer Perioden, die zum Teil noch nebeneinander existieren, bevor die eine die andere ablöst. Fontane hat mit einem glänzenden, tiefen Worte den Kontrast zwischen der alten unbeweglichen und der neuen strömenden Zeit charakterisiert. ›Früher war man dreihundert Jahre lang ein Schloßherr oder ein Leineweber; jetzt kann jeder Leineweber eines Tages Schloßherr sein.‹ Der alte Stechlin ist so eine Existenz, die dreihundert Jahre gedauert hat, ein letzter Ausläufer der absterbenden patriarchalischen Zeit. ›Alles Alte, soweit es darauf Anspruch hat, sollen wir lieben, aber für das Neue sollen wir recht eigentlich leben.‹ Fontanes Buch ist weder ein Sittenbild, noch ein sozialer Roman, noch sonst etwas, was sich irgendwie klassifizieren ließe, aber in ihm wird Geschichte lebendig, nicht wie sie sich auf den offiziellen Höhen offenbart, sondern wie sie aus ihren tiefsten Wurzeln heraufwächst. Wie der See Stechlin sich von unterirdischen Quellen nährt, so ist es in dieses Buch geströmt aus der Liebe seines Schöpfers zu den Menschen und zu dem Boden, auf dem sie gewachsen sind, es ist ein Buch der Menschengüte und der Weisheit, voll von der sonnigen Heiterkeit, die alle Äußerungen des Lebens als gleichwertig achtet und das Große im Kleinen, das Kleine im Großen lächelnd erkennt. Man liest es anders als andere Werke der Einbildung, etwa wie authentische Gespräche, Briefwechsel oder Memoiren, die von Lebens- und Menschenkenntnis gewürzt sind und uns den eigenen Duft früherer Zeiten bewahrt haben. Das Buch macht uns lächeln, so oft wir daran denken, es pflanzt sich tiefer ein als alle die groß angelegten Werke, die die moderne Wirklichkeit in ihrer Breite und Höhe zeichnen wollen und doch hinter der strömenden, wirbelnden Zeit als zu langsam und zu schwerfällig zurückbleiben. Es ist ein Genre, das unseren Verstand nie verletzt und unser Gemüt am tiefsten berührt, ein Genre der Resignation, das auf Weite, auf Fernsicht verzichtet, bis vielleicht die großen Phantasten kommen, um die Epopöe der Riesenkämpfe unserer Zeit zu schreiben. –

Der deutsche Roman und die deutsche Novelle haben ihre letzten representative men verloren in einer Zeit, da unser bester Nachwuchs in übereinstimmendem Zuge zum Theater drängt. Was bleibt uns? Eine litterarische Anarchie, von ausländischen Einflüssen erregt, ein qualvolles Versuchen und Tasten ohne gemeinsame Ziele, ein Nebeneinander von Unreife und Überreife, von Unkultur und Überkultur, sprachliche Barbarei und kokettes Preziösentum, originalitätssüchtiges Haschen nach neuen höchst eigenen Effekten, ein Bemühen um künstliche Neuschöpfungen, auffälligen Flitterglanz, während doch unsere Sprache, die reichste, unverbrauchteste, die noch jungfräuliche Wälder und Haiden hat und rohes Gold in noch unausgeschürften Schachten, nach Ruhe verlangt, nach ordnendem Kunstverstand, nach stilistischem Gewissen, nach schützenden Wällen gegen die Einbrüche der Barbaren. Wir haben so wenig festen Besitz, so wenig stützende Tradition, daß jeder neue Schriftsteller für sich von vorn anzufangen scheint. Kunstlose Ursprünglichkeit und wildes Draufgehen stehen bei uns immer noch in großem Ansehen, gelten als Talentversprechungen. Mancher junge Dichter ist wie ein nackter keulenschwingender Wilder auf die deutsche Litteratur losgestürzt, wir sahen ihn bald straucheln und an einer Krücke gehen, die er zuweilen noch wie eine Keule zu schwingen versuchte. Wir haben in den letzten Jahren viel litterarischen Kredit gegeben, die Mehrzahl hat ihn schnell verwirtschaftet. Überall treibt es und gährt es, stärker als je, aber es will nichts reifen, wir harren jahraus, jahrein, ob die goldenen Früchte nicht endlich fallen. Bis dahin – contenti estote! Begnügt euch mit eurem Commißbrote! –«

Arthur Eloesser: Neue Bücher. In: Neue deutsche Rundschau, 10 (1899) S. 485–488

»Das Thema vom Alten und Neuen steht [...] im Mittelpunkte unsres Romans. Unser Dichter hielt zum Alten, weil der innere Mensch mehr galt, die Welt voll Stetigkeit und Ruhe war, und nicht das Hasten und Drängen, den fieberhaften Wechsel der Verhältnisse zeigte wie in der modernen Zeit. Weil er aus der eigenen fest gerundeten und in sich geschlossenen Persönlichkeit heraus, die Halben haßt, die heute zahlreicher sind als je, das Strebertum und die Gesinnungslosigkeit. Er verlangt straffe, staatliche Ordnung und feste Autoritäten. Aber sein Konservatismus ist so wenig eng und beschränkt als der seines Helden Dubislav von Stechlin. Bei aller Verehrung märkischen Junkertums, geht er über seine Schwächen nicht schonend hinweg. [...] ›*Alles Alte, soweit es Anspruch darauf hat, sollen wir lieben, aber für das Neue sollen wir recht eigentlich leben*‹ heißt es an anderer Stelle. Und in diesem Satze scheint mir das Grundmotiv unseres Romans, vielleicht sogar der Schlüssel zu Fontanes ganzer einzigartiger Persönlichkeit, die zwischen zwei Zeiten steht, zu liegen. Die alten Menschen und die alten Verhältnisse werden mit ungleich größerer Liebe und Anhänglichkeit geschildert als die modernen, ja wir haben das Gefühl, daß der alte Dubislav und sein enger Kreis zehnmal mehr wert sind, als der junge Nachwuchs, aber immer klingt es doch wieder mahnend hindurch: ›Der Lebende hat Recht.‹ Der alte Stechlin stirbt, aber das Geschlecht der Stechline blüht fort.

Andererseits weiß er, neu und alt sind nur relative Begriffe. Auch ›das Werdende wird über kurz oder lang abermals ein Gegebenes sein.‹ Dies Neue ist nur eine Brücke und kein Zustand.

Eigentlich ist alles nichts
Heute hält's und morgen bricht's.
Hin stirbt alles, ganz geringe
Wird der Wert der ird'schen Dinge.

Und dies Gefühl läßt ihn des öfteren die Stürmer und Dränger des neuen Lebens mit der leisen Ironie gereifter Lebensweisheit behandeln. Sein Dubislav macht gern hinter alles ein Fragezeichen.

Fontane sieht auch hier wieder ab von allen großen Ideen und Tendenzen; er gibt dafür eine Welt im Kleinen. Nicht objektiv wie sie sind, sucht er die Dinge wiederzugeben, sondern so wie sie sich in seiner Persönlichkeit wiederspiegeln. Denn ›die Dinge an sich sind gleichgültig, alles Erlebte wird erst was durch den, der es erlebt‹. Am liebsten verweilt er in der beschränkten Welt seines Stechlin, und wenn er uns im Fortgang des Romans auch nach Berlin führt, so schildert er nicht das gewaltige Weltstadtleben, sondern ein ruhig vornehmes Adelshaus mit ein paar reinen, guten Menschen, allenfalls mal einen Seitenblick werfend in die Portierloge und andere tiefere Sphären. Er entfaltet die alte ›Andacht zum Kleinen‹ und die alte Neigung zum Schwatz, der, höchst unkünstlerisch und ökonomisch wenn man will, stets vom Hundertsten ins Tausendste führt. Da wird dann über Politik und soziale Dinge, über neue und alte Kunst, viel von England, von Kaiser und Heer, von Religion und weltlichen Dingen gesprochen. So nebensächlich diese Dinge an sich scheinen, er weiß dadurch seine Personen in unauffälligster Weise zu charakterisieren. Er gibt seine Gestalten nicht scharf umrissen, sie fließen gänzlich mit ihrem Milieu zusammen. Und es sind köstliche Typen, die er uns diesmal beschert hat. [...]

Es ist ein Werk des Alters in dem Sinne, daß der Dichter die Summe seiner Lebenserfahrungen zieht und sich wie einer, der nach langem schaffensreichen Leben das nahe Ziel ruhig vor Augen sieht, rüstet, über die Dinge dieser Welt ein paar allgemeine monumentale Sätze zu sagen. Dasselbe, was sich etwa in Herman Grimms späten Schriften und Reden bemerken läßt. Das Schönste aber an dem ›Stechlin‹ ist der Geist reinster Humanität, der dies Buch durchleuchtet [...].«

Hans Landsberg: Fontanes ›Stechlin‹. In: Das Magazin für Litteratur, 68 (1899) Sp. 325–327

»Die deutsche Literatur hat soeben auf einen Schlag zwei ihrer besten Romanciers verloren, den Berliner Theodor Fontane und den Schweizer Conrad Ferdinand Meyer. Beide waren übrigens sehr bejahrt, und Conrad Ferdinand Meyer hatte sogar seit langem das Schreiben aufgegeben. Fontane dagegen, der als Sechzigjähriger im Roman debütierte, hat das Schreiben bis zum letzten Tage fortgesetzt; und wenn auch der Roman, den er kurz vor seinem Tod veröffentlicht hat, ›Der Stechlin‹, vermutlich nicht den künstlerischen Rang einiger seiner vorausgegangenen Werke einnimmt, so ist dafür doch kein anderes persönlicher, typischer, besser gemacht, um eine Vorstellung von seinem Talent und seiner Art zu schreiben zu vermitteln. Der bejahrte Schriftsteller steht mit seiner ganzen Persönlichkeit darin; hier läßt er seiner natürlichen Anlage freien Lauf, endlich frei von den Prägungen durch Genre oder Schule, die ihn oft dazu geführt haben, seinen Romanen das Element der Verwicklung aufzuzwingen oder die Sujets nach einem zu speziellen Gesichtspunkt auszuwählen; und so ist ›Der Stechlin‹ gewissermaßen sein Testament, das getreue Abbild seiner Vorzüge und seiner Schwächen. So wenigstens schien es mir, und das ist auch der Gesichtspunkt, den ich zu analysieren versuchen werde [...].

›Der Stechlin‹ ist ein Roman von mehr als fünfhundert Seiten, ebenso lang wie ›David Copperfield‹ oder ›Anna Karenina‹: Aber sein Sujet könnte in zwanzig Zeilen wiedergegeben werden. [...]

Keine Spur von einer noch so allgemeinen Tendenz, nicht der Schatten eines Symbols oder einer These. Weit davon entfernt, den Gegensatz zwischen alter und neuer Generation im Zusammenhang mit dem alten Stechlin und seinem Sohn hervorzuheben, hat der Autor ihn eher zu verringern gesucht, indem er jede Konfrontation zwischen Vater und Sohn umging, es vermied, auf den Unterschieden ihrer Charaktere zu beharren, und beiden dieselben Gedanken und Gefühle mitgab. Man kann übrigens sagen, daß die unterschiedlichen Teile des Buches unter sich keine Verbindung haben oder vielmehr daß die Abschnitte, die sich jeweils auf den Vater bzw. den Sohn beziehen, wie zwei verschiedene Erzählungen sind, nachträglich vermischt. Unmöglich, sich den Mangel an Plan, Verwicklung und Handlung noch gesteigert vorzustellen. Die Personen machen nichts als sich miteinander unterhalten, am häufigsten bei Tisch; sie sprechen über die unterschiedlichsten und ausgefallensten Themen, von der Erbsünde bis zu den Romanen des Grafen Tolstoi; und das trägt über mehr als fünfhundert Seiten eines kleinen zusammengedrängten Textes.

Alles legt die Vermutung nahe, daß unter diesen Bedingungen eine französische Übersetzung des letzten Romans Fontanes nicht viel Aussichten hat, uns zu bewegen: Wir würden den Verdacht haben, daß sich der Autor über uns lustig macht oder daß er Unsinn redet. Die Wahrheit aber ist, daß Fontane kein ernsthafteres Buch je geschrieben und, trotz seiner achtzig Jahre, ihm mehr Schwung, mehr Begeisterung, mehr jugendliche Frische mitgegeben hat als irgendeinem anderen. Aber gerade das war es, was er unter einem Roman verstand: Und dieselben Mängel finden sich auch in seinem übrigen Werk, in ›L'Adultera‹, ›Effi Briest‹, ›Stine‹ und ›Irrungen, Wirrungen‹, das die deutschen Gelehrten für sein Hauptwerk halten. [...]

[Fontanes Romane] üben nicht – das können sie auch gar nicht – die große volkstümliche Anziehungskraft aus wie Romane von Herrn Sudermann oder Novellen von Herrn Heyse; doch schätzt man sie, obwohl weniger gelesen, um so mehr. Man fühlt, daß es Werke sind, die in der Geschichte der Nationalliteratur zählen werden und daß die Kenner sie mit Recht bewundern. [...]

Vollkommen sind die Romane Fontanes sicherlich nicht, auch nicht klassisch in dem Sinn, den wir gewöhnlich mit dem Wort verbinden. Aber sie sind deutsch, und das macht sie den deutschen Gelehrten wertvoll. Denn den Fortschritten der Zivilisation ist es – Gott sei Dank – noch nicht gelungen, ganz Europa ein einheitliches Ideal aufzuzwingen. Man hat nicht dieselbe Vorstellung von Schönheit in Italien wie in Norwegen, wie eifrig auch immer sich die Italiener bemühen, Skandinavier zu werden. Und was den Roman im besonderen anbetrifft, so beweist der Ruhm der Fontaneschen Romane, daß Deutschland seinem alten Gattungsverständnis treu geblieben ist, das nichts mit unserer französischen Art und Weise gemein hat. Das, was uns in diesen Romanen den wesentlichen Gattungsgesetzen zuwider zu laufen scheint, die Handlungsarmut, das Fehlen der Einheit, die Langsamkeit der Entwicklung und der Überfluß des Nebensächlichen, gerade diese Mängel finden sich in allen großen Romanen der deutschen Literatur wieder, von Goethe und der Romantik bis zu Freytag und Gottfried Keller; und sie sind nur für uns Mängel, weil wir daran gewöhnt sind, von einem Roman die entgegengesetzten Eigenschaften zu fordern. Nach wie vor dem Naturalismus betrachten wir tatsächlich unverändert den Roman als eine Art geschriebenes Drama, wo die Personen handeln müssen, wo die Ereignisse ›kräftig voranschreiten‹ und sich um eine Idee oder zentrale Begebenheit bewegen müssen. Aber ganz im Gegenteil sind für die Deutschen Roman und Drama grundsätzlich voneinander getrennt; für sie braucht der Roman weder Handlung noch Verwicklung; er kann sogar einen Mittelpunkt entbehren und gleichzeitig mehrere unterschiedliche Sujets behandeln: Denn der Roman, so wie sie ihn fordern und wie ihre Romanciers ihn geschrieben haben, ist einfach so etwas wie eine *Chronik*, eine angenehme Wiedergabe von Typen und Milieus, die ihnen vertraut sind. Danach steht es dem Autor frei, so viel Phantasie oder Realismus, wie er will, einzuführen, Jean-Paul Richter oder Gustav Freytag zu sein: Das Entscheidende ist, daß er ihnen Gestalten präsentiert, deren Leben sie sich vorstellen können, und daß er danach diese Figuren ungezwungen vor ihnen lebendig sein läßt.

Genau das hat Theodor Fontane schon immer gemacht. Seine Romane sind immer lange Chroniken geblieben, in denen die Personen einer durchschnittlichen Menschlichkeit vor dem Leser die tausend Kleinigkeiten ihres täglichen Lebens gefällig ausbreiten. Nie ist er etwas anderes als ein Chronist gewesen: Er war es von Natur aus und durch Erziehung; und als er mit sechzig Jahren seinen ersten Roman geschrieben hat, da hat er sich darauf beschränkt, auf einen neuen Bereich jene Fähigkeiten zu übertragen, die er in den vorausliegenden zwanzig Jahren angewendet hatte, um die Geschichte der Städte und Dörfer der preußischen Mark ausführlich zu erzählen. Die vier Bände seiner ›Wanderungen durch die Mark Brandenburg‹, seine ›Fünf Schlösser‹, seine Biographie über ›Christian Friedrich Scherenberg‹, alles kann als Vorwort für ›Irrungen, Wirrun-

gen‹, ›Grete Minde‹ und ›Der Stechlin‹ dienen. Man findet hier dieselben minuziösen Verfahren der Beschreibung und Erzählung, dieselbe Mißachtung der dramatischen Handlung, dieselbe Mischung von aktuellen Eindrücken und alten Erinnerungen.
Man findet hier auch dieselbe Poesie. Denn es wäre falsch, wenn ich sagte, daß Fontane nichts anderes gewesen sei als ein Chronist; er war darüber hinaus ein Dichter, und gerade das merkt man, wenn man seine Prosa liest. Man entdeckt nicht nur die Reinheit und Anmut des Stils, sondern auch die Zartheit des Tons, den Zauber der Bilder und die feinsinnige Schönheit der Gedanken und Gefühle. Ich glaube nicht, daß es in seinen fünfzehn Romanen auch nur eine einzige völlig schlechte Person gibt; und die vielen Mittelmäßigen haben auch noch ein gewisses Wesen, das uns daran hindert, sie zu verachten, so sehr fühlen wir, daß die lächelnde Nachsicht des Romanciers für sie eintritt. [...]«

Théodore de Wyzewa: Le dernier roman de Théodore Fontane. In: Revue des deux mondes (Paris) Bd. 150, Jg. 68 (1898) S. 926–935; gekürzt und übers. von H. Aust

2. *Urteile über die Fernsehinszenierung des »Stechlin« (1975)*

»Das deutsche Fernsehen macht – über die Abende von Karfreitag bis Osterdienstag verteilt – den Versuch, Fontanes Roman ›Der Stechlin‹ auf dem Bildschirm nachzuerzählen. Die Anstrengung ist ungewöhnlich, die Redaktion des Norddeutschen Rundfunks sucht auf diese Weise der öden Feiertagsunterhaltung und den ›Verlegenheitsprogrammen‹ zu entkommen und das Problem ›Literatur im Fernsehen‹ neu zur Debatte zu stellen. Nach der exzellenten Darbietung von Falladas ›Bauern, Bonzen und Bomben‹ ist die ›Stechlin‹-Bearbeitung abermals besonderer Beachtung wert auch deswegen, weil ebendieses Fernsehen seine Zuschauer an aktionsstarke, dramatisierte Handlungen gewöhnt hat, hier aber aller Reiz aus seinen epischen Möglichkeiten entspringt. Schon die ersten beiden Teile zeigten, daß darin eine Schwierigkeit steckt. Der nachfolgende Bericht geht aus von der Kenntnis aller drei Teile. Der letzte wird heute abend gesendet. Die Red.

1810 schrieb Kleist seinen ›Prinzen von Homburg‹, und 1898 erschien Fontanes ›Stechlin‹ – zwei preußische Märchen, am Anfang und am Ende des Jahrhunderts. Das Pathoskommando, der Morgenruf: ›In Staub mit allen

Feinden Brandenburgs‹ aus der preußischen Notzeit, als der König in Berlin auf den Kaiser in Paris hören mußte, hat einen seltsamen Nachhall im Schlußsatz des ›Stechlin‹: ›Es ist nicht nötig, daß die Stechline weiterleben, aber es lebe der Stechlin‹, der im Zenit der preußisch-deutschen Herrlichkeit am Herzstück des ganzen Organismus rührt, am ewigen Leben der Aristokratie. Denn wenn die Stechline auch nicht den Adel schlechthin repräsentieren, so doch eine seiner markantesten Erscheinungsformen, des preußischen Junkertums. Sie stehen für die Rochows, Quitzows und Zietens, für die Familien von Arnim, von Hackwitz oder von Kleist. [...]

Die Fernseh-Unternehmung von Dieter Meichsner und Rolf Hädrich, den ›Stechlin‹-Roman dramaturgisch in den Griff zu bekommen und einen Film daraus zu machen, fünf Stunden lang und in drei Abschnitte gegliedert, ist etwa so gewagt, wie es die Vertonung eines Konversationslexikons zur Oper wäre. Fast alles spricht dagegen, daß dem ›Stechlin‹ der Chic einer kontinuierlichen Anschaulichkeit abzuverlangen ist und daß sich seine Ereignisse, bei denen es so wenig zu sehen gibt, mit einem Bilderpanorama ausstatten lassen. Das einzige Argument für das kühne Projekt kann schließlich und endlich nur der Erfolg sein.

Tatsächlich sind Meichsner und Hädrich nicht gescheitert, sondern haben bei ihrer Übertragung etwas zu fassen gekriegt, das bisher kaum bemerkt im Roman verborgen war. Erst die Fotografie hat ans Licht gebracht, daß sich die Menschlichkeit des ›Stechlin‹ nicht auf die Sprache und die Gespräche beschränkt, sondern auch ganz einfach da ist, anwesend in wortlosen Vorgängen, die sich alle so sehr von selber verstehen, daß sie von der Leserphantasie allenfalls schnell registriert, aber nicht realisiert werden. Was der Film entdeckt, ist eine Wirklichkeit, die Fontane lautlos durch und durch komponiert hat.

Ein Beispiel: Der Sohn Stechlin macht mit zwei Regimentskameraden einen Besuch beim Vater, in dessen Wohnsitz am Stechlinsee. Ein Telegramm hat sie angekündigt, und wie die drei jungen Herren auf das Schloß zureiten, steht der Alte schon wartend auf der Rampe, und hinter ihm steht als sein anderes, dienstbares Ich das Faktotum Engelke. Aber während Fontane den Diener nun stillschweigend aus dem Spiel läßt, weil es sich nicht anders gehört, als daß so ein Hausgeist im Hintergrund bleibt und erst vortritt, wenn etwas zu besorgen ist, ist er im Film die Szene hindurch mit vollendeter Noblesse auf dem Posten, und kein Schatten eines Vorwurfs fällt von seiner scheinbar unscheinbaren Person auf die Herrschaften, die ihre Begrüßung unter sich abmachen.

Solche Stellen, die nun überhaupt erst in Erscheinung treten, indem sie tatsächlich sichtbar werden, sind nicht nur voll von gesellschaftlicher Information, sondern auch eine interessante Auskunft über Fontanes minuziösen Realitätssinn, der unaufdringlich und beinah verschwiegen das Milieu für die Hauptaktion bereitet, die in den Gesprächen stattfindet.

Aber wenn man die Feinheiten nur als Bagatellen einstufen will, gibt es für die Findigkeit und Fündigkeit des Films auch noch kompaktere Beispiele, etwa die Wahl in Rheinsberg, bei der Dubslav von Stechlin als der konservative Kandidat unterliegt und sein sozialdemokratischer Kontrahent der Sieger ist. Im Roman dominiert die politische Affäre, und das volkstümliche Ereignis läuft nur nebenher ein bißchen mit. Dagegen ist das Bild ausnahmsweise wirklich einmal menschenvoll. Und wie man die kleinen Leute, die Dubslav gegen sich hatte oder jedenfalls nicht für sich, auf dem Rheinsberger Marktplatz versammelt sieht, hat man auch das ganze Ereignis im Nu begriffen: seine Provinzialität, seine Anzüglichkeit und Zweideutigkeit und – das vor allem – die Zukunftsvision dahinter, die vom alten Stechlin und seinen Parteigenossen zwar ignoriert wird und die man an der Tafel im ›Prinzregenten‹, dem Hotel am Ort, mit einem guten Essen und mäßigen Reden schnell aus der Welt schafft, die aber insgeheim weiterwirkt und als ominöses Bild im Gedächtnis bleibt.

Die Absicht des Films ist klar: Der Roman sollte nicht nur mehr oder minder wörtlich vorkommen, sondern auch plastisch hervortreten, und dabei wollten der Drehbuchautor und der Regisseur von sich selber nicht viel Aufhebens machen. Sie haben das eine und das andere geschafft. Die Kürzungen am Text, die sein mußten, sind nicht ungehörig, und die Betonung der Hauptzüge in dem kreuz und quer durchfurchten Altersgesicht des ›Stechlin‹ muß man hinnehmen können. Das A und O, die Gesprächssituationen, erweisen nun durch die Aktion, die mitgespielt wird, ihre beinah erheiternde Insistenz. Wo man geht und steht, wird geplaudert, politisiert und philosophiert. [...]

Der respektvollen Distanz, mit der das dargestellt wird, entspricht die unprätentiöse Rollenbesetzung: Arno Assmann ist eher ein vorsichtig zurückhaltender Stellvertreter des Dubslav Stechlin als der Alte in Person. Er leiht der großen Fontane-Figur sein Gesicht, ohne sich ihr aufdringlich anzuverwandeln. Es bleibt bei der Andeutung. Die Gegenfigur, der Graf Barby, ist mit Carl Lange womöglich noch dezenter besetzt, und die Barbyschen Töchter, Franziska Bronnen und Diana Körner als Melusine und Armgard, sind schlicht darauf beschränkt, zwei schöne Frauen zu sein, wobei sich die eine etwas zu kokett, die andere etwas zu madonnenhaft ins Zeug legt. Und der Mann zwischen ihnen, Georg-Martin Bode als Woldemar Stechlin, ist nicht mehr, als man gerechterweise erwarten darf, ein gutaussehender preußischer Offizier mit den besten Umgangsformen. Also kein glänzendes, aber doch ein zweckentsprechendes Ensemble.

Der selbstlose Ehrgeiz des Films, ein Kunstwerk zu präsentieren, ohne selber eins zu sein, kam und kommt nun dem Zuschauer am Fernsehschirm drei Abende lang zugute: kein Manierismus, keine Stilisierung, keine Präpotenz quälen ihn, man kann sich auf die exakte Wiedergabe der politischen, gesellschaftlichen und menschlichen Fontane-Wirklichkeit verlassen.

Nur eines fehlt: die Ursubstanz der Stechlinschen Originalität – die Verquickung von Preußentum und Märchensee, von salonhaftem und melusinischem Wesen, von zeitgemäßem Kolloquium und märkischer Legende, von Sterbebericht und poetischer Tröstlichkeit. Mit den korrekten Mitteln, die Meichsner und Hädrich angewandt haben, war viel zu erreichen, aber Fontanes große Laune, dem Junkertum mit einer irrlichternden Phantasie heimzuleuchten, wie sie durch den ganzen Roman spukt, ist aus dem Spiel geblieben. Das brave Leitmotiv des Films, die rote Abendsonne über dem bleichen See, hat dem Mangel ebensowenig abhelfen können wie die gelegentlich aufrauschende Schubert-

Musik. Das Stechlin-Rätsel wird nicht gelöst, es wird nicht einmal angerührt. Und das ist vielleicht sogar gut so.«

Sibylle Wirsing: Preußisches Märchen, diskret. Zum Fernsehfilm über Fontanes ›Stechlin‹ / Ein schwieriges Unterfangen. In: Frankfurter Allgemeine Zeitung, 1. April 1975

»Fontane muß schon gewußt haben, warum er Romane und keine Theaterstücke schrieb, der Leser merkt es auch. Aber man läßt sich ja gern eines Besseren belehren: wenn Effi Briest mehrmals verfilmt wurde, warum sollte das nicht auch mit seinem handlungsärmsten letzten Roman ›Der Stechlin‹ möglich sein? Nur das Ergebnis der aufwendigen Produktion von Dieter Meichsner und Rolf Hädrich ließ die Frage nach dem Zweck des Unternehmens offen. Unvoreingenommene Zuschauer könnten beim Vergleich damit die Courths-Mahler-Verfilmungen vorziehen, in der Machart zeigten sich genügend Ähnlichkeiten.
Heiter erzählte der Kommentar, was der Zuschauer demnächst auf dem Bildschirm erblicken würde, nahm sogar Dialoge vorweg. War man besorgt um die Aufnahmefähigkeit des Publikums? Doch eher nicht, denn dazwischen gab es zusammenhanglose Einstellungen, die bestenfalls Verwirrung in die gedehnte Langeweile brachten. Fontane mußte sich auch noch Verbesserungen gefallen lassen, etwa der neckischen Art: er hatte nämlich vergessen dem Leser mitzuteilen, welche Zeitung der Graf zu lesen pflegte, da griff der Historiker Meichsner ein. Man erfuhr, daß es wohl die Voss'sche gewesen sei, an dem und dem Tag erschienen, mit einem Leitartikel nichtssagenden Inhalts. Das muß dann die didaktische Absicht der Autoren gewesen sein, nur wer wird worüber eigentlich aufgeklärt?
Alle Sorgfalt bei der Rollenbesetzung brachte einem weder Fontane noch die Zeit wirklich näher. Schön wäre es natürlich, wenn nun Bibliotheken gestürmt würden, von jenen, die, durch diese Produktion angeregt, Fontane im Original zu lesen wünschten. Aber, wer ihn nicht kennt, wird das kaum tun, dazu war die Verfilmung wahrhaft nicht angetan. Im Gegenteil, sie dürfte durch ihre Spannungslosigkeit nur abgeschreckt haben von solchem Unterfangen. Der beabsichtigte ›kleine didaktische Nebensinn‹ hat seine Wirkung doppelt verfehlt. An diesem Stoff in dieser unent-

schlossenen Darstellung, schwankend zwischen Schmöker und Zeitgeschichte in kleinen Dosen, kamen Aufklärung und Unterhaltung gleichberechtigt zu kurz.«

ch: Der Kritiker meint: Spannungslos. In: Frankfurter Rundschau, 3. April 1975

»Im Rahmen des vom NDR eingeleiteten Programmunternehmens ›Verfilmte Literatur‹ haben Dietrich Meichsner, zugleich Drehbuchautor und Produzent, und Rolf Hädrich, der Regisseur, nunmehr Theodor Fontanes letzten Roman, ›Der Stechlin‹ auf den Bildschirm übertragen. Es ist daraus ein in drei Teile gegliederter Film von rund fünf Stunden Dauer geworden. Am ersten Abend hatte man sich mit Skepsis an den Bildschirm gesetzt, aber der Fortgang des Films brachte Vergnügen, Zustimmung und ein Behagen, das beinahe dem Aufgehobensein glich, das einem die Lektüre des Romans schenkt.
Meichsner und Hädrich, aufeinander eingespielt, sind dem Roman, der in der deutschen Literatur so schwer wiegt, mit grossem Respekt entgegengetreten. Was sie unternahmen, war in der Richtung von Anfang an klar: weder der eine noch der andere dachte wohl je daran, die literarische Vorlage durch eine den Stoff frei verwaltende Adaptation aufzubrechen, umzubrechen, durch den Film den Roman in etwas durchaus Anderes, Neues, vom Literarischen Unabhängiges, ja diesem Entgegengesetztes zu machen. Denn Meichsner und Hädrich verstehen als Verfilmung vor allem eine Illustration, die auf die verfilmten Bücher aufmerksam machen soll; auf die Eigenart der Autoren wollen sie hinweisen und dadurch aus den Zuschauern Leser machen. Beide haben sie eher etwas Misstrauen gegen den Film als Medium, der nun aber doch ihr künstlerisches Geschäft ist; sie meinen, dass der Film die Wirklichkeit eines Romans, die voller Zeichen und damit voller Möglichkeiten der Interpretation ist, festlege, die Phantasie der Inbesitznahme im Unterschied zur Lektüre fessele und durch diese gefesselte Phantasie auf den Roman entstellend zurückwirke.
Die Auffassung Hädrichs und Meichsners ist ehrenwert, auch wenn man sie als Kritiker in dieser Verabsolutierung nicht zu teilen imstande ist. Es ist ein Film, der die Phan-

tasie durch die Realisation eines literarischen Stoffes nicht nur nicht einfängt, sondern sie im Gegenteil freisetzt, nicht allein denkbar, es gibt diese Filme in beachtlicher Zahl. Doch zu würdigen und zu beurteilen bleibt letzten Endes, was vorliegt und beabsichtigt war, und für Meichsner wie Hädrich bedeutet das, dass sie den Autor, in diesem Fall Fontane, als die oberste Instanz betrachten, dass sie ihm und seinem Werk also dienen wollten. Sie haben es getan, mit viel Einfühlung, mit Anstand und Verantwortung vor dem Text, mit Ehrfurcht vor der Sprache, dieser weisesten Sprache der deutschen Literatur, und mit einer Genauigkeit gegenüber der Vorlage, die auch dadurch keinen Schaden nahm, dass selbstverständlich gekürzt werden musste (obgleich man sich vorstellen kann, dass, wenn es schon so sehr ums Buchstäbliche ging, der Film, ohne dass dabei auf Kürzungen des Romans gegriffen worden wäre, noch um einen weiteren Teil hätte verlängert werden können).

Die Transponierung war eine schwierige Sache, denn Handlung gibt es im Roman Fontanes ja kaum, Handlung kann man wohl die Fakten des ›Stechlin‹, den Besuch des jungen Woldemar bei seinem Vater auf dem Schloss, die Nachwahl in den Reichstag, bei welcher der alte Stechlin unterliegt, die Verlobung des Sohnes und seine Heirat mit der Komtesse Armgard und den Tod des Dubslav von Stechlin, nicht nennen. Die Verfilmer blieben dem Roman nahe, ja beinahe fast gänzlich auf dem Leib, indem sie, nach alter Manier, die hier nun gerechtfertigt war, einen Erzähler einführten, der sich im wesentlichen an den Erzähltext Fontanes hielt (selbstverständlich unter Abkürzungen und Auslassungen); und indem sie im übrigen die Personen, wie das das Stilprinzip des Romans selbst ja ist, sich durch ihre Gespräche, Dialoge und Selbstgespräche, charakterisieren liessen. Dabei zeigte es sich, vielleicht überraschend, wie sprechbar die Dialoge Fontanes sind, auch wenn es immer Dialoge in der Sprache Fontanes bleiben; sie mussten es selbstverständlich bleiben, wenn die Eigenart des Autors bewahrt werden sollte.

Ganz und gar ist die Eigenart des Romans erhalten geblieben in dem, was diese Dialoge bedeuten: eine geistvolle Manier des Austausches von Gedanken, Erfahrungen und Instinkten im Stil von Paradoxen, die immer auch die

Verkehrung ins Gegenteil enthalten und also Meinungen gegenseitig fast aufheben – ein Stil des Umgangs unter Menschen, der den märkischen Junkern, welche Fontane persönlich allzuhoch ja nicht eingeschätzt hat, beinahe eine geistige Kultur mitgibt. Diese Vergeistigung war denn auch in dem Film durchaus vorhanden, wirkte lebendig, auch wenn dann und wann jenes für Fontane typische weise Nörgeln zu kurz kam; auch dann, wenn der Film, etwa durch die Verwendung einiger Takte aus Schuberts ›Unvollendeter‹, etwas nostalgisch Süffiges bekam, was zu Fontane so ganz nicht passen wollte; auch dann, wenn sich, vor allem gegen den Schluss hin, in den Sequenzen des Sterbens und des Todes, ein bisschen Sentimentalität einschlich, die nun freilich nicht unschicklich war, sondern herzenswarm anrührte. Ein bisschen Schulmeisterei wurde auch eingebracht – dort, wo Meichsner sich mit dem Erzähltext Fontanes nicht begnügte, sondern, in nachempfundener Sprache, noch Erläuterungen, gesellschaftliche und politische, einfügte, die den Roman zeitgeschichtlich einem Publikum, das in der Mehrzahl mit ihm nicht näher vertraut sein mochte, erklären sollte. Hier geschah es mitunter, dass die beiden Verfilmer aus ihrer Rolle des Hinweisens herausfielen, insbesondere wenn auf etwas vordergründige Art Fontanes Konservatismus, den er ohnehin skeptisch handhabte, abgegolten werden sollte.
Im ganzen aber: ein Film, den Roman nacherzählend in ruhigen, schönen, poetischen bis idyllischen Bildern, im Rhythmus langsam, ausgetragen mit dem Gespür für die lange Weile, durchaus aber nicht etwa langweilig. Dabei, was die Ausstattung anlangt, von realistischer Genauigkeit, einem akribischen Zeitkolorit, und was die Schauspieler betrifft – die alle man gar nicht nennen könnte –, von einer erstaunlichen, befriedigenden Sicherheit der Typenwahl. Das Kompliment, das fast alle verdienen, gebührt voran Arno Assmann als Dubslav von Stechlin: so konnte man den Alten sich vorstellen, und wer ihn so sich nicht vorgestellt hat, der überzeugte sich, dass er durch Assmann dennoch richtig wurde. Wenngleich andere Rollen (Woldemar, Rex, Czako) ziemlich blass ausfielen.«

ms. [Martin Schlappner]: Viel Respekt, etwas Nostalgie und ein bisschen Schulmeisterei. In: Neue Zürcher Zeitung, 3. April 1975, S. 36

»Wir haben uns angewöhnt, den Stechlin einen ›Zeitroman‹ zu nennen, also etwas Entferntes, nicht mehr Gegenwärtiges, uns nicht mehr betreffend, nicht mehr zutreffend, historisch – eben 1895. Aber gerade das war nur deshalb richtig, weil kein anderer Fontane danach Nachricht gab von den elbischen, märkischen, preußischen Junkern; die Stechlins, Gundermanns, Barbys haben sich noch bis 1945 erhalten, ›modifiziert‹ gewiß, aber doch erhalten in einer ziemlich reinen Fontaneschen Verfassung, der des Stechlin.
Solche Beschwerungen [ein politischer Zeitroman in der Form eines Konversationsstückes] machen den Stechlin nicht nur ›eigentlich‹ unverfilmbar – außerhalb der Akademiefrage: Literaturverfilmung ja oder nein? – er ist vielmehr wegen dieser schwebenden Möglichkeitswelt, die aus dem Gespräch, aus der Konversation entsteht, aus Sprache, so wenig natürlich in Bildern zu übertragen wie etwa Musils Mann ohne Eigenschaften.
Der Versuch von Dieter Meichsner und Rolf Hädrich währte drei Abende, viereinhalb Stunden; teurer, aufwendiger im Detail und prächtiger wird lange nichts sein. Aber wie, in welcher Verfassung sollte man dieses Fernsehspiel entgegennehmen: Kenntnisreich? Zum Spiel das Buch auf dem Schoß?
Für Fontane- und Stechlin-Kenner wurde es dann allerdings schwierig; natürlich konnte diese Dramatisierung nur eine Übertragung und keine Übersetzung sein. Eingriffe waren notwendig und Verschiebungen, Nebenfiguren schmolzen zusammen. Dialoge mußten versetzt werden oder neu adressiert, und die ›Konversation‹ beschränkte sich auf notwendige Mitteilungen, während sie bei Fontane gleichsam ›open end‹ läuft, wo dann unvermutet Nebenbedeutungen zu Hauptbedeutungen werden können.
Der alte Dubslav von Stechlin spinnt eben gern seinen Faden, und der ist nicht kurz; und erst dabei wird seine Natur sichtbar, das Stechlin-Motiv der Beschränkung und Gebundenheit, die aber dann doch zugleich ›vornehme, geheimnisvolle Weltbeziehungen‹ unterhält wie der Stechlin-See. Aber Dubslav mußte immer etwas zu früh das Wort abgeben, und seine Gegenfigur-Schwester, die Domina, hat nicht so richtig böse antienglisch sein dürfen, sondern mußte

allein ihren Klostergarten zur ›Welt‹ erklären, vor den Weltkindern Melusine und Armgard.
Nun geht es gar nicht darum, Meichsner und Hädrich Willkür vorzuwerfen – es ist anzunehmen, daß sie ihren Stechlin richtig verstehen. Aber es war auch nicht zu übersehen, daß dieser Roman ein Lesestück *bleibt*, das keine Längen hat, während dreimal neunzig Minuten Stechlin-Film den Eindruck von ›Dehnung‹ ebenso hinterlassen haben wie das Gefühl, Wichtiges sei ausgelassen, sei gerafft worden, wobei manchmal die Bilder durchaus für Worte standen, für ein Stück Konversation. Aber Bildsprache und Wortsprache sind nicht immer tauschfähig.
Das Fernsehspiel ›Der Stechlin‹ war schön anzusehen: Farben von äußerster Distinktion, Brauntöne in feinen Abstufungen, bewundernswert genaue Kostüme, Frisuren, Dekorationen – durch den Bildschirm leider sehr miniaturisiert, diese Schwelgereien in der Ästhetik der deutschen Oberschicht des Wilhelminischen Reiches.
Doch zur annähernden Echtheit der Szene (die in sich wieder so sehr bildhaft ist, daß es gleichgültig erscheint, wie groß die Ähnlichkeit der Landschaft nun eigentlich ist) gehört unbedingt und noch dringlicher die *habituelle* Wahrheit, was mehr bedeutet als die Aneignung von Texten und Gesten – nämlich ›Haltung‹, junkerliche Haltung, am Ende: Glaubwürdigkeit eines Stückes, das ja vom Adel handeln soll, wie er ist und wie er sein soll.
Über Dubslav (Arno Assmann) kann man streiten; aber in ihm war, bei aller Würde, ein Stück Kleinbürgerlichkeit. Selbstironie mochte man ihm nur bedingt glauben. Und auch über Woldemars Haupt brannte nicht ›eine heimliche Pfingstflamme‹ (Rychner). Dieser Woldemar (Georg Martin Bode), ein Mann, der in Zeitströmungen badet? Junkerlich – wobei, wie es ja Fontane beschrieben hat, in diesem Wort sehr viel Spielraum ist – junkerlich und zutreffend war doch das Haus Barby, die ironisch-kokette Melusine (Franziska Bronnen) vor allem, neben Dubslav Fontanes Lieblingsfigur. Der Domina allerdings (Lotte Brackebusch) glaubt man gar nichts – eine Person, ›wie eine Stakete, lang und spitz‹; Fontane kannte den Typus genau, herrisch und selbstgerecht. Die Film-Domina spielt wohl lieber freundliche alte Damen.

Was Meichsner und Hädrich nicht zu übertragen vermocht haben – der Widerstand steckt im Urtext – war die paarweise Zuordnung der Figuren. Wir haben ein Stechlin-Bilderbuch gesehen, ein schönes Bilderbuch. Es regt hoffentlich zum Lesen an.«

Claus Heinrich Meyer: Ein Lesestück, aber kein Fernsehfilm. Die Dramatisierung des ›Stechlin‹ wurde dem Roman Theodor Fontanes nicht gerecht. In: Süddeutsche Zeitung (München), 3. April 1975

»Sicherlich kann man darüber streiten, ob sich Hädrich ein wenig zu demütig der Weisheit Fontanes genähert hat, ob er der Kamera nicht manchmal etwas mehr ästhetischen Freilauf in die reizvollen Details des fin de siècle gestatten, nicht etwas mehr das Fragwürdige einiger dieser heilen Charaktere im Käfig ihrer Konvention verdeutlichen durfte. Zweifellos aber erreicht er durch solchen Verzicht den Eindruck von Objektivität und behutsamster Sachlichkeit gegenüber der Dichtung. Das ist außerordentlich wohltuend.

Fontane bedarf wirklich nicht der spektakulären Transponierung in die Aktualität, seine Dialoge als tragendes Element des Ganzen spiegeln den Zwiespalt zwischen der Liebe zum schönen, grundanständigen und doch verwesenden Alten und der Sympathie für das Neue, das aber alles Humane gefährden wird, unmißverständlich, der Bezug auf unsere Zeit liegt zutage.

Vor diesem Zwiespalt hat Fontane still resigniert, alle Dialoge atmen diese Stille aus, von ihr ist auch Hädrichs Film geprägt, die Landschaft, die Zimmer, die Personen – bis an die Grenze des Statuarischen. Und da sich Fontane im Dubslav von Stechlin selbst verkörpert hat, nahm man für die Maske Arno Assmanns zu Recht das Gesicht des alten Fontane als Vorbild.

Ein Lob also für Dieter Meichsner und Rolf Hädrich als konsequente Interpreten des manchmal märchenhaften Preußen-Romans. Alle Darsteller, unter ihnen herausragend durch Verhaltenheit in der Typisierung Arno Assmann und Willi Rose, charmant kontrastiert durch Franziska Bronnen und Diana Körner, bildeten in der aus Schleswig und sogar aus Norwegen entliehenen Landschaft und in den

optisch delikat präsentierten Interieurs mit dem sich strikt an den Fontanetext haltenden Erzählerwort eine bestechende Einheit.
Fontane wünschte sich die Figuren gerade dieses Romans so in die Wirklichkeit eingefügt, daß man am Ende nicht mehr wisse, ob es ›gelebte oder gelesene Figuren‹ seien. Meichsner und Hädrich haben erreicht, daß man die Verfilmung sieht und am Ende meint, man habe das Buch ein zweites Mal gelesen.«

Mathias Schreiber: Lesen mit der Kamera. In: Deutsche Zeitung Christ und Welt (Stuttgart), 4. April 1975

»Die Fernsehbearbeiter des ›Stechlin‹, Meichsner und Hädrich, scheiterten in Ehren. Ihre Transposition war, alles in allem, redlich, respektvoll und solide. Sie verriet Takt und, an einigen Stellen, jene melancholische Grazie im Atmosphärischen, die, gepaart mit nüchtern märkischem Witz, Fontane eigen war. Dennoch scheiterte sie. (Nicht nur wegen der Besetzung der Titelfigur: Assmann gab eher einen Theatermajor als einen preußischen Gutsherrn.)
Sie scheiterte zum ersten und vor allem, weil die Autoren offenbar nicht einsehen konnten, daß Fontanes Dialoge aus Schriftgesprächen bestehen, die Mündlichkeit vorspiegeln, aber mit echter Rede nicht das geringste zu tun haben. So paradox es klingt: Ein epischer Dialog (ein Dialog aus den ›Wahlverwandtschaften‹ zum Beispiel) ist leichter auf den Bildschirm zu transponieren als jene scheinmündlichen Causerien der ›Jenny Treibel‹, der ›Irrungen, Wirrungen‹ oder des ›Stechlin‹, die, verkürzt und pointiert wie sie sind (ellipsenreich und bis zur Nonchalance gedrechselt), sich im Fernsehdialog künstlich ausnehmen. Scheinmündliches, daran gibt's nichts zu rütteln, bedarf, da das Legere gebosselt ist, der entschiedeneren Bearbeitung für den Bildschirm als der Kunstdialog, der sich gleich als solcher zu erkennen gibt. Dies zum ersten.
Zum zweiten. Die Bearbeiter scheiterten, weil sie zuviel wollten. Sie kommentierten, was Fontane bereits – besser als sie – kommentiert hat. Sie verdeutlichten das Angedeutete. Sie verwandelten Zeichnungen in Gemälde. Sie spitzten, im lehrhaften Appell an den Zuschauer, Nebensatz-

weisheiten zu grober Sentenz zu. Sie wollten die Fontanesche ›Verbindlichkeit des Unverbindlichen‹ nicht akzeptieren. Also stellten sie Disparates zusammen, gaben Nachhilfeunterricht in Geschichte und brachten Fußnotenwissen. (Wenn schon Kommentar, dann lieber ein kritischer Vergleich zwischen Fontanes emanzipierten Frauen, diesen Lessing-Geschöpfen, und dem Frauenbild, das sich zur gleichen Zeit in den Debatten um die Entwürfe zum Bürgerlichen Gesetzbuch manifestierte, als ein bißchen Lexikontratsch über die ›Dame‹ Stubbe.)
Die Bearbeitung scheiterte zum dritten, weil sie die Ökonomie des Kunstwerks zerstörte, die stilistische so gut wie die politische. Nichts gegen Szenenvertauschung (dergleichen kann nötig sein): aber eine Melusine im ersten Akt – das ist wie eine Helena, die schon in den Gretchen-Szenen des ›Faust‹ mit von der Partie ist. Und dann erst die Vernichtung der politischen Balance! Statt Pastor Lorenzen zu Fontanes alter ego zu machen, siedelten die Bearbeiter die Position des linken Rebellen im Umkreis der Barbys an. Hier wurden mit Hilfe eines steifleinenen Dialogs Fontanes berühmte, einem Briefe entnommene Sätze über den gloriosen vierten Stand und die Arbeiter artikuliert, deren Denken und Sprechen die Verlautbarungen der alt regierenden Klassen längst überholt hätten. (Beliebige Fontane-Sätze, ohne Rücksicht auf ihre poetische Funktionalität, ihren jeweiligen politischen Stellenwert und ihre Rolle im Kontext beliebigen Personen in den Mund zu legen: Diese Methode ist – es sei denn, das Zitat würde als Zitat gekennzeichnet – in jeder Weise indiskutabel: Hier wird ›Stechlin‹ in einen Fontane-Reader's-Digest verwandelt.)
Die Bearbeitung mußte scheitern, weil ein Alterswerk, in seiner Sprunghaftigkeit, seinem Assoziieren, seiner Konturlosigkeit und seinem Willen alles mit allem in Beziehung zu setzen, sich nicht ohne Zerstörung der Substanz auf den Bildschirm transponieren läßt. Eine Bearbeitung der Goetheschen ›Lehrjahre‹ läßt sich denken. Eine Bearbeitung der ›Wanderjahre‹ nicht.
Es liegt im Wesen des Alterswerks – Verwischung der Detail-Schärfe, Tendenz zur all-pervadingness, wie Pavese das nannte, Handlungen, Überwiegen der Reflexion, Verbindung verschiedener Stile (ganz Frühes wird auf höherer

Ebene wieder eingebracht), es liegt im Wesen des Alterswerks, daß es, wortwörtlich, nicht übertragbar ist. Im ganzen nicht und nicht im Detail. Ein kleiner Strich – und die vom Hundertsten zum Tausendsten kommende Causerie wird zum bedeutungsvollen Traktat. Eine einzige Auslassung (zum Beispiel, jeweils an ihrem Ort, der Dialog über die Dienstbotenkammern, der die Grausamkeit der Bourgeoisie auf den Begriff bringt oder das – dem Gang in Frau Marthe Schwertleins Garten nachgebildete – Gespräch im Park von Kloster Wutz), und das Kapitel fällt. Und mit den Kapiteln der Roman.
Nein, ›Der Stechlin‹, ein Werk von Fontane, gelangte nicht zur Darbietung. Doch das spricht nicht gegen Meichsner und Hädrich, sondern für den alten Mann aus Berlin.«

Momos [Walter Jens]: In Ehren gescheitert.
In: Die Zeit, Nr. 15, 4. April 1975, S. 24

»›... wenn's nun in Ihrem Stechlinsee zu brodeln beginnt oder gar die große Trichterbildung anhebt, aus der dann und wann der krähende Hahn aufsteigt, wie verhält sich dann der Stechlinkarpfen ...?‹
Auch wenn wir ihn in dem sehr ein- und ausdrucksvollen Film der ARD nicht zu sehen bekommen haben, weil allen ›deutschen‹ Kontaktphrasen zum Trotz das Kamera-Team an seiner Statt mit der Schlei bei Schleswig vorlieb nehmen mußte – es gibt ihn doch, den Stechlinsee, dem Theodor Fontane in seinem wehmütigen Abschied vom alten königlichen Preußen ein unvergängliches Denkmal gesetzt hat.
Sein mythisches Kontaktbrodeln, das im ›Stechlin‹ Symbol des Hineinwirkens der Weltereignisse in den märkischen Lebensbezirk ist, wird künftig vielleicht noch leichter aufwallen, denn das rückfließende Kühlwasser eines benachbarten Atomkraftwerkes macht fortan sein Wasser stetig wärmer. Gut bekommen wird dies den Stechlinkarpfen, die Fontane als feig schildern läßt, weil sie sich in den Schlamm wühlen, wenn irgendwo Explosives die Kontaktfunktion des Sees in Gang setzt ...
Fraglich bleibt jedoch, ob der See künftig noch so fest zufrieren wird wie beim Verlobungsspaziergang des jungen Woldemar von Stechlin. ›Das Eis macht still und

duckt das Revolutionäre‹, bemerkte dazu der alte Dubslav genüßlich.
Es gibt ihn wirklich, den Stechlinsee: er liegt 75 Kilometer nordnordwestlich von Berlin in der Grafschaft Ruppin – in Deutschland.«

P. W. W. [Paul Wilhelm Wenger]: Stechlinisches. In: Rheinischer Merkur (Köln), Nr. 15, 11. April 1975, S. 3

V. Texte zur Diskussion

»Was mich nun gerade als Edelmann so sehr schmerzt und empört, das ist die Wahrnehmung, daß das heutige Herrengeschlecht gänzlich vergessen zu haben scheint, daß einst gerade seine Vorfahren die Vorkämpfer der neuen Ideen waren. *Christentum, Renaissance, Reformation!* Der ungeheure, geistige Aufschwung, welchen diese drei Stichworte bedeuten, wurde er nicht getragen von dem Adel und dem Patriziertum? Erst im achtzehnten Jahrhundert vergaß der Adel seine eigentliche Aufgabe und würdigte sich zu feilem, feigem Herrendienst herab, verkam geistig und körperlich in frivolem Sinnen- und Genußleben. Da brach das Strafgericht der großen Revolution über ihn herein – und seit der Zeit hat er in verhängnisvoller Verblendung seine Aufgabe darin gesehen, unter allen Umständen das Alte gegen das Neue zu verteidigen. Er hat aus der Schreckensherrschaft des Pöbels die einzig richtige Lehre zu ziehen versäumt und statt dessen eine himmelhohe Mauer von Vorurteilen zwischen sich und dem Pöbel aufgerichtet. Wenn sich die neuen Ideen des Pöbels als Handlanger und Vorkämpfer bedienen müssen, dann freilich können sie nicht reinigend und aufbauend wirken; wohl werden sie morsche Gebäude einreißen, Kranke vernichten und gute Wahrheiten in die Welt hinausbrüllen. Aber sie werden auch Unrat über die Ruinen schütten, Gesunde verseuchen und die Stimme der Wahrheit zu einem eklen Hyänengeheul aasgierigen Eigennutzes herabwürdigen. Starke, erleuchtete Köpfe müssen sich der neuen Gedanken annehmen, reine Hände müssen sie austeilen, wenn sie Segen bringen sollen. Das hätten die Schrecken der großen Revolution uns lehren sollen: *der echte Aristokrat sei der berufene Verfechter der neuen Idee, komme sie, woher sie wolle.*

Wir stehen augenscheinlich abermals vor einer großen Katastrophe: die ungeheure Mehrheit des arbeitenden Volkes, der Schaffenden auf allen Gebieten, der Tagfrohen, Wachenden und ›Zukunftswinkenden‹ ist der kleinen Minderheit der Herrschenden mit Siebenmeilenstiefeln vorausgeeilt; in der schweren plumpen Rüstung alter Vorurteile keuchen die Letzteren hinter dem Volke her und werfen mit verzweifelter Anstrengung die Schlingen thörichter Gesetze ihm nach, in der Hoffnung, wenigstens den paar Köpfen, die aus der Masse hervorragen damit die Kehlen zuzuschnüren und so den Andern Schrecken einzujagen. Damit werden sie kaum etwas anderes erreichen, als daß sie die Masse, die jetzt mit einer gewissen gutmütigen Gleichgiltigkeit an ihnen vorüberstürmt, so erbittert, daß sie sich zurückwendet um sie zu vernichten. Geschieht das, so kommt – höchst wahrscheinlich in ganz Europa gleichzeitig – die Sozialdemokratie ans Regieren, und es scheint mir ziemlich sicher, daß wir dann einen ebensolchen Rückfall in die geistloseste Barbarei erleben würden, wie etwa, wenn das Christentum des Grafen Leo Tolstoi – welcher zweifellos den Kern der Lehre Jesu am reinsten und tiefsten erfaßt hat – die wirklich herrschende Religion würde. Unter der Herrschaft des lächerlich unwissenschaftlichen Axioms von der Gleichheit aller Menschen, unter der brutalen Annahme der Arbeitsstunde als Werteinheit und des Götzen ›*Staat*‹ als alleinigen Arbeitgebers, Lehrers und Verdienstbelohners würden wir einem Zustande entgegengehen, in welchem der Persönlichkeit sofort der Garaus gemacht und dafür eine unerträgliche Tyrannei der dummen Zahl eingeführt würde. Die von staatswegen gleichmäßig erhellten Köpfe würden zusammengenommen einen furchtbar stumpfsinnigen Kloß von schwachem Verstande bilden. Wenn man für wenig Arbeit alles haben kann, was unbedingt zum Leben nötig ist, so wird das heiße Streben, der glühende Ehrgeiz bald aufhören müssen. Es würde ein Geschlecht erzeugt von bummelnden Philistern – jedenfalls eine haarsträubend langweilige Gesellschaft, die schläfrig arbeiten und gähnend genießen würde, eine Gesellschaft, aus der unmöglich mehr ein Genie entspringen könnte! Freilich kann man als sicher annehmen, daß es so schlimm wie die Theorie es verlangte, in der Praxis nicht werden würde, weil die souveräne Mehrheit sich sicherlich beeilen würde, alle in ihren Wirkungen als ungemütlich sich erweisenden Axiome schleunigst wegzudekretiren. Darüber würden natürlich Alle die daraus einmal einen bequemen Nutzen gezogen haben, empört sein und der frisch-fröhliche, ewige Krieg, ohne den das Leben nun einmal unerträglich ist, wäre wieder hergestellt. *Aber eine Folge einer ge-*

waltsamen Umwälzung wäre ganz sicher: nämlich die der Vernichtung der bisherigen Aristokratie. Es dauert sehr lange, bis eine neue Aristokratie sich entwickeln kann und in der Zwischenzeit herrschen dann nicht nur die schlechten Manieren, sondern auch die unvornehme Gesinnung. Die wahre Zivilisation eines Volkes kommt immer herunter während eines Interregnums.

Darum, wenn anders ihr es gut meint mit euch selbst und mit eurem Vaterlande, ihr, die ihr in Wahrheit zum Herrschen berufen seid, kraft eures Blutes und kraft eurer Reinheit, so hört als wirkliche Ritter vom Geist auf das Kavalleriekommando: »Eskadron, linksum kehrt schwenkt – Trab!« *Werft endlich die alte, unmöglich gewordene Ritterrüstung von Vorurteilen ab, wagt es* moderne *Menschen zu sein, lernt die Gegenwart verstehen und thut eure Ohren auf, um zu hören, was sie euch Neues zu verkünden hat.* [...]

Denn unser verhängnisvoller Trugschluß ist der: Wir sagen, alle diese modernen Ideen und Bestrebungen müssen notwendig vom Übel sein, weil minderes Volk aller Art, Juden und Judengenossen, sich fast ausschließlich daran beteiligt. Sicherlich bringen sie nur jenen Nutzen und zielen auf unsere Vernichtung ab. Ein vornehmer Mann kann also nur seiner Würde etwas vergeben, wenn er mit diesen Leuten gemeinsame Sache macht. Aber können denn Ideen an sich unvornehm sein, oder das Neue an sich minderwertig oder gefährlich in irgend einem Sinne, vielleicht, weil es noch unreif ist? Ja, denken wir denn gar nicht daran, daß das, was wir heute als alten geheiligten Besitz verteidigen, auch einmal neu war und gegen ein Altes erstritten werden mußte –? Die gegenwärtigen Staatsformen, die jetzt regierenden Fürstengeschlechter, die herrschenden Religionen und Konfessionen, die Lehrsätze der Wissenschaften, die Schönheitsbegriffe der Kunst, die gesellschaftlichen Sitten, die moralischen Anschauungen, das sind doch alles keine Einrichtungen von Ewigkeit zu Ewigkeit? Im Reiche der Gedanken herrscht doch eine ebenso folgerichtige Entwicklung wie im Reiche der organischen Natur. Man sollte meinen, daß das selbst für den kindlichsten Verstand eine Trivialität wäre. Und dennoch handeln unsere herrschenden Klassen fortgesetzt so, als ob diese einfache Erkenntnis in ihre Köpfe noch nicht gedrungen wäre. Ihr fürchtet euern gegenwärtigen Besitz auch noch zu verlieren, nicht wahr? Aber ihr seid doch nicht blind, ihr seht ja doch, wo in Wahrheit der Besitz und die Macht wohnt, die Macht der Idee, gegen welche man bekanntlich mit Bajonetten und Kanonen nichts ausrichtet! Euer erbitterter Kampf gegen die Idee der Moderne beweist es ja, daß ihr ihre Macht erkennt und fürchtet. Nun also, warum greift ihr nicht zu? Warum macht ihr euch die neuen Reichtümer nicht zu eigen? Ideen können ja nicht von einigen wenigen habgierigen Kapitalisten in einbruchsichere Geldschränke verschlossen werden. Sie fliegen vogelfrei in der Luft herum. Und wenn es euch ärgert, daß jetzt zuweilen schmutzige Hände sie einfangen und ihnen die Federn einzeln ausrupfen um ihre niedrige Eitelkeit damit zu schmücken, nun wohl, so leiht doch ihr dem edlen Waidwerk eure reinen Hände! Laßt das thörichte Vorurteil fahren, als ob es irgend einen Beruf gäbe, der eines Edelgeborenen unwürdig sei, und wenn heute der und jener Beruf mit Recht in Verruf geriet, so nehmt euch erst recht seiner an, reinigt ihn, verhelft ihm zu neuer Ehre. [. . .]

Ein König, welcher volle Freiheit der geistigen Entwicklung als Devise auf seine Fahne schriebe, würde eine neue Aristokratie zu züchten im Stande sein, mit deren Hülfe er furchtlos herrschen und sein Volk zu schöneren Siegen führen könnte, als durch die rohe Gewalt der physischen Waffen.

Diese neue Aristokratie, des Geistes, gezüchtet durch eine *freie Schule*, in welcher für konfessionelle und Klassenvorurteile kein Platz mehr wäre, würde mit Leichtigkeit die so dringend notwendige, gesunde Umwertung vieler alter Werte vornehmen.«

Ernst Freiherr von Wolzogen: Linksum kehrt schwenkt – Trab! Ein ernstes Mahnwort an die herrschenden Klassen und den deutschen Adel insbesondere. Berlin: F. Fontane & Co. 1895, S. 21–25, 28 f., 34 f.

Programm der christlich-sozialen Arbeiterpartei

Allgemeine Grundsätze

I. Die christlich-soziale Arbeiterpartei steht auf dem Boden des christlichen Glaubens und der Liebe zu König und Vaterland.

II. Sie verwirft die gegenwärtige Sozialdemokratie als unpraktisch, unchristlich und unpatriotisch.

III. Sie erstrebt eine friedliche Organisation der Arbeiter, um in Gemeinschaft mit den anderen Faktoren des Staatslebens die notwendigen praktischen Reformen anzubahnen.

IV. Sie verfolgt als Ziel die Verringerung der Kluft zwischen reich und arm und die Herbeiführung einer größeren ökonomischen Sicherheit.

Einzelne Forderungen

I. An die Staatshilfe

A. Arbeiterorganisation

1. Herbeiführung obligatorischer, fachlich geschiedener, aber durch das gesamte Reich hindurchgehender Fachgenossenschaften, mit ihnen zusammenhängend Regelung des Lehrlingswesens.
2. Einsetzung obligatorischer Schiedsgerichte.
3. Errichtung von obligatorischen Witwen- und Waisen- sowie Invaliden-Altersversorgungs-Rentenkassen.
4. Autorisation der Fachgenossenschaften zur Vertretung der Interessen und Rechte der Arbeiter ihren Arbeitgebern gegenüber.
5. Verpflichtung der Fachgenossenschaften zur Haftung für die von den Arbeitern etwa zu übernehmenden kontraktlichen Verbindlichkeiten.
6. Staatliche Kontrolle des fachgenossenschaftlichen Kassenwesens.

B. Arbeiterschutz

1. Verbot der Sonntagsarbeit. Abschaffung der Arbeit von Kindern und verheirateten Frauen in Fabriken.
2. Normalarbeitstag, modifiziert nach Fachgenossenschaften.
3. Energische Anstrebung der Internationalität dieser Ar-

beiterschutzgesetze; bis zur Erreichung dieses Zieles ausreichender Schutz der nationalen Arbeit.
4. Schutz der Arbeiterbevölkerung gegen gesundheitswidrige Zustände in den Arbeitslokalen und Wohnungen.
5. Wiederherstellung der Wuchergesetze.

C. Staatsbetrieb

1. Arbeiterfreundlicher Betrieb des vorhandenen Staats- und Kommunaleigentums und Ausdehnung desselben, soweit es ökonomisch ratsam und technisch zulässig ist.

D. Besteuerung

1. Progressive Einkommensteuer als ausgleichendes Gegengewicht gegen bestehende oder zu schaffende indirekte Besteuerung.
2. Progressive Erbschaftssteuer bei größerem Vermögen und entfernteren Verwandtschaftsgraden.
3. Börsensteuer.
4. Hohe Luxussteuern.

II. An die Geistlichkeit

Die liebevolle und tätige Teilnahme an allen Bestrebungen, welche auf eine Erhöhung des leiblichen und geistigen Wohles sowie auf die sittlich-religiöse Hebung des gesamten Volkes gerichtet sind.

III. An die besitzenden Klassen

Ein bereitwilliges Entgegenkommen gegen die berechtigten Forderungen der Nichtbesitzenden, speziell durch Einwirkung auf die Gesetzgebung, durch tunlichste Erhöhung der Löhne und Abkürzung der Arbeitszeit.

IV. Von der Selbsthilfe

A. Freudige Unterstützung der fachgenossenschaftlichen Organisation als eines Ersatzes dessen, was in den Zünften gut und brauchbar war.
B. Hochhaltung der persönlichen und Berufsehre, Verbannung aller Roheit aus den Vergnügungen und Pflege des Familienlebens in christlichem Geiste.

(Aus: Christlich-sozial, 1890, 20 f.)

Zitiert nach Karl Kupisch: Adolf Stoecker. Hofprediger und Volkstribun. Ein historisches Porträt. Berlin: Haude & Spener 1970, S. 34 f.

»Um mich dem Preußentum und seinem Wesen auch von der guten Seite aus zu nähern, las ich Fontane. Gleichzeitig wollte ich überprüfen, warum mir dieser Autor, außer in einigen Balladen, immer gegen mein Empfinden war. Es ergab sich: es ist das Pläsierliche. Dies Pläsierliche, das nicht identisch ist mit Happy-End, und mit dem sich wirklich witzige Bemerkungen, echte humoristische Sätze, tatsächlich geistreiche Pointen gut vertragen und das doch als Ganzes, als existentieller Stoff medioker bleibt. Dieser Autor hat Sicherheit, Kontur und Überlegenheit, er wird mit seinem Thema fertig, er ist innerhalb der deutschen Romaninferiorität eine große Leuchte, er ist vaterländisch, ohne dumm zu sein, er ist märkisch und trotzdem betreibt er das Geschäft der Musen, aber dies Pläsierliche, das das ganze epische Oeuvre durchspinnt, vielmehr: trägt und bindet, entzieht ihm den Rang. Es tritt so sehr hervor in jedem seiner Sätze, in jeder seiner weltanschaulichen und politischen Äußerungen, daß es ganz offenbar für ihn das Mittel war, um zu Ausdruck zu gelangen, das Mittel, mit dem allein er seine märkische Welt erfaßte. Er gehört, so empfindet man heute, zu den drei großen Brandenburgern des neunzehnten Jahrhunderts, er ist liberaler als Kleist und gebildeter als Dehmel und steht mit ihnen zusammen gewiß für einige Zeit noch da, doch wird man ihn wahrscheinlich früher als die anderen beiden nur noch aus historischen und städtekundlichen Gründen lesen. Das Pläsierliche, ein Präservativ der Moral, eine Hemdsärmeligkeit des Charakters, eine fritzisch-freiheitliche Form des Stils, exerziert nach allround und Commonwealth, ist schwer zu durchschauen: dies gleiche Pläsierliche, das zum Beispiel bei Thomas Mann, zu dem verwandtschaftliche Beziehungen bestehen und der seinerseits ein großes Attachement für den Märker bekundet, den Rang nicht mindert, flüchtig betrachtet wohl darum, weil bei diesem fühlbar umfassend hinter allem das Unpläsierliche steht, dem Fontane durchgehends causierend und vielfach redensartlich sich entzieht. Fontane wurde beruhigt durch die Geschichte, und die Geschichte beruhigte in seinen Augen alles; was trotzdem noch wankte und litt, stand außerhalb seines prussifizierten Herzens, jedenfalls hatte es keine Beziehungen zum Rhiner Luch, zu Apotheker Gießhübler und Vionville.«

Gottfried Benn: Figuren. Fontane [1944]. In: G. B., Gesammelte Werke, hrsg. von Dieter Wellershoff. Wiesbaden: Limes Verlag 1968. Bd. 7. S. 1728 f.

»Die Zerstückelung und Einschränkung des Realistischen blieb auch bei seinen [Goethes] jüngeren Zeitgenossen und bei den nächsten Generationen die gleiche; bis gegen Ende des 19. Jahrhunderts blieben die bedeutendsten Werke, die überhaupt Gegenstände der zeitgenössischen Gesellschaft ernsthaft zu gestalten suchen, im halb Phantastischen oder Idyllischen oder doch wenigstens im engen Bezirk des Lokalen; sie geben das Bild des Wirtschaftlichen, Gesellschaftlichen und Politischen als ein ruhendes. Das trifft gleichmäßig so verschiedene und jeweils so bedeutende Schriftsteller wie Jean Paul, E. Th. A. Hoffmann, Jeremias Gotthelf, Adalbert Stifter, Hebbel, Storm – noch bei Fontane greift der gesellschaftliche Realismus kaum in die Tiefe, und die politische Bewegung bei Gottfried Keller ist ausgesprochen schweizerisch. Vielleicht hätten Kleist und später Büchner eine Wendung herbeiführen können, aber es war ihnen keine freie Entwicklung beschieden, und sie starben zu früh. [...]
In der Erfassung der zeitgenössischen Wirklichkeit ist die französische Literatur der der anderen europäischen Länder im 19. Jahrhundert weit voraus. [...] Den deutschen Schriftstellern von Rang, die sich mit der Gestaltung zeitgenössischer Wirklichkeit abgaben, war gemeinsam die Versponnenheit im Althergebrachten des Winkels, in dem sie wurzelten [...].
Erst nach 1880 gelangt der damals schon mehr als sechzigjährige Fontane zur vollen Entwicklung als Darsteller zeitgenössischer Gegenstände; er scheint mir weit geringeren Ranges als etwa Gotthelf, Stifter oder Keller, aber seine kluge und liebenswürdige Kunst gibt uns doch das beste Bild der Gesellschaft seiner Zeit, das wir besitzen; überdies kann man sie schon, trotz der Beschränkung auf Berlin und Ostelbien, als Übergang zu einem freieren, weniger eingesponnenen, weltläufigeren Realismus werten. [...]
Keiner der Männer zwischen 1840 und 1890, von Jeremias

Gotthelf bis zu Theodor Fontane, zeigt in voller Ausbildung und Vereinigung die Hauptmerkmale des französischen, das heißt des sich bildenden europäischen Realismus: nämlich ernste Darstellung der zeitgenössischen alltäglichen gesellschaftlichen Wirklichkeit auf dem Grunde der ständigen geschichtlichen Bewegung [...].«

Erich Auerbach: Mimesis. Dargestellte Wirklichkeit in der abendländischen Literatur. Bern: Francke [4]1967. S. 420 f., 478–480

»Der moderne Roman wurde für Deutschland erfunden, verwirklicht, auch gleich vollendet von einem Preußen, Mitglied der französischen Kolonie, Theodor Fontane. Als erster hier hat er wahrgemacht, daß ein Roman das gültige, bleibende Dokument einer Gesellschaft, eines Zeitalters sein kann; daß er soziale Kenntnis gestalten und vermitteln, Leben und Gegenwart bewahren kann noch in einer sehr veränderten Zukunft, wo, sagen wir, das Berlin von einst nicht mehr besteht. Alles vermöge richtig gesehener, stark gezeichneter Personen, einer Welt von Personen oder einzeln ausgesuchter, die dasselbe tun: standhalten, sich selbst unverletzt überbringen den weiten Weg von damals her. [...]
Er war, in Skepsis wie in Festigkeit, der wahre Romancier, zu seinen Tagen der einzige seines Ranges.«

Heinrich Mann: Theodor Fontane, gestorben vor 50 Jahren. In: H. M., Briefe an Karl Lemke 1917–1949. Berlin: Aufbau-Verlag 1963. S. 174 und 176

VI. Literaturhinweise

1. *Kommentierte Ausgaben*

Ausgewählte Werke in fünf Bänden. Hrsg. und eingel. von Willy Brandl. Stuttgart: Kohlhammer 1944. Bd. 3.

Werke in Einzelausgaben. Hrsg. von Christfried Coler. Berlin: Verlag Das Neue Berlin 1958. Bd. 9.

Sämtliche Werke. Hrsg. von Edgar Groß u. a. München: Nymphenburger Vlgshdlg. 1959. Bd. 8.

Werke in fünf Bänden. Ausgew. und eingel. von Hans-Heinrich Reuter. Berlin/Weimar: Aufbau-Verlag 1964. Bd. 5.

Sämtliche Werke. Hrsg. von Walter Keitel. München: Hanser 1966. Abt. 1. Bd. 5. [Zit. als: Hanser.]

Romane und Erzählungen. Bd. 8. Hrsg. von Gotthard Erler. Berlin: Aufbau-Verlag 1969 ([2]1973).

Der Stechlin. Mit einem Nachw. von Max Rychner. Zürich: Manesse 1975.

2. *Briefausgaben*

Theodor Fontane's Briefe an seine Familie. Hrsg. von K. E. O. Fritsch. 2 Bde. Berlin 1905. [Zit. als: Briefe an seine Familie.]

Theodor Fontane's Briefe. Zweite Sammlung. Hrsg. von Otto Pniower und Paul Schlenther. 2 Bde. Berlin 1910. [Zit. als: Briefe, Zweite Sammlung.]

Theodor Fontane: Heiteres Darüberstehen. Familienbriefe. N. F. Hrsg. von Friedrich Fontane. Berlin 1937.

Theodor Fontane: Briefe an die Freunde. Letzte Auslese. Hrsg. von Friedrich Fontane und Hermann Fricke. 2 Bde. Berlin 1943. [Zit. als: Briefe an die Freunde.]

Theodor Fontane: Briefe an Georg Friedlaender. Hrsg. von Kurt Schreinert. Heidelberg 1954.

Fontanes Briefe in zwei Bänden. Hrsg. von Gotthard Erler. Berlin 1968. [Zit. als: Briefe (Aufbau).]

Theodor Fontane: Briefe I–IV. Hrsg. von Kurt Schreinert und Charlotte Jolles. Berlin 1968–71. [Zit. als: Briefe (Propyläen).]

Dichter über ihre Dichtungen: Theodor Fontane. Hrsg. von Richard Brinkmann und Waltraud Wiethölter. 2 Bde. München 1973. [Zit. als: Dichter über ihre Dichtungen. Th. F.]

3. *Die zeitgenössische Buchkritik*

Poppenberg, Felix: Theodor Fontane. In: Die Nation. Wochenschrift für Politik, Volkswirthschaft und Litteratur (Berlin), 15 (1897/98), S. 749 f.

Frankfurter Journal, 10. Oktober 1898.
Mahn, Paul: Theodor Fontanes letzter Roman. In: Vossische Zeitung, Erste Beilage, Nr. 493, 21. Oktober 1898 (Morgenausgabe).
Uhse, Max: Das letzte Werk Theodor Fontanes. In: Leipziger Tageblatt und Anzeiger, Nr. 537, 22. Oktober 1898.
Straßburger Post, Nr. 848, 25. Oktober 1898.
Ph. St.: Fontanes Abschiedsbuch. In: Berliner Zeitung, Nr. 506, 28. Oktober 1898.
Dresdner Journal, Nr. 251, 28. Oktober 1898.
Wildberg, Bodo: Deutsche Wacht (Dresden), Nr. 302, 2. November 1898.
Hamburger Fremdenblatt, Beilage, Nr. 260, 5. November 1898.
Linsemann, Paul: Der letzte Fontane. In: Die Zeit (Wien), Nr. 214, 5. November 1898, S. 92 f.
Schott, Sigmund: Theodor Fontane's letzter Roman. In: Allgemeine Zeitung (Augsburg), Beilage, 11. November 1898, S. 2–5.
A. B.: Literarisches Centralblatt, Nr. 45, 12. November 1898, Sp. 1798 f.
Neue Preußische Zeitung (Morgen-Ausgabe), Nr. 533, 13. November 1898.
Mauthner, Fritz: Fontanes letzter Roman. In: Berliner Tageblatt, 18. November 1898.
J. L.: Theodor Fontane's Vermächtniß. In: Berliner Börsen-Courier, Nr. 543, 20. November 1898.
R. B. [Richard Béringuier?]: Leipziger Zeitung, Jg. 238, Nr. 272, 24. November 1898, S. 4564.
Presber, Rudolf: Fontanes letzter Roman. In: General-Anzeiger (Frankfurt a. M.), Nr. 275, 24. November 1898.
Kölnische Zeitung, 27. November 1898.
-o-s.: Prager Tagblatt, Nr. 334, 4. Dezember 1898, S. 18.
L. Kr.: Posner Tageblatt, 11. Dezember 1898.
Illustrierte Zeitung (Leipzig/Berlin), Nr. 2893, 8. Dezember 1898, S. 792.
Wyzewa, Théodore de: Le dernier roman de Théodore Fontane. In: Revue des deux mondes (Paris), Bd. 150, Jg. 68 (1898) S. 926–935.
Fürst, Rudolf: Das letzte Werk von Theodor Fontane. In: Berliner Neueste Nachrichten, 1898, 610.
Friedrich, Richard: Neue Romane. In: Blätter für litterarische Unterhaltung, 1898, S. 828 f.
Die Frau. Monatsschrift für das gesamte Frauenleben unserer Zeit. 6,3 (1898) S. 187.
Heilborn, Ernst: Das litterarische Echo, 1 (1898/99) Sp. 57–59.
Eloesser, Arthur: Neue Bücher. In: Neue deutsche Rundschau, 10 (1899) S. 485–488.
Landsberg, Hans: Das Magazin für Litteratur, 68 (1899) Sp. 325–327.

4. Die Kritik der Fernsehinszenierung (1975)

Berndt, Hans: Fontanes ›Stechlin‹ im Osterprogramm: Ein Alter stirbt – zwei Junge heiraten. In: Illustrierte Wochen-Zeitung (Stuttgart), 22. März 1975.

Boll, Karl Friedrich: Über die Verfilmung von Werken Fontanes und Storms. In: Schriften der Theodor-Storm-Gesellschaft 25 (1976) S. 61 bis 74.

Borski, Arnim: Jedem das Feine. Dreimal ›Stechlin‹ (Fernsehspiel). In: Der Abend (Berlin), 27. März 1975.

ch: Der Kritiker meint: Spannungslos. In: Frankfurter Rundschau, 3. April 1975.

Dreesen, Peter: Verwirrend und bezaubernd: Der Stechlin. In: Hamburger Abendblatt, 29. März 1975.

Dreesen, Peter: Theodor Fontanes Visionen von einer besseren Welt. ›Stechlin‹ auf dem Bildschirm. In: Hamburger Abendblatt, Ostern (März) 1975.

Falkner, Annemy: Widerspiel des Lebens. Theodor Fontanes Roman ›Der Stechlin‹ als dreiteiliges Fernsehspiel. In: Süddeutsche Zeitung (München), 26. März 1975.

Ignée, Wolfgang: Fontane greift ein. ›Der Stechlin‹ – nacherzählt in drei Teilen. In: Stuttgarter Zeitung, 3. April 1975.

In der Mark bei Schleswig. Meichsner und Hädrich verfilmten Theodor Fontanes ›Stechlin‹. In: Tagesspiegel (Berlin), 23. März 1975.

Kaps, Brigitte: Bemühte Suche nach darstellbarer Aktion. (Verfilmung des ›Stechlin‹.) In: Vorwärts (Bonn), 3. April 1975.

Lützen, Wolf Dieter / Pott, Wilhelm Heinrich: Stechlin für viele. Zur historisierenden Bearbeitung einer literarischen Vorlage im Fernsehen. In: Literatur in den Massenmedien. Demontage von Dichtung? Hrsg. von Friedrich Knilli u. a. München 1976. S. 103–130.

Meyer, Claus Heinrich: Ein Lesestück, aber kein Fernsehfilm. Die Dramatisierung des ›Stechlin‹ wurde dem Roman Theodor Fontanes nicht gerecht. In: Süddeutsche Zeitung (München), 3. April 1975.

Momos [Walter Jens]: In Ehren gescheitert. In: Die Zeit (Hamburg), 4. April 1975.

ms. [Martin Schlappner]: Viel Respekt, etwas Nostalgie und ein bisschen Schulmeisterei. In: Neue Zürcher Zeitung, 3. April 1975.

Paul, Wolfgang: Der Stechlin (auf dem Fernsehschirm). In: Der Tagesspiegel (Berlin), 30. März 1975.

P. W. W. [Paul Wilhelm Wenger] Stechlinisches. In: Rheinischer Merkur (Köln), 11. April 1975.

Radtke, Michael: Nachrichten aus der Mark Brandenburg. (Fernsehfilm ›Der Stechlin‹.) In: Stern (1975) Nr. 14, S. 176–179.

Richter, Annetilde: Drei Abende mit Theodor Fontane. (Verfilmung des ›Stechlin‹.) In: Hör zu (1975) Nr. 13, S. 20.

Rost, Alexander: ›Der Stechlin‹ im Fernsehen. Politische Talkshow mit Theodor Fontane. In: Welt am Sonntag (Bonn), 23. März 1975.

Schreiber, Mathias: Lesen mit der Kamera. Der Stechlin. In: Deutsche Zeitung Christ und Welt (Stuttgart), 4. April 1975.
Uebe, Ingrid: Perfekte Delikatesse. (Verfilmung des ›Stechlin‹.) In: Neue Ruhr-Zeitung (Essen), 3. April 1975.
Wirsing, Sibylle: Preußisches Märchen, diskret. Zum Fernsehfilm über Fontanes ›Stechlin‹. In: Frankfurter Allgemeine Zeitung, 1. April 1975.

5. Literatur zum »Stechlin«

Keiter, Heinrich / Kellen, Tony: Der Roman. Theorie und Technik des Romans und der erzählenden Dichtung, nebst einer geschichtlichen Einleitung. Essen [4]1912. S. 126 f.
Kuhlmann, Carl: Über Ursprung und Entwicklung des Dubslav-Charakters in Th. Fontanes Roman ›Der Stechlin‹. In: Zeitschrift für den deutschen Unterricht 32 (1918) S. 219–231.
Wandrey, Conrad: Theodor Fontane. München 1919. S. 300–311.
Hayens, Kenneth: Theodor Fontane. A Critical Study. London 1920. S. 248–272.
Petersen, Julius: Fontanes Altersroman. In: Euphorion 29 (1928) S. 1–74.
Seipp, Wilhelm: Fontanes Persönlichkeit (nach seinen Briefen und seinem Selbstportrait, dem alten Stechlin). In: Pädagogische Warte 35 (1928) S. 907–916.
Spiero, Heinrich: Fontane. Wittenberg 1928. S. 288–293.
Behrend, Erich: Theodor Fontanes Roman ›Der Stechlin‹. Marburg 1929.
Gilbert, Mary-Enole: Das Gespräch in Fontanes Gesellschaftsroman. Leipzig 1930.
Rost, Wolfgang E.: Örtlichkeit und Schauplatz in Fontanes Werken. Berlin 1931. S. 139–143.
Hofmiller, Josef: Stechlin-Probleme. [Zuerst 1932] In: J. H., Die Bücher und wir. München 1950. S. 67–75.
Peters, Konrad: Theodor Fontane und der Roman des 19. Jahrhunderts. Diss. Münster 1932.
Rosenthal, Alfred: Fontanes Meister-Roman ›Der Stechlin‹. Ein kulturgeschichtliches Dokument. In: A. R., Kulturgeschichtliche Betrachtungen für Weltleute. Berlin 1932. S. 71–104.
Seidel, Heinrich Wolfgang: Theodor Fontane. Stuttgart 1940. S. 89 f.
Rychner, Max: Theodor Fontane: Der Stechlin. [Zuerst 1948/49.] In: Interpretationen 3. Deutsche Romane von Grimmelshausen bis Musil, hrsg. von Jost Schillemeit. Frankfurt a. M. 1966. S. 218–229.
Weiher, Anton: Von Platon, Stifter und Fontane. In: Festschrift für Hans Ludwig Held. Hrsg. von Andreas Bauer. München 1950. S. 153–159.
Thiess, Frank: Zum Wiederlesen empfohlen: Fontanes ›Stechlin‹. In: Neue literarische Welt 3,5 (1952) S. 6.

Jancke, Oskar: Theodor Fontane. Aus dem ›Stechlin‹. Das 5. Kapitel. In: O. J., Kunst und Reichtum deutscher Prosa. Von Lessing bis Thomas Mann. München 1954. S. 322–349.

Holznagel, Siegfried: Jane Austens ›Persuasion‹ und Theodor Fontanes ›Der Stechlin‹, eine vergleichende morphologische Untersuchung. Diss. Bonn 1956 [Masch.].

Barlow, Derrick: Symbolism in Fontane's ›Der Stechlin‹. In: German Life and Letters, N. S. 12 (1958/59) S. 282–286.

Ihlenfeld, Kurt: Wiedergelesen: ›Der Stechlin‹. [Zuerst 1958.] In: K. I., Zeitgesicht. Erlebnisse eines Lesers. Witten/Berlin 1961. S. 424–428.

Meyer, Herman: Theodor Fontane ›L'Adultera‹ und ›Der Stechlin‹. In: H. M., Das Zitat in der Erzählkunst. Zur Geschichte und Poetik des europäischen Romans. Stuttgart 1961, [2]1967. S. 155–185.

Schillemeit, Jost: Theodor Fontane. Geist und Kunst seines Alterswerks. Zürich 1961. S. 106–119.

Vischer, Adolf L.: Zur Entstehung von Fontanes Alterswerk. In: Neue Zürcher Zeitung Nr. 107, 20. April 1961, S. 26.

Martini, Fritz: ›Der Stechlin‹. In: F. M., Deutsche Literatur im bürgerlichen Realismus 1848–1898. Stuttgart 1962. [3]1974. S. 794–800.

Schäfer, Renate: Fontanes Melusine-Motiv. In: Euphorion 56 (1962) S. 69–104.

Müller-Seidel, Walter: Fontane. Der Stechlin. In: Der deutsche Roman. Hrsg. von Benno von Wiese. Düsseldorf 1963. Bd. 2. S. 146–189.

Demetz, Peter: Später Glanz: ›Der Stechlin‹. In: P. D., Formen des Realismus: Theodor Fontane. Kritische Untersuchungen. München 1964. Nachdruck Frankfurt a. M. 1973. S. 157–167.

Hildebrandt, Bruno F. O.: Fontanes Altersstil in seinem Roman ›Der Stechlin‹. In: The German Quarterly 38,2 (1965) S. 139–156.

Turk, Horst: Realismus in Fontanes Gesellschaftsroman. Zur Romantheorie und zur epischen Integration. In: Jahrbuch der Wittheit zu Bremen 9 (1965) S. 407–456.

Minder, Robert: Über eine Randfigur bei Fontane [Schickedanz]. In: R. M., Dichter in der Gesellschaft. Erfahrungen mit französischer und deutscher Literatur. Frankfurt a. M. 1966. S. 140–154.

Richter, Karl: Resignation. Eine Studie zum Werk Theodor Fontanes. Stuttgart 1966.

Vincenz, Guido: Fontanes Welt. Eine Interpretation des ›Stechlin‹. Zürich 1966.

Brinkmann, Richard: Über die Verbindlichkeit des Unverbindlichen. München 1967.

Günther, Vincent: ›Der Stechlin‹. Eine Interpretation seiner symbolischen Gestalt. In: V. G., Das Symbol im erzählerischen Werk Fontanes. Bonn 1967. S. 89–132.

Jolles, Charlotte: »Und an der Themse wächst man sich anders aus als am ›Stechlin‹.« Zum Englandmotiv in Fontanes Erzählwerk. In: Fontane-Blätter 1,5 (1967) S. 173–191.

Seidlin, Oskar: Der junge Joseph und der alte Fontane. In: Festschrift für Richard Alewyn. Köln 1967. S. 384–391.

Hollmann, Werner: The Meaning of ›Natürlichkeit‹ in the Novels of Fontane. In: Festschrift für Helen Adolf. New York 1968. S. 236 bis 251.

Krausch, Heinz-Dieter: Die natürliche Umwelt in Fontanes ›Stechlin‹. Dichtung und Wirklichkeit. In: Fontane-Blätter 1,7 (1968) S. 342 bis 353.

Nürnberger, Helmuth: Theodor Fontane, der preußische Adler und die Wetterhähne. Zwei Quellenhinweise. In: Neue Zürcher Zeitung Nr. 75, 4. Februar 1968, S. 53.

Ohl, Hubert: Der Zusammenhang der Dinge. Die Symbolik in ›Vor dem Sturm‹ und ›Der Stechlin‹. In: H. O., Bild und Wirklichkeit. Studien zur Romankunst Raabes und Fontanes. Heidelberg 1968. S. 222–241.

Reuter, Hans-Heinrich: Fontane. München 1968. S. 832–862.

Sasse, Hans-Christopher: Theodor Fontane. An Introduction to the Novels and Novellen. Oxford 1968.

Buscher, Heide: Die Funktion der Nebenfiguren in Fontanes Romanen unter besonderer Berücksichtigung von ›Vor dem Sturm‹ und ›Der Stechlin‹. Diss. Bonn 1969.

Hartlaub, Geno: Melusine und der See Stechlin. In: Deutsches Allgemeines Sonntagsblatt, 6. Juli 1969.

Theodor Fontane 1819–1969. Stationen seines Werkes. Hrsg. von Walther Migge. Stuttgart 1969. S. 209–216.

Pongs, Hermann: Theodor Fontanes Roman ›Der Stechlin‹. In: H. P., Das Bild in der Dichtung. Marburg 1969. Bd. 3. S. 383–408.

Reuter, Hans-Heinrich: Dubslav. In: H.-H. R., Theodor Fontane. Grundzüge und Materialien einer historischen Biographie. Leipzig 1969. S. 211–220.

Weber, Werner: ›Der Stechlin‹. In: Neue Zürcher Zeitung, 16. November 1969.

Chevanne-Wautot, Reine: La représentation de l'actualité politique dans ›Le Stechlin‹ de Fontane. Diss. Paris 1970.

Ferrara, Mario: Die sprachliche Verdichtung in Fontanes Roman ›Der Stechlin‹. Diss. Wien 1970 [Masch.].

Mittenzwei, Ingrid: Sprache im Spiel mit dem Roman: ›Der Stechlin‹. In: I. M., Die Sprache als Thema. Untersuchungen zu Fontanes Gesellschaftsromanen. Bad Homburg 1970. S. 165–184.

Riechel, Donald C.: A study of irony in Fontane's last two novels ›Die Poggenpuhls‹ and ›Der Stechlin‹. Diss. Ohio State University 1970. (DA 32, 1971, S. 453A.)

Schlegelberger, Hartwig: Der Stechlin. Lebendige Gesellschaftskritik oder Bilder aus deutscher Vergangenheit. In: Grenz-Friedenshefte, Husum (1970) Heft 4, S. 145–164.

Strech, Heiko: Theodor Fontane: Die Synthese von Alt und Neu. ›Der Stechlin‹ als Summe des Gesamtwerks. Berlin 1970.

Friedenthal, Richard: Doppelgänger Gottes. Zwischen Idylle und Rebellion: Das protestantische Pfarrhaus (II.). In: Deutsches Allgemeines Sonntagsblatt, 7. Februar 1971.
Gehrmann, Karl Heinz: Der Stechlin und die klassenlose Gesellschaft. Notizen zur neuesten Fontane-Interpretation. In: Deutsche Studien. Vierteljahresschrift für vergleichende Gegenwartskunde 9 (1971) S. 293–302.
Hillebrand, Bruno: Mensch und Raum im Roman. Studien zu Keller, Stifter, Fontane. München 1971. S. 270–283.
Trautmann, Werner: Das ›Komische‹, ›Satirische‹, ›Ironische‹, ›Humorige‹, ›Heitere‹ – in Theorie und Unterricht. In: Der Deutschunterricht 23,6 (1971) S. 86–103, bes. 102 f.
Jolles, Charlotte: Theodor Fontane. Stuttgart 1972. ²1976. S. 89–97.
König, Hermann-Josef: Dialogische Strukturen in Fontanes ›Stechlin‹. Magisterarbeit Freie Universität Berlin 1972.
Sommer, Dietrich: Probleme der Typisierung im Spätwerk Theodor Fontanes ›Der Stechlin‹. In: Fontanes Realismus. Wissenschaftliche Konferenz zum 150. Geburtstag Theodor Fontanes in Potsdam. Vorträge und Berichte. Hrsg. von Hans-Erich Teitge und Joachim Schobeß. Berlin 1972. 105–119.
Betz, Frederick: The Contemporary Critical Reception of Theodor Fontane's Novels, ›Vor dem Sturm‹ and ›Der Stechlin‹: 1878–1899. Diss. Indiana University 1973.
George, E. F.: The symbol of the lake and related themes in Fontane's ›Der Stechlin‹. In: Forum for modern language studies 9 (1973) S. 143–152.
Grawe, Christian: Fontanes neues Sprachbewußtsein in ›Der Stechlin‹. In: Ch. G., Sprache im Prosawerk. Bonn 1973. S. 38–62, 109 f.
Kahrmann, Cordula: Idyll im Roman: Theodor Fontane. München 1973. S. 167–172.
Laufer, Christel: Vollständige Verzeichnung und Erschließung der Werkhandschriften ›Unwiederbringlich‹, ›Effi Briest‹, ›Der Stechlin‹ von Theodor Fontane. 2 Bde. Phil. Diss. Berlin: Akademie der DDR 1973.
Tanaka, Mieko: (Fontanes Roman ›Der Stechlin‹). [Japanisch.] In: Quelle 26 (Osaka 1973) S. 1–22.
Aust, Hugo: Theodor Fontane: ›Verklärung‹. Eine Untersuchung zum Ideengehalt seiner Werke. Bonn 1974. S. 290–326.
Bange, Pierre: ›Der Stechlin‹: utopie et ironie. In: P. B., Ironie et dialogisme dans les romans de Theodor Fontane. Grenoble 1974. S. 211–256.
Fleig, Horst: Sich versagendes Erzählen (Fontane). Göppingen 1974. S. 203–219.
Hillman, R. H.: Fontane's novel ›Der Stechlin‹ and the ›Zeitroman‹. In: Australasian Universities Language and Literature, 16. Kongreß. Adelaide 1974. S. 216–226.
Ester, Hans: Der selbstverständliche Geistliche. Untersuchungen zu Ge-

staltung und Funktion des Geistlichen im Erzählwerk Theodor Fontanes. Leiden 1975. S. 49–56, 86–98.
Kohlschmidt, Werner: Geschichte der deutschen Literatur vom Jungen Deutschland bis zum Naturalismus. Stuttgart 1975. (Geschichte der deutschen Literatur von den Anfängen bis zur Gegenwart, Bd. IV.) S. 533–537.
Müller-Seidel, Walter: Theodor Fontane. Soziale Romankunst in Deutschland. Stuttgart 1975. S. 426–456.
Sommer, Dietrich: Fontanes Alterswerk – Ein Gipfel kritisch-realistischer Erzählkunst in Deutschland. In: Geschichte der deutschen Literatur. Von 1830 bis zum Ausgang des 19. Jahrhunderts. Von einem Autorenkollektiv, Leitung und Gesamtbearbeitung Kurt Böttcher. Berlin 1975. Bd. 8,2. S. 982–999, bes. 996–999.
Robinson, Alan Ronald: Theodor Fontane. An Introduction to the Man and his Work. Cardiff 1976. S. 175–186.
Rothenberg, Jürgen: Gräfin Melusine. Fontanes ›Stechlin‹ als politischer Roman. In: Text & Kontext 4 (1976) S. 21–56.
Tippkötter, Horst: Theodor Fontanes Zeitromane im Kursunterricht der Sekundarstufe II. Ein Unterrichtsmodell für Grund- und Leistungskurse. In: Der Deutschunterricht 29,4 (1977) S. 39–58.
Lüdke, W. Martin: Was Neues vom alten Fontane. Historischer Prozeß und ästhetische Form am Beispiel von Fontanes letztem Roman ›Der Stechlin‹. In: Diskussion Deutsch 9 (1978) S. 113–133.

6. Weitere Fontane-Literatur

Mann, Thomas: Der alte Fontane. [1910.] In: Th. M., Das essayistische Werk. Hrsg. von Hans Bürgin. Bd. 1: Schriften und Reden zur Literatur, Kunst und Philosophie I. Frankfurt a. M. 1968. S. 36–55.
Kricker, Gottfried: Theodor Fontane. Von seiner Art und epischen Technik. Berlin 1912.
Schultz, Albin: Das Fremdwort bei Theodor Fontane. Ein Beitrag zur Charakteristik des modernen realistischen Romans. Diss. Greifswald 1912.
Wenger, Erich: Theodor Fontane. Sprache und Stil in seinen modernen Romanen. Diss. Greifswald 1913.
Mann, Thomas: Anzeige eines Fontane-Buches. [1919.] In: Th. M., Das essayistische Werk. Hrsg. von Hans Bürgin. Bd. 1: Schriften und Reden zur Literatur, Kunst und Philosophie I. Frankfurt a. M. 1968. S. 102–110.
Krammer, Mario: Theodor Fontane. Berlin 1922.
Hahn, Anselm: Theodor Fontanes ›Wanderungen durch die Mark Brandenburg‹ und ihre Bedeutung für das Romanwerk des Dichters. Diss. Breslau 1935.
Radbruch, Gustav: Theodor Fontane oder Skepsis und Glaube. Leipzig [um 1944], [2]1948.

Herding, Gertrud: Theodor Fontane im Urteil der Presse. Ein Beitrag zur Geschichte der literarischen Kritik. Diss. München 1945 [Masch.].

Mann, Heinrich: Theodor Fontane, gestorben vor 50 Jahren. [1949.] In: H. M., Briefe an Karl Lemke. Berlin 1963. S. 174–176.

Lukács, Georg: Der alte Fontane. [1951.] In: G. L., Ausgewählte Schriften. Bd. 1: Die Grablegung des alten Deutschland. Essays zur deutschen Literatur des 19. Jahrhunderts. Reinbek 1967. S. 120–159.

Roch, Herbert: Fontane, Berlin und das 19. Jahrhundert. Berlin 1962.

Nürnberger, Helmuth: Theodor Fontane in Selbstzeugnissen und Bilddokumenten. Reinbek 1968.

Attwood, Kenneth: Fontane und das Preußentum. Berlin 1970.

Greter, Heinz Eugen: Fontanes Poetik. Bern 1973.

Erläuterungen und Dokumente

zu Büchner, *Dantons Tod.* (J. Jansen) 8104
zu Büchner, *Woyzeck.* (L. Bornscheuer) 8117
zu Droste-Hülshoff, *Die Judenbuche.* (W. Huge) 8145
zu Dürrenmatt, *Der Besuch der alten Dame.* (K. Schmidt) 8130
zu Fontane, *Effi Briest.* (W. Schafarschik) 8119 [2]
zu Fontane, *Frau Jenny Treibel.* (W. Wagner) 8132 [2]
zu Fontane, *Der Stechlin.* (H. Aust) 8144 [2]
zu Frisch, *Biedermann und die Brandstifter.* (I. Springmann) 8129 [2]
zu Goethe, *Egmont.* (H. Wagener) 8126 [2]
zu Goethe, *Götz von Berlichingen.* (V. Neuhaus) 8122 [2]
zu Goethe, *Hermann und Dorothea.* (J. Schmidt) 8107 [2]
zu Goethe, *Iphigenie auf Tauris.* (J. Angst und F. Hackert) 8101
zu Goethe, *Die Leiden des jungen Werthers.* (K. Rothmann) 8113 [2]
zu Grass, *Katz und Maus.* (A. Ritter) 8137 [2]
zu Grillparzer, *König Ottokars Glück und Ende.* (K. Pörnbacher) 8103
zu Grillparzer, *Weh dem, der lügt!* (K. Pörnbacher) 8110
zu Hauptmann, *Bahnwärter Thiel.* (V. Neuhaus) 8125
zu Hauptmann, *Der Biberpelz.* (W. Bellmann) 8141
zu Hebbel, *Agnes Bernauer.* (K. Pörnbacher) 8127 [2]
zu Hebbel, *Maria Magdalena.* (K. Pörnbacher) 8105
zu Hoffmann, *Das Fräulein von Scuderi.* (H. U. Lindken) 8142 [2]
zu Kaiser, *Von morgens bis mitternachts.* (E. Schürer) 8131 [2]
zu Keller, *Das Fähnlein der sieben Aufrechten.* (J. Schmidt) 8121
zu Keller, *Romeo und Julia auf dem Dorfe.* (J. Hein) 8114

zu Kleist, *Das Käthchen von Heilbronn.* (D. Grathoff) 8139 [2]
zu Kleist, *Michael Kohlhaas.* (G. Hagedorn) 8106
zu Kleist, *Der zerbrochne Krug.* (H. Sembdner) 8123 [2]
zu J. M. R. Lenz, *Die Soldaten.* (H. Krämer) 8124
zu Lessing, *Emilia Galotti.* (J.-D. Müller) 8111 [2]
zu Lessing, *Minna von Barnhelm.* (J. Hein) 8108
zu Lessing, *Nathan der Weise.* (P. von Düffel) 8118 [2]
zu Th. Mann, *Tristan.* (U. Dittmann) 8115
zu Meyer, *Das Amulett.* (H. Martin) 8140
zu Mörike, *Mozart auf der Reise nach Prag.* (K. Pörnbacher) 8135 [2]
zu Nestroy, *Der Talisman.* (J. Hein) 8128
zu Schiller, *Don Carlos.* (K. Pörnbacher) 8120 [3]
zu Schiller, *Maria Stuart.* (Chr. Grawe) 8143 [3]
zu Schiller, *Die Räuber.* (Chr. Grawe) 8134 [3]
zu Schiller, *Wallenstein.* (K. Rothmann) 8136 [3]
zu Schiller, *Wilhelm Tell.* (J. Schmidt) 8102
zu Shakespeare, *Hamlet.* (H. H. Rudnick) 8116 [3]
zu Stifter, *Abdias.* (U. Dittmann) 8112
zu Stifter, *Brigitta.* (U. Dittmann) 8109
zu Storm, *Der Schimmelreiter.* (H. Wagener) 8133 [2]
zu Zuckmayer, *Der Hauptmann von Köpenick.* (H. Scheible) 8138 [2]

In Vorbereitung:

zu Fontane, *Irrungen, Wirrungen.*
zu Kleist, *Prinz Friedrich von Homburg.*
zu Th. Mann, *Mario und der Zauberer.*
zu Nestroy, *Lumpazivagabundus.*
zu Schiller, *Kabale und Liebe.*
zu Wedekind, *Frühlings Erwachen.*

Philipp Reclam jun. Stuttgart